現代オランダ語入門

清水　誠　著

東京 **大学書林** 発行

Cursus Hedendaags Nederlands

SHIMIZU, Makoto

Daigakusyorin
Tokyo 2004

はしがき

　風車とチューリップのお花畑，運河沿いに並ぶマッチ箱のような商館，水平線を望む平らな牧場に遊ぶ牛や羊たちの群れ，なだらかな丘陵地帯に散在する宝石のような中世の都市の数々―オランダとベルギー北部フランドル地方は，ヨーロッパのどこよりも歴史文化の結晶がぎっしり詰まった魅力的な空間です。一方，世界最大の港湾都市ロッテルダムからアムステルダムを結ぶオランダ首都圏は，国際的な大企業が集中する経済活動の舞台で，日本人のビジネスマン家庭も数多く居住しています。

　オランダ語圏は学問芸術の香りにもあふれています。メムリンク，ブリューゲル，ルーベンス，レンブラント，フェルメール，ゴッホと続く絢爛たる絵画の伝統，エラスムス，グロティウス，スピノザの自由と平和の思想，ヨーロッパ音楽の古楽器演奏，東洋学，言語学の最高峰，治水潅漑や酪農乳業の先進技術，デルフトやマックムの陶器，豪華なゴブラン織りや精緻なレース工芸はその一例です。

　オランダ語は英語やドイツ語に近く，学びやすい言葉です。しかし，背景にある文化は独自性にあふれ，強固な自負心と伝統に裏打ちされています。鎖国下の江戸時代，オランダ語は日本人がもっとも熱心に学んだ外国語でした。その後，開国とともに蘭学は切り捨てられ，政府は英独仏の大国言語に乗り換えていきました。そして，現在，真理の探求から利潤の追及に目先を変え，偏狭な単一言語文化主義に傾斜しつつあるようです。それだけに，本書の出版を快諾された大学書林の佐藤政人社長のご配慮に深い敬意を表したいと思います。

　この本は独学によるほかなかった私の苦い学習経験，オランダ政府奨学金（NUFFIC）の援助による留学，北海道大学文学部での教育体験から生まれました。時間的制約の中で教師や参考書に恵まれない熱意ある方々へ，どうしたら効率良く，納得のいく知識が得られるかを模索した結果です。オランダ・ベルギー本国の最新の教材を多数比較検討し，言語学の成果も無理なく取り入れて，随所に学習上の工夫をこらしました。独自に考案したカナ発音や，英語とは根本的に異なる語順の仕組みについての解説はその一例です。「こん

はしがき

にちは」「ありがとう」から『アンネの日記』やフェルメールの名画の解説まで，各課に施したことばと文化についての楽しいエッセーに触れながら，日常会話と平易な文章を通じて初級文法と語法に習熟します．文法の説明は類書に比べて丁寧さを心掛け，独力で理解できるように配慮しました．単語の解説は紙面の都合で各課のテキストに初登場するものに限りましたので，巻末でご紹介した辞書で補ってください．なお，本文の校閲は，元フローニンゲン大学言語学科音声学教授で日本文化にも造詣の深いデ・フラーフ先生 (prof. dr. Tjeerd de Graaf) とオランダ語教師で放送や演劇でもご活躍の奥様のニンケ夫人 (mevrouw Nynke de Graaf) にお願いしました．

　本書をマスターすれば，オランダ語圏での生活を始めるのに必要な語学力が身につくはずです．それでは，さっそくオランダ語の学習を始めましょう．

清水　誠

目　次

オランダ語とはどんな言語か ……………………………………………1
文字と発音のしくみ（Uitspraak en spelling）……………………5
発音練習：オランダ，ベルギーの州と州都（Pro'vincies en hoofdsteden）
　……………………………………………………………………………15

1課　道で出会って（Op straat）……………………………………19
　　出会いと別れの表現，発音の規則，数詞 (1)―基数 0～19／Good-by, Mr. Churchill !
2課　近所のお宅で（Bij de buurvrouw）…………………………28
　　感謝・謝罪・提供／依頼の表現，同化，数詞 (2)―基数 20～99／ヘップバーンとラズベリーの法則
3課　市役所で（In het stad'huis）…………………………………36
　　アクセント，数詞 (3)―基数 100 以上／数詞の不思議

　練習1　基本会話表現（Algemene uitdrukkingen）……………45

4課　スヒプホル空港で（Op het vliegveld Schip'hol）…………47
　　呼びかけの言葉，ja/nee と賛成・反対，間投詞，人称代名詞主格，zijn の変化／スヒプホル空港に着いたら
5課　オランダへようこそ（Welkom in Nederland）………………56
　　名詞の性，定冠詞，所有代名詞，親族名，数詞 (4)―序数詞と数の表現／マッチ箱の街アムス
6課　ご紹介します（Even voor|stellen）…………………………65
　　不定冠詞，動詞現在形，進行形の表現，女性形，語順 (1)―定形第2位／もし運河に車が転落したら

　練習2　魚市で（Op de vismarkt）…………………………………74

7課　チツケとヴァウテル―フリジア人女性とフランドル人（Tjitske en Wouter―Frie'zin en Vlaming）……………………………76

目 次

人称代名詞目的格，指小形，「オランダ語ができる，オランダ語ではこう言う」，季節と年／国，国籍，そして言語

8課　アムステルヴェーンへ向かう（Op weg naar Amstel/veen）..........85
語順(2)―主文平叙文，否定冠詞 geen と否定詞 niet，形容詞(1)―叙述用法と副詞用法，「とても，かなり」，運動の動詞／Van Gogh と Huizinga―g と ch

9課　住居で（In de woning）..........94
複数形，不定代名詞(1)，「10年」は単数？「0°C」は複数？／オランダの住居

練習3　八百屋で（In een groentewinkel）..........103

10課　住まいの環境（De ligging van de woning）..........105
不定代名詞(2)，指示代名詞(1)，er の用法(1)―場所・虚辞・数量の er，話法の副詞／オランダと Holland―h の発音；英語型かドイツ語型か？―f と v と w

11課　お世話になって恐縮です（Dank u voor uw moeite !）..........114
語順(3)―疑問文（直接疑問文），疑問詞，er の用法(2)―代名詞の er と「R 代名詞」，感嘆文／Amster/dam, Amstel/veen, Amstelbier―r と l

12課　7時間の時差（Zeven uur tijdsverschil）..........123
命令形と命令文，指示代名詞(2)，非人称の表現，時刻と時間，月の名前／Ik chi/nees.「私は中華料理を食べる」

練習4　肉屋で（Bij de slager）..........132

13課　営業時間とコープ・アーヴォント（Openingstijden en koopavond）..........134
話法と使役の助動詞，開閉の表現／買い物をするには

14課　外事警察で（Bij de vreemdelingenpolitie）..........143
不定詞を伴う助動詞，形容詞(2)―語形変化，(3)―目的語・冠飾句，「オランダ語・オランダ人の先生」／ニシン，コロッケ，日本食

15課　デパートで（In het warenhuis）..........152
形容詞(4)―比較級と最上級，語順(4)―主文の枠構造と動詞群，

目　次

色彩を表わす形容詞／15万人の「村」，700人の「都市」

　練習 5　駅で（Op het sta/tion）……………………………161
16 課　電話の会話（Een tele/foongesprek）…………………163
　　te-不定詞（句）を伴う助動詞・他動詞と語順（5），文頭の要素（話題）の省略，「行く，来る」，曜日と週／オランダ12州ひとめぐり（1）
17 課　レストランで（In een restau/rant）……………………173
　　不定詞，te-不定詞，om…te-不定詞，「立っている，立ちあがる，立てる」／レストランと喫茶店
18 課　ご宿泊のお客様へ（Ge/achte gast）……………………182
　　語順（6）─従属文の枠構造と「枠越え」，条件文と譲歩文／オランダ12州ひとめぐり（2）

　練習 6　ホテルで（In een ho/tel）……………………………191

19 課　道をたずねる（De weg vragen）………………………193
　　間接疑問文，分離動詞，非分離動詞，抱合動詞，質問と依頼の表現／「アーンテレッケン」と「フルヘッヘンド」─蘭学事始
20 課　市電の車内で（In de tram）……………………………203
　　動詞の3基本形，過去形と非現実の表現，朝昼晩きょうあした／フランドル周遊の旅
21 課　アムステルヴェーン，9月10日（Amstel/veen, 10 sep/tember）…212
　　現在完了形と過去完了形，完了不定詞／Ludwig van Beethoven─オランダ語圏の人名

　練習 7　郵便局で（Op het postkantoor）……………………221

22 課　家庭医のところで（Bij de huisarts）…………………223
　　再帰代名詞と再帰動詞，「好き，嫌い，すばらしい」／病気になったら─身体部位と体調の表現
23 課　警察に届け出る（Een aangifte bij de po/litie）………232
　　受動態と関連表現，中間動詞と能格動詞，er の用法（3）─虚辞の er（2），（4）─er の重複／祝祭日と年中行事
24 課　ベルギービールの味覚（De smaak van Belgisch bier）………242

― v ―

目次

現在分詞，過去分詞，語順 (7)―中域の語順／ベルギービールの誘惑

練習8　ヴァウテルとチツケへ (Lieve Wouter en Tjitske) ……………252

25課　これから数日間の天気予報 (Weersverwachting voor de komende dagen) ………………………………………………………………254
後置詞と包置詞，時間・場所の副詞／Het kikkerlandje―蛙の国，オランダ

26課　拝啓　パルス様 (Ge/achte me/vrouw Pars) ……………………263
代換不定詞，語順(8)―三つ以上の動詞群，kennen と weten／オランダの教育制度

27課　アンネ・フランクの家 (Het Anne Frank Huis) ………………272
関係詞と関係文／アンネ・フランクの家をたずねて；Goethe, Brueg(h)el/Breug(h)el, Rubens―oe と eu と u

練習9　ヴァウテルさんとチツケさんへ (Beste Wouter en Tjitske) 281

28課　1942年7月11日土曜日―『アンネの日記』より (Zaterdag, 11 juli 1942 ―uit "Het Achterhuis") ………………………………………283
従属接続詞，並列接続詞，論理の副詞／IJssel と Van Eyck―ij と ei；オランダ語に「ガギグゲゴ」の子音がない理由

29課　1944年7月15日土曜日―『アンネの日記』より (Zaterdag, 15 juli 1944―uit "Het Achterhuis") ………………………………………292
複合前置詞，前置詞 (1)／Schip/hol 空港と画家の Bosch―sch と s

30課　ヨハネス・フェルメール：『デルフトの家々の情景』(Jo/hannes Ver/meer："Ge/zicht op huizen in Delft") ……………………………301
前置詞 (2)，不定の数量を示す van／日本語の中のオランダ語

練習10　拝啓　アルケマ御夫妻様 (Beste me/neer en me/vrouw Alkema) ………………………………………………………………310

不規則動詞変化表 ……………………………………………………………312
オランダ語をもっと知りたい人のために ………………………………317

索　引

発音：音節末音の無声化／n の脱落／d の脱落／h の消失／半母音 (1 課)，同化 (2 課)，アクセント (3 課)，g/ch (8, 28 課)，h, f/v/w (10 課)，r/l (11 課)，oe/eu/u (27 課)，ij/ei (28 課)，sch/s (29 課)

冠詞：定冠詞 (5 課)，不定冠詞 (6 課)，「オランダ語ができる，オランダ語ではこう言う」(7 課)，否定冠詞 geen (8 課)

名詞：呼びかけの言葉 (4 課)，性／親族名 (5 課)，女性形 (6 課)，指小形／季節と年／国と言語 (7 課)，複数形 (9 課)，月の名前・時刻と時間 (12 課)，曜日と週 (16 課)，朝昼晩きょうあした (20 課)，身体部位と体調の表現 (22 課)

代名詞：人称代名詞主格 (4 課)・目的格 (7 課)，所有代名詞 (5 課)，不定代名詞 (9, 10 課)，指示代名詞 (10, 12 課)，疑問詞・R 代名詞 (11 課)，非人称代名詞 (12 課)，再帰代名詞 (22 課)，関係詞 (27 課)

er の用法：場所・虚辞・数量の er (10 課)，代名詞の er と「R 代名詞」(11 課)，虚辞の er (2)／er の重複 (23 課)

形容詞：目的語 (7, 14 課)，叙述用法と副詞用法 (8 課)，語形変化：限定用法と独立用法／「オランダ語・オランダ人の先生」(14 課)，冠飾句 (14, 17 課)，比較級と最上級／色彩を表わす形容詞 (15 課)，「好き，嫌い，すばらしい」(22 課)，温度を表わす形容詞 (25 課)

副詞・間投詞：ja/nee と賛成・反対／間投詞 (4, 5 課)，否定詞 niet ／「とても，かなり」(8 課)，話法の副詞 (10 課)，場所の副詞 (R 副詞) (10, 25 課)，時間の副詞 (11, 25 課)，論理の副詞 (11, 28 課)

数詞：基数詞 0〜19 (1 課)／20〜99 (2 課)／100 以上 (3 課)，序数詞と数の表現 (5 課)

前置詞など：後置詞・包置詞 (25 課)，複合前置詞 (29 課)，前置詞 (29, 30 課)，不定の数量を示す van (30 課)

接続詞：並列接続詞 (8, 28 課)，従属接続詞 (18, 28 課)

動詞：zijn の変化 (4 課)，現在形／進行形の表現 (6, 26 課)，運動の動詞 (8 課)，命令形／非人称動詞 (12 課)，話法・使役の助動詞／開閉の表現 (13

課)，近接未来 (14 課)，不定詞を伴う助動詞 (14，26 課)，te-不定詞句を伴う他動詞／「行く，来る」(16，26 課)，不定詞・te-不定詞・om…te-不定詞／「立っている，立ちあがる，立てる」(17 課)，分離動詞・非分離動詞・抱合動詞・品詞転換 (19 課)，弱変化動詞・強変化動詞／規則動詞・不規則動詞／3 基本形・過去形・非現実の表現 (20 課)，現在完了形・過去完了形・完了不定詞 (21 課)，再帰動詞／「好き，嫌い，すばらしい」(22 課)，受動態／te-不定詞＋zijn／中間動詞・能格動詞 (23 課)，現在分詞・過去分詞 (24 課)，代換不定詞／kennen と weten (26 課)

語順：定形第 2 位 (6 課)，主文平叙文 (8 課)，疑問文 (直接疑問文) (11 課)，主文の枠構造 (15 課)，枠越え (15，18，19 課)，te-不定詞(句)を伴う助動詞・他動詞 (16 課)，従属文の枠構造 (18 課)，現在完了形・過去完了形と完了不定詞 (21 課)，受動態 (23 課)，中域 (24 課)，動詞群 (15，18，26 課)

文・慣用表現：出会いと別れ (1 課)，感謝・謝罪・提供/依頼 (2 課)，疑問文 (直接疑問文)・感嘆文 (11 課)，命令文 (12 課)，文頭の要素 (話題) の省略 (16 課)，条件文・譲歩文 (18 課)，間接疑問文／質問と依頼の表現 (19 課)，関係文 (27 課)

接頭辞・接尾辞：接頭辞および名詞・形容詞派生接尾辞とアクセント (3 課)，名詞の性と接辞 (5 課)，指小辞 (7 課)，非分離動詞接頭辞 (19 課)

オランダ語とはどんな言語か

1. 使用地域と言語事情

　オランダ語はオランダ王国（Koninkrijk der Nederlanden 4万1,548km²，約1,500万人）とベルギー王国（オ［＝オランダ語］Koninkrijk België/フ［＝フランス語］Royaume de Belgique 3万527km²，約600万人）の北部をおもな使用地域とし，植民地だった南米のスリナムとヴェネズエラ沖のアンティラ諸島の公用語でもあります。英語やドイツ語などと合わせて西ゲルマン語に属し，北欧スカンジナヴィアの北ゲルマン語を含めて，ゲルマン語というインド・ヨーロッパ語族の主要な一派を構成しています。なお，南アフリカ共和国の公用語でナミビアにも話者の多いアフリカーンス語（＝ア Afri/kaans 約600万人，「 / 」はアクセントの位置）は，17世紀半ばにケープタウンに入植したオランダ東インド会社の人々のオランダ語から発達した言語で，オランダ語の話者はそれほど苦労なく理解できます。

　ベルギーは北部のフランドル地方（フ Flandre/オ Vlaanderen「ヴラーンデレン」/英 Flanders「フランダース」）はオランダ語（57.6％），南部のワロニー地方（フ Wallonie/オ Wal/lonië「ヴァローニエ」）はフランス語（31.8％）の地域です。リエージュ州（フ Liège/オ Luik「ライク」）の東部にはドイツ語読みでオイペン（Eupen）という都市を中心とするドイツ語圏の一角があります(0.7％)。さらに，ブリュッセル(オ Brussel/フ Bruxelles/英 Brussels)とその周辺の首都圏は，オランダ語圏のブラーバント州(Brabant)にありながらフランス語との2言語使用地域で(9.9％)，フランス語が上層部を占める飛び火地帯です（フランス語話者約80％，オランダ語話者約20％）。フランドル地方のオランダ語（オ Vlaams「ヴラームス」/フ flamand「フラマン」/英 Flemish「フレミシュ」）を「フラマン語」（フランス語読み）と呼ぶのは，言語と方言を区別する限り，不正確です。フランドル地方の標準オランダ語はオランダの標準オランダ語とわずかな差はあるものの，同一の言語です。フランドル地方の言葉は「オランダ語フランドル方言」であり，オランダにもゼーラント方言（Zeeuws），フローニンゲン方言（Gronings）などの多様な方言があるのと同じです。

オランダ北部のフリースラント州では，西フリジア語（＝西フ Wester-lauwersk Frysk 約 35〜40 万人）も公用語としての地位を与えられています。公的機能には一定の配慮がなされ，書籍の出版も盛んです。話者はほぼ全員がオランダ語との二言語使用者です。地名標識にも 2 言語表記が目立ち，Friesland「フリースラント（オランダ語）」/Fryslân「フリスローン（西フリジア語）」と併記されます。西フリジア語は北ドイツの二つの地域で用いられる東フリジア語（Seeltersk 約 1,500〜2,500 人）と北フリジア語（Nordfriisk 約 9,000〜10,000 人）とともにフリジア語群を形成していますが，相互理解は不可能です。系統的には英語と北ドイツ海岸部の低地ドイツ語に近く，北海ゲルマン語というグループに属し，古くは北海沿岸の広範囲を覆っていました。16 世紀後半にはオランダ語に文章語の地位を奪われ，オランダ語から多大な影響を受けた結果，英語とは大きく隔たるに至りました。今日の西フリジア語は圧倒的にオランダ語に類似しています。それでも，一般のオランダ人が西フリジア語を聞いて理解するのはきわめて困難です。

2．歴史・社会・国民性

　ライン（Rijn「レイン」），マース（Maas），スヘルデ（Schelde）の三大河川が注ぐオランダは，国土の 4 分の 1 が海面下です。13 世紀初頭以降，人々は堤防（dijk）に風車（molen）を築いて運河へ水をかき出し，干拓地（polder）を得て定住し，肥沃な土地を利用した農業と通商によって，大国の狭間で自己を守り抜いてきました。17 世紀には「八十年戦争」（Tachtigjarige Oorlog 1568―1648，オランダ独立戦争）を経てスペインから独立し，世界を股にかけた「黄金の世紀」（Gouden Eeuw）の市民文化の繁栄を享受し，鎖国下の日本に蘭学を通じてヨーロッパの科学技術や民主的な思想をもたらしました。1927 年以降，ザイデル海（Zuider/zee）を大堤防（Afsluitdijk）によってエイセル湖（IJssel/meer）に変え，5 番目の干拓地を造成しつつあります。1953〜87 年のデルタ計画（Deltaplan）では，三大河川が流れこむ河口デルタ地帯の水害を四つの防波堤で防ぐことに成功しました。国民性は質素で堅実，日常性と現実感覚にすぐれ，自由を重んじ，異文化に寛容です。きさくで権威主義ばらず，衣服や食事は簡素で，慈善事業や途上国への援助には努力を惜しみません。

　ベルギーはケルト人の部族を表わす名称に由来し，歴史的にゲルマン系と

ラテン系という異民族の融合の中で生まれ育った共同体です。中世の時代に豊かな先進地域だったフランドル地方はオランダ語圏の文化の母体です。ライン川以北のプロテスタンティズムにたいしてカトリックの伝統を守り，粘り強く，中庸の精神に富む一方，楽天的で美食などの楽しみも心得ています。ここで同国の言語紛争をたどってみましょう。1831年にオランダから独立した当初，ベルギーはフランス語圏中心の国家でした。オランダ語を母語とするフランドルの人々は冷遇されていたのです。19世紀後半のフランドル運動 (Vlaamse Be/weging) はオランダ語をフランドル地方の公用語に昇格させ，政治的社会的運動へと性格を変えていきます。第二次大戦後，ワロニー地方の繁栄を支えた重化学工業は下火となり，大貿易港アントワープ (Antwerpen「アントヴェルペン」/フ Anvers/英 Antwerp) やヘント (Gent) などの工業化によって経済の中心がフランドル地方に移ると，ワロニー地方との経済的対立が深まり，言語紛争に結びつきました。1968年にレーヴェン（オ Leuven/フ Louvain「ルーヴァン」）大学がオランダ語系とフランス語系の大学に分離したのは象徴的な出来事でした。図書館の蔵書も登録番号の奇数・偶数ごとに機械的に分配されました。そして，1993年の憲法改正で両言語圏は連邦国家に分割されたのです。ベルギーではオランダ語・フランス語・ドイツ語の言語区分と，フランドル・ワロニー・ブリュッセル首都圏の地域区分に応じた複雑な政治・行政機構が形成され，社会生活のあらゆる面が使用言語ごとに分かれています。

3．オランダ語の由来と特徴

日本語の「オランダ」という名称はポルトガル語の Olanda に由来し，主要都市が集中するホラント地方 (Holland) の地方名にすぎません。標準オランダ語は，1585年にフランドル地方の中心地アントワープがスペイン軍に陥落し，カルヴァン派の有力者や知識人が大挙して亡命した結果，この国の中核となったアムステルダムなどの都市を中心に発達したもので，ホラント地方の方言に南部の方言要素を取り入れています。今日，オランダ語の正式名称は，「低地の (Neder-) 国 (-land) の言葉」という意味の Nederlands です。大部分が海抜100メートル以下のオランダとフランドルの言語なのです。

ただし，Nederlands は1815年のウィーン会議以降の名称で，以前は Nederduitsch といいました。この点で，北ドイツのドイツ語方言を指す

Niederdeutsch「低地ドイツ語」と混同されることがあります。しかし，これは北ドイツのドイツ語方言を標準ドイツ語の基盤となった中部・南部の高地ドイツ語(ド Hochdeutsch)と区別するための名称であり，Nederduitsch とは無縁です。さらに，英語の Dutch「オランダ語」がドイツ語の Deutsch「ドイツ語」と共通なのは，ラテン語にたいしてゲルマン系である自分たちの言葉をともに「民衆」を意味する語で呼んだからにすぎません。

　歴史的源泉をたどれば，オランダ語圏はエイセル川以南の低地フランケン人（フランク人）の言語と同川以北の低地ザクセン人（サクソン人）の言語を基盤とする方言から成り，前者は内陸部の低地ドイツ語と中部ドイツ語，後者は海岸部の低地ドイツ語に連なります。オランダ，フランドル，西フリジア語地域のフリースラントという図式の裏には別の顔が隠れています。

　現代オランダ語は古い衣に新しい帯をまとったような言語です。名詞類の格変化をモダンに簡素化した一方で，音韻，とくに子音はドイツ語のような革新を経ておらず，古風です（オ/ア/英 wa*t*er/西フ we*tt*er⇔ド Wa*ss*er；オ/ア mel*k*/英 mil*k*/西フ mol*k*e⇔ド Mil*ch*；オ/ア *d*ie*p*/英 *d*ee*p*/西フ *d*ji*p*⇔ド *t*ie*f*）。「ガギググゲゴ」の閉鎖音も発達していません。文の構造と語彙は英語（＝英）とはかなり隔たり，他の西ゲルマン語との共通点が目立ちます。オランダ語はドイツ語の知識があれば容易に習得でき，西フリジア語やアフリカーンス語（＝ア）の理解にも不可欠です。そして，北欧スカジナヴィアの北ゲルマン諸語を開く鍵にもなるのです。

ホールン（Hoorn）の港

文字と発音のしくみ（Uitspraak en spelling）

1. 文字（アルファベット het alfabet ［アルファベット ɑ́lfa.bɛt］）

A a ［アー a.］	J j ［イェー je.］	S s ［エス ɛs］
B b ［ベー be.］	K k ［カー ka.］	T t ［テー te.］
C c ［セー se.］	L l ［エル ɛl］	U u ［ユー y.］
D d ［デー de.］	M m ［エム ɛm］	V v ［ヴェー ve.］
E e ［エー e.］	N n ［エン ɛn］	W w ［ヴェー υe.］
F f ［エフ ɛf］	O o ［オー o.］	X x ［イクス ɪks］
G g ［ヘー ɣe.］	P p ［ペー pe.］	Y y ［エイ ɛi, イふれク i.ɣrɛ́k,
H h ［ハー ha.］	Q q ［キュー ky.］	イプスィロン ípsi.lɔn］
I i ［イー i.］	R r ［エる ɛr］	Z z ［ゼト zɛt］

　文字の名前は略語で重要です（KLM「カーエルエム」など）。ij ［エイ ɛi］は1文字に相当し、大文字は de IJssel ［エイセル ɛ́isəl］「エイセル川」のように IJ と書きます。以前は y と同じ扱いでした。つづりは規則的で、黙字も稀です（ambt ［アㇺト ɑmt］「職務」の b, erwt ［エるト ɛrt］「エンドウ豆」の w）。補助記号としてトレマ（trema,「¨」）があり、その前で区切って発音します。たとえば、ie は「イー」ですが、ië は i と e の間で区切るので、「イエ」です。België ［ベルひ(ィ)エ bɛ́lɣi.(j)ə］「ベルギー」は「ベルヒエ」と区切って発音します。na′ïef ［ナ(ィ)イーフ na.(j)í.f］「純真な」は「ナイエフ」（nai+ef）ではなく、「ナイーフ」（na+ief）です（「′」はアクセント記号で本書独自）。

　　i′dee ［イデー i.dé.］「理念（単数形）」
　　i′deeën ［イデー(ィ)エ(ン) i.dé.(j)ə(n)］「理念（複数形）」（idee+en）
　　ide′ëel ［イデ(ィ)エール i.de.(j)é.l］「理念的な」（ide+eel）

この本では次の学習上の配慮をします。まず、第1音節以外にアクセントのある語は、「′」でその位置を示します。つづりは規則的なので、特殊な外来語を除けば、これで正しく発音できます。また、理解に役立つ範囲で、単語欄などで語構成の主要な切れ目を「・」で示します（「′」と重なるときは省きます）。分離動詞（19課）の切れ目は「｜」で示します。

なお，北部すなわちオランダの標準発音を中心にしますので，南部すなわちベルギー・フランドル地方の発音は最小限にとどめます。発音の用例には地名や人名を使いますが，日本語の呼び名との違いに注意してください。ゴッホ，ブリューゲル，ルーベンス，ホイジンガ，ゴーダ，ヘップバーンなど，誤って定着しているものが多いからです。カナ発音以外では慣用に従いましたが，ライデンをレイデン，スキポールをスヒポル，ハーグをデン・ハーハのように訂正したものもあります。フランドル，アントワープ，ブリュージュなど，他の言語名が定着しているものはオランダ語名も覚えましょう。

II. 母音 (klinkers)
1. 母音の長短とつづり
(a) 開音節（母音で終わる音節）と閉音節（子音で終わる音節）

a/aa, e/ee, o/oo, u/uu は，開音節の短母音は後ろの子音字を重ね，閉音節の長母音は母音字を重ねて長短を明示します。a/aa で説明しましょう。

① 短く発音：a ［ア ɑ］
☆閉音節では a
　　A msterｌdam［ア_{ムス}テ_るダ_ム ɑmstərdám］「アムステルダム」
☆開音節では a として後ろの子音字を重ねる
　　Assen［アセ(ン) ásə(n)］「アセン」(Asen だと「アーセン」です)

② 長めに発音：a/aa ［アー a.］
☆閉音節では aa
　　Waal［ヴぁール va.l］「ヴァール川」(Wal だと「ヴァル」です)
☆開音節では a, 語末も同様
　　Amersfoort［アーメ_{るス}フォー_{るト} á.mərsfo:rt］「アーメルスフォールト」
　　Breｌda［_ブれダー bre.dá.］「ブレダー」(*Breｌdaa とはしません)

ただし，複合語ではもとの成分のつづりを残します。
　　　daarｌin［ダーリ_ン（←ダー_るイ_ン）da:rín］「その中に」(daar+in)

子音字を重ねても重ねて発音はしません (2 課(c))。「アンネの日記」の Anne ［アネ ánə］は「アネ」です。Rotterｌdam［ろテ_るダ_ム rɔtərdám］は「ロッテルダム」と定着していますが，「ッ」のようなつまる音もないのです。なお，Roosendaal［ろーゼ(ン)ダー_ル ró.zə(n)da.l］「ローゼンダール」の oo は固有名詞特有の例外です。

文字と発音のしくみ

(b) r の直前での長母音化

　長母音［アー　a.］は「半長」で，それほど長くありません。ただし，r の前では［アー　a:］と本当に長くなります。意味の違いには関係しません。

　　Naarden［ナーるデ(ン)　ná:rdə(n)］「ナールデン」

(c) 張り母音とゆるみ母音

　長母音は「張り母音」ともいい，口の筋肉を緊張させます。短母音は「ゆるみ母音」ともいい，弛めます。これは長短よりも大切で，長母音のはずの張り母音は，アクセントがないと短くなります。カナ発音は短音で示すことがあります。econoʹmie［エコノミー　e.ko.no.mí.］「経済」は［エーコーノーミー］とはしません。ただし，複合語などで副アクセントをもつときは別です。

　　Hengelo［ヘンゲロー　hɛŋəlo.］「ヘンゲロー」(Henge+lo)

　後で学ぶ ie［イー　i.］, oe［ウー　u.］, u/uu［ユー　y.］も張り母音（高舌母音）ですが，かなり短めです。boek［ブーク　bu.k］「本」は英語の book のように［ブック］と聞こえます（南部では長めです）。ゆるみ母音は語末では出ず，r の直前でも稀です。

　なお，［アー　a.］に比べて，［ア　ɑ］は後寄り（後舌）で，「オ」に近く聞こえます。日本語の「ア」「アー」はともに前寄りなので，注意。

2．個々の母音

(a) a/aa（上の説明を参照），e/ee, o/oo, u/uu
☆e［エ　ɛ］　広くて短い「エ」。日本語のエと同様。
　　Emmen［エメ(ン)　ɛmə(n)］「エメン」
☆e/ee［e.　エー］　狭くて長め。口の開きは「イ」と「エ」の中間（ドイツ語の長い e）。
　　Nederland［ネーデるラント　né.dərlɑnt］「オランダ」
　　Sneek［スネーク　sne.k］「スネーク」
　この文字だけは語末で ee とします。複合語の一部でも同様。
　　zee［ゼー　ze.］「海」—Zeeland［ゼーラント　zé.lɑnt］「ゼーラント州」
　注意：Heerlen［ヘーるレ(ン)　hé:rlə(n)］「ヘールレン」（r の前の長母音）
☆o［オ　ɔ］　広くて短い「オ」。日本語の「オ」と同様。

Rotter'dam［ろテるダム rɔtərdɑ́m］「ロッテルダム」
☆o/oo［オー o.］　日本語の「オ」より口の開きが狭く、唇をまるめます。
　　　Venlo［ヴェンロー vɛ́nlo.］「ヴェンロー」
　　　Oosterhout［オーステるハウト ó.stərhɑut］「オーステルハウト」
　　注意：Hoorn［ホーるン hoːrn］「ホールン」（r の前の長母音）
　　「ワーテルローの戦い」で有名な Waterloo［ヴぁーテるロー vɑ́.tərlo.］の
　　oo は固有名詞特有の例外です。
☆u［ユ ʏ］「ウ」に近い「ユ」です。無アクセントのときは「ウ」と聞こえ
　　ることもあります。ただし、「ウ」に相当するのは oe なので、u は完全な「ウ」
　　ではありません。軽く「ユ」と言えばいいのです。（ドイツ語の短い ü より
　　も唇を突き出さず、中舌寄りの前舌円唇母音）。
　　　Brussel［ブりゅセル brʏ́səl］「ブリュッセル」　Makkum［マキュム
　　mɑ́kʏm］「マックム」（「マキュム」よりむしろ「マクム」と聞こえます）
☆u/uu［ユー y.］　こちらははっきりした「ユー」で、「ウー」ではありませ
　　ん。「イー」のかまえで唇をまるめ、日本語の「ユー」よりも唇を突き出し
　　ます（ドイツ語の長母音 ü に相当）。r が後続するとき以外は、「ユ」のよう
　　にかなり短く聞こえます。
　　　Rubens［りゅーベンス rʏ́.bəns］「ルーベンス（人名）」（正しくは「リュー
　　ベンス」、27 課「ことばと文化」）
　　注意：Ruurlo［りゅーるロー rʏːrlo.］「リュールロー」（r の前の長母音）

(b) i, ie, oe, eu
☆i［イ ɪ］　英語の *hit* の i に近いゆるみ母音。日本人は苦手です。
　　　Lisse［リセ lɪ́sə］「リセ」
☆ie［イー i.］　英語の *heat* の ea に近い張り母音で、口の開きを狭く。日本
　　人は短い「イ ɪ」もこれになりがちなので注意。*ii とは書きません。r が
　　後続するとき以外は、「イ」のようにかなり短く聞こえます。
　　　Ieper［イーぺる í.pər］「イーペル」
　　外来語や固有名詞では y, i もあります。
　　　minirok［ミーニろク mí.ni.rɔk］「ミニスカート」
　　　Lelystad［レーリスタト lé.li.stɑt］「レーリスタト」
　　　接尾辞 -isch［イス i.s］：typisch［ティーピス tí.pi.s］「典型的な」

注意：Lier［リーる liːr］「リール」（r の前の長母音）
　　次の oe, eu には対応する短母音（ゆるみ母音）がありません。
☆oe［ウー u.］　日本語の「ウ」と違って，唇をまるめて突き出します。r が
　　後続するとき以外は，「ウ」のようにかなり短く聞こえます。
　　　Goes［ふースɣu.s］「フース」（27 課「ことばと文化」）
　　注意：Woerden［ウーるデ(ン) vúːrdə(n)］「ヴールデン」（r の前の長母音）
☆eu［エー ø.］　e/ee［エー e.］の構えで唇をまるめます。［エ］は唇をま
　　るめた「エ」の意味（ドイツ語の長い ö, 27 課「ことばと文化」）。
　　　Leuven［レーヴェ(ン) lǿ.və(n)］「レーヴェン」
　　注意：Deurne［デーるネ dǿːrnə］「デールネ」（r の前の長母音）

(c) **二重母音** ij/ei, ou/au, ui
　　r の前ではほとんど出ません。ij/ei, ou/au の区別は語源によります。
☆ij/ei［エイ ɛi］（28 課「ことばと文化」）
　　　Nijmegen［ネイメーヘ(ン) nɛime.ɣə(n)］「ネイメーヘン」
　　　Leiden［レイデ(ン) lɛidə(n)］「レイデン」（「ライデン」はドイツ語式）
☆ou/au［アウ ɔu］　「オウ」より「アウ」に近く，続く子音はほぼ歯音です。
　　　Gouda［はウダ ɣɔuda.］「ゴーダ」（正しくは「ハウダ」）
　　　Mauritshuis［マウりッハイス mɔurɪtshœys］「マウリツハイス（美術館）」
☆ui［アイ œy］　唇をまるめたままで，eu［エー ø］や u［ユ ʏ］よりも
　　口を開きます（中舌寄りの前舌円唇母音）。
　　　Uit'huizen［アイトハイゼ(ン) œythǿyzə(n)］「アイトハイゼン」

(d) **あいまい母音**：e など［エ ə］
　　唇をまるめず，筋肉もゆるみ，舌も遊んでいます。英語と違ってつねに無
　　アクセントです。「ア」より「エ」に近いのですが，本書では聞いた印象で適
　　宜，書き分けることにします。
　　　Tongeren［トンゲれ(ン) tɔ́ŋərə(n)］「トンゲレン」
　　　接尾辞 -ig［アはəx］/-iken［エケ(ン) əkə(n)］/-lijk［レックlək］：dertig
　　　［デるタは dɛrtəx］「30」，eindelijk［エインデレック ɛindələk］「やっと」

(e) フランス語などからの外来語のつづりと発音
☆ou ［ウー u.］　d*ou*che ［ドゥーシ(ｪ) dú.ʃ(ə)］「シャワー」
☆au/eau ［オー o.］　ca*/d*eautje ［カドーチｪ ka.dó.cə］「プレゼント」
☆an ［アﾝ ã］（鼻母音）　restau*/*rant ［れｽトらﾝ rɛsto.rã］「レストラン」
☆ai ［エー ɛ.］　af*/f*aire ［アフェーれ ɑfɛ:rə］「用件，事件」
☆eu ［(エ)(ー) œ(.)］　fr*eu*le ［フﾚーレ frœ.lə］「お嬢さん」

3．まとめ
　次の図では特殊な(e)は除き，二次的なものにはカッコをつけてあります。「…舌」とは，舌の一番高い位置を示します。舌の位置，口の開き，唇のまるめに注意してください。

	前舌		中舌		後舌	
	非円唇	円唇	非円唇	円唇	非円唇	円唇
狭	ie/(i, y)	u/uu				oe
	［イー i.］	［ユー y.］				［ウー u.］
半狭	i	u				
	［イ ɪ］	［ユ ʏ］				
	e/ee	eu				o/oo
	［エー e.］	［(エ)ー ø.］				［オー o.］
半広	e		e など			o
	［エ ɛ］		［エ ə］			［オ ɔ］
	ei/ij	ui				au/ou
	［エイ ɛi］	［アイ œy］				［アウ ɔu］
広			a/aa		a	
			［アー a.］		［ア ɑ］	

III．子音（medeklinkers）

1．個々の子音

　音節の中心である母音の前を「音節の初め」，後ろを「音節末」といいます。前に三つ（*str*aat ［ｽトらーﾄ stra.t］「通り」），後ろに四つ（he*rfst* ［ヘるフスト hɛrfst］「秋」）まで子音が続きますが，1音節で一気に発音します。

文字と発音のしくみ

(a) k, p/t, b/d （1課「音節末音の無声化」）

☆k [ｸk], p [ｱp], t/(th) [ｔt]　日本語や英語と違って，ほとんど息が出ません。弱めに発音します。

　　　Kortrijk [コｒｔれいｸ kɔ́rtrɛik]「コルトレイク」
　　　Poperinge [ポーぺりｎゲ pó.pərɪŋə]「ポーペリンゲ」
　　　Tilburg [ティルビュるふ tílbʏrx]「ティルブルフ」
　　　Thorn [トるｎ tɔrn]「トルン」

☆b [ｱb]/[ｱp], d [ｄd]/[ｔt]　音節の初めではb [ｱb], d [ｄd]ですが，音節末ではb [ｱp], d [ｔt]です。

　　　Jakob [ヤーコｱ já.kɔp]「ヤーコプ（男名）」
　　　Helmond [ヘルモｎｔ hɛ́lmɔnt]「ヘルモント」

(b) g/ch/h （8, 10, 28課「ことばと文化」），f/v （10課「ことばと文化」），s/z/sch （29課「ことばと文化」），c

　オランダ語には「ガギグゲゴ」の子音はありません。gはh [はh]とも別で，軟口蓋（舌で触るとやわらかい上あごの奥寄り）を強く摩擦します。もののあわれを感じさせるじつに美しい音です。有声音g [はɣ]と無声音g/ch [はx]がありますが，有声の度合いは弱く，北部ではほとんど無声です。カナ発音では区別できないので，両方とも [は] とします。区別が無理なら，いつも無声音の [はx] でかまいません。他の有声摩擦音v [ｯv]/z [ｽz]も無声音のf [ｱf]/s [ｽs] に近いのです。

☆g [はɣ]　有声摩擦音，音節の初めで。
　　　Gent [ヘｎｔ ɣɛnt]「ヘント」

☆g/ch [はx]　無声摩擦音，gは音節末で。
　　　Den Haag [デｎハーは dɛnhá.x]「デン・ハーハ」
　　　Mechelen [メヘレ(ｎ) mɛ́xələ(n)]「メヘレン」
　　　chemie [ヘミー xe.mí.]「化学」

☆h [ハh]　ガラスを曇らせるときに喉の奥から出す弱い音。おもに語頭。
　　　Haarlem [ハーるレｍ há:rlɛm]「ハールレム」

☆f [ｱf]　Franeker [ｱらーネケる frá.nəkər]「フラーネケル」

☆v [ｯv]　北部ではとくに語頭で無声化し，fとほぼ同じです。
　　　Eindhoven [エイｎｔホーヴェ(ｎ) ɛ́intho.və(n)]「エイントホーヴェン」

Ver'meer, Van Gogh を「フェルメール」「ファン・ゴッホ」と書くの
　　は，v の有声が弱いためです（w［ゥv］と比較）。
☆s［ㇲs］(s［ㇲz］一部の外来語や固有名詞)
　　　Suri'name［スューりナーメ sy:ri.ná.mə］「スリナム」
　　　reser'vering［れぜるヴェーりング re.zɛrvé:rɪŋ］「予約」
☆z［ㇲz］　弱い有声音。日本語のザ行はツァ行の有声音なので注意。
　　　Zaan'dam［ザーンダム za.ndám］「ザーンダム」
☆sch［ㇲふsx］　s＋ch の連続音。「スク，シュ」ではありません。
　　　Enschede［エンスヘデ ɛnsxəde.］「エンスヘデ」
　　　Schip'hol［スひプホル sxɪphɔ́l, スひプホル sxíphɔl］「スヒプホル（地名・空
　　　港名）」（「スキポール」ではありません）
☆sch［ㇲs］　外来語につく接尾辞 -isch［イㇲ i.s］や一部の固有名詞。
　　　Den Bosch［デㇺボㇲ dɛmbɔ́s］「デン・ボス」
　　　komisch［コーミㇲ kó.mi.s］「奇妙な」/komische［コーミセ kó.mi.sə］
　　　「同左（変化形）」
☆c［ㇰk］　a/o/u と子音字の前。ラテン語やフランス語などからの外来語
　　　でよく使いますが，k との区別が不明確な語もあります。
　　　calcu'leren［カルキュレーれ(ン) kɑlky.lé:rə(n)］「計算する」
　　　con'tact［コンタクト kɔntákt］「接触，連絡」
　　　criticus［クりーティキュㇲ krí.ti.kʏs］「批評家」
　　　⇔kri'tiek［クりティーㇰ kri.tí.k］「批評」
☆c［ㇲs］　e/i/ij/y の前。
　　　cent［セント sɛnt］「セント」　cirkel［スィるケル sírkəl］「円」

(c) r, l, m, n, ng, nk

☆r［るr］　さまざまに発音されますが，舌先のふるえが模範的です。母音化せ
　　　ず，-er は「エル」であり，「アー」とは発音しないのが正式です。ただし，
　　　北部では長母音の後などでアメリカ英語に似た発音も聞かれます。
　　　Rembrandt［れㇺブらンㇳ rémbrant］「レンブラント（人名）」
　　　Deventer［デーヴェ(ン)テる dé.və(n)tər］「デーヴェンテル」
☆l［ルl］　Lek［レㇰ lɛk］「レク川」
☆m［ㇺm］/n［ンn］　Namen［ナーメ(ン) ná.mə(n)］「ナーメン」（フラン

ス語名 Namur「ナミュール」)
☆ng ［ﾝｸﾞ ŋ］「ン＋グ」に分けずに発音します。「小学校」の「ガ」の鼻濁音。
　　Harli*ng*en ［ハぁリﾝゲ(ﾝ) hɑ́rlɪŋə(n)］「ハルリンゲン」
　フローニンゲン州出身者の姓 -nga の発音は ［ﾝ は ŋxa.］です (8 課「ことばと文化」)。
　　Huizi*ng*a ［ハイズィﾝ は hœ́yzɪŋxa.］「ホイジンガ」(歴史学者)
☆nk ［ﾝｸ ŋk］　正確には ［ﾝｸﾞ ŋ］ に ［ｸ k］ がついた音ですが，自然にそうなるので，気にする必要はありません。
　　E*nk*ʰhuizen ［エﾝｸハイゼ(ﾝ) εŋkhœ́yzə(n)］「エンクハイゼン」

(d) **半母音 j, w**
☆j ［ｲ j］　英語の *you* や日本語の「ヤ」の子音部分を強く摩擦させます。
　　*J*aʰpan ［ヤパﾝ ja.pán］「日本」
☆w ［ｳﾞ v］　上歯と下唇を接近させる有声音。v ［ｳﾞ v］ より摩擦は弱め。
　　*W*ageningen ［ｳﾞｧーヘニﾝゲ(ﾝ) vá.ɣənɪŋə(n)］「ヴァーヘニンゲン」
　南部では w ［ｳﾞ v］ は v ［ｳﾞ v］ との区別が明確で，英語の w ［ｳ w］ に近く，北部では v ［ｳﾞ v］ とほぼ同じです (円唇母音の直後を除く。10 課「ことばと文化」)。
☆sj ［ｼ ʃ］/-t(ion) ［ｼ ʃ, (ﾁ tʃ)］, tj/dj ［ﾁ c］, nj ［ﾆ ɲ］
　　{［ｽ s］/［ﾄ t］/［ﾝ n］}＋［ｲ j］ の連続ですが，日本語に似て，軽い「シ」「チ」「(ニェの) ニ」です。英語の *sh/ch* ほど唇を突き出しません。
　　ij*sj*e ［エイシェ εiʃə］「アイスクリーム」←ijs ［エイｽ εis］「氷」
　　sta*ʰtion* ［ｽタションﾝ sta.ʃón, (ｽタチョﾝ sta.tʃón)］「駅」(外来語)
　　ka*tj*e ［カチェ kɑ́cə］「子猫」←kat ［カﾄ kɑt］「猫」
　　Oʰra*nj*e ［オらニェ o.ráɲə］「オラニエ (人名)」

(e) ts/ds ［ｯ ts］
　　［ﾄ t］＋［ｽ s］の連続で，n の後などでは ［ﾄ t］ を落とす傾向があります。
　　Dui*ts* ［ダイｯ dœyts］「ドイツ語」
　　Nederla*nds* ［ネーデるラﾝｯ né.dərlɑnts］→［ネーデるラﾝｽ né.dərlɑns］「オランダ語」

(f) -tie

外来語で使い，3通りの発音があります。

☆[ツィ tsi., スィ si.]　母音とnの後。nの後は[スィ si.]がふつう。
　　na*tie* [ナーツィ ná.tsi., ナースィ nási.]「国家」
　　es'sen*tie* [エセンスィ εsέnsi., (エセンツィ εsέntsi.)]「本質」

☆[ティ ti.]　sの後　kwes*tie* [クヴェスティ kvέsti.]「問題」

☆[スィ si.]　その他の子音の後　funk*tie* [フュンクスィ fÝŋksi.]「機能」

(g) **特殊な外来語と固有名詞のつづりと発音**

☆x [クス ks] ([ス s]), q(u) [ク k, クヴ kv]
　　Lu*x*emburg [リュクセンブュるフ lÝksəmbYrx]「ルクセンブルク」
　　Te*x*el [テセル tέsəl]「テセル島」(29課「ことばと文化」)
　　eti'*qu*ette [エティケテ e.ti.kέtə]「エチケット」

☆ch [ク k]/[ʃ シュ]　*Ch*ristus [クリストュス krístYs]「キリスト」
　　lun*ch*en [リュンシェ(ン) lÝnʃə(n)]「昼食をとる」
　　*ch*auf'feur [ショフェーる ʃo.fǿ:r]「運転手」

☆g/j [ジ ʒ]　ba'*g*a*g*e [バはージェ ba.ɣá.ʒə]「手荷物」
　　*j*ourna'list [ジュるナリスト ʒu.rna.líst]「ジャーナリスト」

2．まとめ

ヨコ軸の発音位置とタテ軸の発音方法の組み合わせに注意してください。

	両唇	唇歯	歯/歯茎	歯茎/硬口蓋	軟口蓋	声門
閉鎖音	p/b [プ p]		t(th)/d [ト t]	(tj/dj [チ c])	k [ク k]	
	b [ブ b]		d [ド d]			
摩擦音		f [フ f]	s [ス s]	(sj/ch [シ ʃ])	g/ch [は x]	
		v [ヴ v]	z(s) [ズ z]		g [は ɣ]	h [ハ h]
破擦音			(ts/ds [ッ ts])			
側音			l [ル l]			
ふるえ音			r [る r]			
鼻音	m [ム m]		n [ン n]	(nj [ニ ɲ])	ng [ング ŋ]	
半母音	w [ゥ v]			j [イ j]		

発音練習：オランダ，ベルギーの州と州都
(Pro'vincies en hoofdsteden)

オランダとベルギーの州 (pro'vincies [ㇷ゚ろヴィンスィス pro.vínsi.s]) と州都 (hoofd・steden [ホーフ(ト)ステーデ(ン) hô.f(t)ste.də(n)]) の名前を正しく発音しましょう。

I. Nederland [ネーデるラント nê.dərlɑnt]「オランダ」
① Friesland [ㇷ゚リースラント frî.slɑnt]「フリースラント州」(州名，以下同様)
　 Leeuwarden [レーゔぁるデ(ン) lê.ʋɑrdə(n)]「レーヴァルデン」(州都名，以下同様)
② Groningen [ふローニンゲ(ン) ɣrô.nɪŋə(n)]「フローニンゲン州」
　 Groningen「フローニンゲン」
③ Drenthe [ドれンテ drɛntə]「ドレンテ州」
　 Assen [アセ(ン) ásə(n)]「アセン」
④ Over'ijssel [オーヴェるエイセル o.ʋərɛisəl]「オーヴェルエイセル州」
　 Zwolle [ズゔぉレ zʋɔ́lə]「ズヴォレ」
⑤ Gelderland [ヘルデるラント ɣɛldərlɑnt]「ヘルデルラント州」
　 Arnhem [アるネム árnɛm]「アルネム」
⑥ Flevoland [ㇷ゚レーヴォラント flê.vo.lɑnt]「フレーヴォラント州」
　 Lelystad [レーリスタト lê.li.stɑt]「レーリスタト」
⑦ Noord-'Holland [ノーるトホラント noːrthɔ́lɑnt]「北ホラント州」
　 Haarlem [ハーるレム háːrlɛm]「ハールレム」
⑧ Zuid-'Holland [ザイトホラント zœythɔ́lɑnt]「南ホラント州」
　 's-Graven'hage [スふらーヴェ(ン)ハーへ sxra.və(n)há.ɣə]「スフラーヴェンハーヘ」(通称 Den Haag [デンハーは dɛnhá.x]「デン・ハーハ」)(「ハーグ」は英語読み)
⑨ Utrecht [ユートれヘト ŷ.trɛxt]「ユトレヒト州」(正しくは「ユートレヘト州」)
　 Utrecht「ユトレヒト」(正しくは「ユートレヘト」)

⑩ Zeeland ［ゼーラント zé.lɑnt］「ゼーラント州」
　 Middelburg ［ミデルブュるふ mídəlbYrx］「ミデルブルフ」
⑪ Noord-ˈBrabant ［ノーるドブらーバント no:rdbrá.bɑnt］「北ブラーバント州」
　 ʼs-Hertogenˈbosch ［セるトーヘ（ム）ボス sɛrto.ɣə(m)bɔ́s］「セルトーヘンボス」（通称：Den Bosch ［デンボス dɛmbɔ́s］「デン・ボス」）
⑫ Limburg ［リムビュるふ límbYrx］「リンブルフ州」
　 Maasˈtricht ［マーストりふト ma.stríxt］「マーストリヒト」

II. België ［ベルひ(ィ)エ bɛ́lyi.(j)ə］「ベルギー」（正しくは「ベルヒエ」）
(a) Vlaanderen ［ヴラーンデれ(ン) vlá.ndərə(n)］「フランドル地方（フランス語読み）」（オランダ語では「ヴラーンデレン地方」が正確）
　　⑬〜⑯と⑰の北半分，オランダ語圏（Vlaams ［ヴラームス vla.ms］「オランダ語フランドル方言」）
(b) Walˈlonië ［ヴぁローニ(ィ)エ vɑlό.ni.(j)ə］「ワロン地方（フランス語読み）」（オランダ語では「ヴァローニエ」が正確）
　　⑱〜㉑と⑰の南半分，フランス語圏（Waals ［ヴぁールス va.ls］「フランス語ワロン方言」）
⑬ Antwerpen ［アントヴぇるペ(ン) ántvɛrpə(n)］「アントワープ州（英語読み）」（オランダ語では「アントヴェルペン州」が正確）
　 Antwerpen「アントワープ」（オランダ語では「アントヴェルペン」が正確）
⑭ Limburg ［リムビュるふ límbYrx］「リンブルフ州」
　 Hasselt ［ハセルト hásəlt］「ハセルト」
⑮ Oost-ˈVlaanderen ［オーストフラーンデれ(ン) o.stflá.ndərə(n)］「東フランドル州（フランス語読み）」（オランダ語では「東ヴラーンデレン州」が正確）
　 Gent ［ヘント ɣɛnt］「ヘント」
⑯ West-ˈVlaanderen ［ヴェストフラーンデれ(ン) vɛstflá.ndərə(n)］「西フランドル州（フランス語読み）」（オランダ語では「西ヴラーンデレン州」が正確）
　 Brugge ［ブりュへ brÝɣə］「ブリュージュ（フランス語読み）」（オランダ語では「ブリュヘ」が正確）
⑰ Brabant ［ブらーバント brá.bɑnt］「ブラーバント州」
　 Brussel ［ブりュセル brÝsəl］「ブリュッセル」

⑱ Henegouwen ［ヘーネはウ(ァ)エ(ン) hê.nəɣɔu(𝑣)ə(n)］「ヘーネハウエン州」（フランス語名 Hainaut「エノー州」）
Bergen ［べるヘ(ン) bɛrɣə(n)］「ベルヘン」（フランス語名 Mons「モンス」）
⑲ Namen ［ナーメ(ン) ná.mə(n)］「ナーメン州」（フランス語名 Namur「ナミュール州」）
Namen「ナーメン」（フランス語名 Namur「ナミュール」）
⑳ Luik ［ライ_ク lœyk］「ライク州」（フランス語名 Liège「リエージュ州」）
Luik「ライク」（フランス語名 Liège「リエージュ」）
㉑ Luxemburg ［リュクセムビュるふ lýksəmbʏrx］「ルクセンブルク州（ドイツ語読み）」（フランス語名 Luxembourg「リュクサンブール州」，オランダ語では「リュクセンブルフ（またはリュクセンビュルフ）州」が正確）
Arlen ［アるレ(ン) árlə(n)］「アルレン」（フランス語名 Arlon「アルロン」）

アルクマール（Alkmaar）の夏祭り

現代オランダ語入門

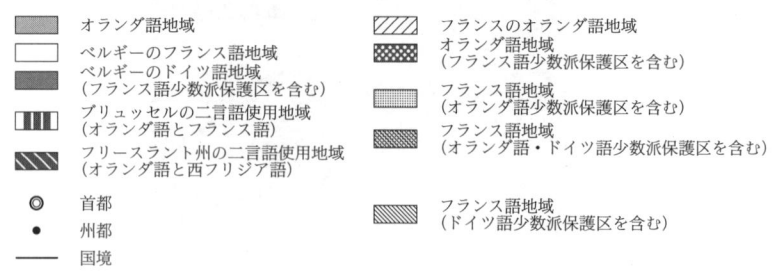

	オランダ語地域		フランスのオランダ語地域
	ベルギーのフランス語地域		オランダ語地域 （フランス語少数派保護区を含む）
	ベルギーのドイツ語地域 （フランス語少数派保護区を含む）		フランス語地域 （オランダ語少数派保護区を含む）
	ブリュッセルの二言語使用地域 （オランダ語とフランス語）		フランス語地域 （オランダ語・ドイツ語少数派保護区を含む）
	フリースラント州の二言語使用地域 （オランダ語と西フリジア語）		
◎	首都		フランス語地域 （ドイツ語少数派保護区を含む）
●	州都		
───	国境		
---	州境		（出典：Vandeputte 1987 裏表紙）

―18―

1課　道で出会って
Les een — Op straat

この課で学ぶこと　出会いと別れの表現，発音の規則，
　　　　　　　　　数詞(1)—基数 0〜19

　10課まではテキストにカナ発音と発音記号をつけます。文の発音と単語の発音は一致しないことがあるので，要注意。Dank u.「ありがとう」は「ダンク・ユー」ではなく，「ダンキュー」と発音するからです。そこで，テキストには文中でのアクセントや単語の発音の変化を「→」で加えますが，あくまで一例にすぎません。つづりでは単語の第1音節以外のアクセントを示す「ˊ」(3課1)はそのままにしますので，発音記号と異なることがあります。

Wouter：Dag, Masami!
　　［ダはマサミ dɑx ma.sá.mi.］
ヴァウテル：やあ，正美。

Masami：Dag, Wouter! Hoe gaat het met je?
　　［ダはヴぁウテる dɑx vɔ́utər］［フー はート エト(→はーテト) メト イェ(→メチェ) hu. ɣá.t ət(→ɣá.tət) mɛt jə(→mɛcə)］
正美：あら，ヴァウテル。どう，調子は？

W：Goed hoor. En met jou ook?
　　［ふート ホーる ɣú.t ho:r］［エン メト ヤウ(→メチャウ) オーク ɛn mɛt jɔ́u (→mɛcɔ́u) o.k］
ヴァウテル：べつに（＝良好だよ）。で，君は？

M：Ja, best. Nou, ik moet verder. Dag, Wouter!
　　［ヤー ベスト já. bɛ́st］［ナウ イク ムート ヴぇるデる nɔ́u ɪk mu.t vɛ́rdər］
　　［ダはヴぁウテる dɑx vɔ́utər］

— 19 —

正美：まあまあね（＝最高よ）。じゃあ，行くところがあるから。またね，ヴァウテル。

W：Tot ziens, Masami！
［トㇳ ズィーンス（→ト(ㇳ)スィーンス） マサミ tɔt zí.ns（→tɔ(t)sí.ns） ma.sá.mi．］
ヴァウテル：じゃあね。

語法と表現

出会いと別れの表現
☆Dag！
「こんにちは」以外にも，時間に関係なく，形式ばらず，とくに好まれる表現です。時間ごとに使い分ける表現もあります。
　Goede′morgen！［フーデモㇽヘ(ン) ɣu.dəmɔ́rɣə(n)］→［フーィエモㇽヘ(ン) ɣu.jəmɔ́rɣə(n)］「おはようございます（約12時まで）」
　Goede′middag！［フーデミダㇵ ɣu.dəmídɑx］→［フーィエミダㇵ ɣu.jəmídɑx］「こんにちは（約12—18時）」
　Goeden′avond！［フーデ(ン)アーヴォント ɣu.də(n)á.vɔnt］→［フーィエ(ン)アーヴォント ɣu.jə(n)á.vɔnt］「こんばんは（約18—24時）」
　Goeden′dag！［フーデ(ン)ダㇵ ɣu.də(n)dáx］→［フーィエ(ン)ダㇵ ɣu.jə(n)-dáx］「こんにちは（など）（時間に関係なく）」
　Goede′nacht！［フーデナㇵㇳ ɣu.dənáxt］→［フーィエナㇵㇳ ɣu.jənáxt］「おやすみなさい（24時以降，または寝るとき）」
「良い(goed)｛朝(morgen)/昼(middag)/晩(avond)/夜(nacht)/日(dag)｝[を私はあなたにお祈りします]」の意味。すべて「さようなら」の意味でも使います。「行ってきます」「行ってらっしゃい」「ごめんください」「いらっしゃいませ」，「ただいま」「おかえり」の意味にもなります。つまり，出会いと別れの両方に区別なく使うのです。なお，最近ではHoi！［ホイ hɔi］「やあ」もはやっています。Hal′lo！［ハロー halóó.］は「こんにちは」のほかに，「あのー」と注意を引くときにも使います。
☆Hoe gaat het met je？

「[状況は(het は形式主語,英 *it*)] 君 (je) について (met) どう (hoe) 進行しています (gaat) か」の意味。遠慮が必要な相手には je を u に変更。
　　Hoe gaat het met u? 「お元気ですか」
Hoe gaat het? だけでもよく,er'mee [エゥメー ərmé.]「それ (er-) について (-mee)」をつけて,Hoe gaat het er'mee? も可。次の表現もあります。
　　Hoe is het? 「同上」([状況は(het)] どのよう (hoe) ですか (is))
　　Hoe maakt u het? 「同上」(あなたは(u) [状況を(het)] どのように(hoe) しています (maakt) か)
☆Goed hoor. En met jou ook?
　「良好です (goed)。それで (en),君 (jou) について (met) も (ook) [そうですか]」の意味。jou は je の強調形,hoor「…ですよ」は確認を表わす間投詞 (4, 5課) です。
☆Ja, best.
　「はい (ja) 最高 (best) です」の意味。「お元気ですか」と聞かれて「はい,とても元気です」と答える日本人はおめでたい人でしょうが,オランダ語ではこう言うのです。
☆Nou, ik moet verder.
　「さて (nou),私は (ik) さらに (verder,英 *further*) [行か] なければなりません (moet,英 *must*)」の意味。英語と違って,gaan「行く」(英 *go*) は不要です (13課2(a))。nou は nu [ニュー ny.](英 *now*) の話し言葉的な語形で,話題を転換するときなどに使う間投詞 (4課) です。
☆Dag!/Tot ziens!
　Dag! は「さようなら」の意味にもなります。「ダ〜ハ!」と引き伸ばして発音すると気持ちが出ますね。Tot ziens! は「また会う (ziens) まで (tot)」がもとの意味で,別れのときだけ。Tot ziens, dag! と重ねても言います。最近では Doei! [ドゥーイ du.i]「じゃあ」もはやっています。

発音の規則

1. 音節末音の無声化

(a) **語形変化と派生語**
　① つづりを変えないもの

b［ㇷ゚b］→b［ㇷ゚p］,　　d［ㇳ゙d］→d［ㇳt］,　　g［はɣ］→g［はx］
② つづりを変えるもの
　　v［ヴv］→f［ㇷf］,　　z［ㇹ゙z］→s［ㇷs］
これは語形変化や派生語でとくに重要です。
　　kinderen［キンデれ(ン) kíndərə(n)］「子供たち（複数形）」→kind［キンㇳ kɪnt］「子供（単数形）」
　　hebben［ヘベ(ン) hɛbə(n)］「もっている」→ik heb［ヘㇷ hɛp］「私はもっている」
kin-*de*-ren の d［ㇳ゙d］が kin*d* で d［ㇳt］になるのは，d が音節の初めから音節末に移るからです。語形変化では単数形が基本形ですが，発音では複数形の有声音 d［ㇳ゙d］が基本形なのです。次はつづりが変わる例です。
　　liever［リーヴぇㇽ lí.vər］「より好ましい（比較級）」→ lief［リーㇷ li.f］「好ましい（原級）」
　　reizen［れイゼ(ン) rɛízə(n)］「旅行する」→ hij reist［れイㇹ゙ㇳ rɛist］「彼は旅行する」
複合語ではふつうはこうなりません（話し言葉ではなることもあります）。
　　reis・artikel［れイㇲアるティーケㇽ rɛísɑrti.kəl］「旅行用品」
なお，Dordrecht（都市名）は Dor・drecht の複合語なので，「ドルドレヒト」［ㇳ゙るドれヘㇳ dɔ́rdrɛxt］です。「ドルトレヒト」（*Dord・recht）ではありません。

(b) 閉鎖音・摩擦音の連続
　次の hoofden の f は音節末にありますが (hoof+den)，有声音が続くので無声化しません（2課「ことばと文化」）。
　　hoofden［ホーヅデ(ン) hó.vdə(n)］「頭（複数形）」→hoofd［ホーㇷㇳ ho.ft］「頭（単数形）」

2. n の脱落

(a) n が脱落する場合
　無アクセントで音節末にある -en の n はほとんど発音しません。
　　Marken［マるケ(ン) mɑ́rkə(n)］「マルケン」

1課　道で出会って

北東部と南西部では -en の発音が保たれる傾向があります。

(b) n が脱落しない場合
　① 同一音節で -en にほかの子音が続く場合，およびその派生語
　　levend［レーヴェント lé.vənt］「生きている」/levendig［レーヴェンダは lé.vəndəx］「生き生きした」←leven［レーヴェ(ン) lé.və(n)］「生きる」
　　ただし，-s の前では脱落する傾向があります。
　　levensmiddelen［レーヴェ(ン)ス ミ デレ(ン) lé.və(n)smɪdələ(n)］「食品」
　② -en で終わる動詞の語幹，あるいは語幹と同形の変化形
　　ik zegen［ゼーヘン zé.ɣən］「私は祝福する」←zegenen［ゼーヘネ(ン) zé.ɣənə(n)］「祝福する」⇔zegen［ゼーヘ(ン) zé.ɣə(n)］「祝福」
　③ 後半部が母音で始まる複合語の副詞や前置詞
　　副詞 buiten/af［バイテンアフ bœytənáf］「外で」(buiten［バイテ(ン) bœytə(n)］+af)
　　⇔形容詞 buiten/aards［バイテ(ン)アーるッ bœytə(n)á:rts］「大気圏外の」

3. d の脱落と h の消失

(a) d の脱落
　長母音とあいまい母音［エ ə］の間の d は脱落することがあります。その場合，母音が連続するのを嫌って，［ゥw］(ou/au の後)/［ィj］(それ以外)をはさもうとします。
　　houden［ハウデ(ン) hóudə(n)］→［ハウ(ゥ)エ(ン) hóu(v)ə(n)］「保つ」
　　leiden［レイデ(ン) lɛidə(n)］→［レイ(ィ)エ(ン) lɛi(j)ə(n)］「導く」
　d のかわりに i と書くこともあります。
　　Goede/morgen！［フーデモるへ(ン) ɣu.dəmɔ́rɣə(n)］→Goeie/morgen！［ふーイェモるへ(ン) ɣu.jəmɔ́rɣə(n)］「おはよう」
　d が落ちた語形が定着している語があります。
　　zaaien［ザーイェ(ン) zá.jə(n)］「種をまく」⇔zaad［ザート za.t］「種」
　de が落ちた語形が定着している語もあり，de を含む語形は古風です。
　　veer［ヴェーる ve:r］←veder［ヴェーデる vé.dər］「羽」
　　kou［カウ kɔu］←koude［カウデ kɔ́udə］「寒さ，風邪」

(b) h [ɦ] の消失

h [ɦ] は弱い音で，子音の直後ではよく消えてしまいます（10課「ことばと文化」）。
　Arnhem [ɑ́rnɛm アるネム] ←[ɑ́rnɦɛm アるンヘム]「アルネム」
　's-Hertogen/bosch [セぅトーヘ(ン)ボス sɛrto.ɣə(m)bɔ́s] ←[ス ヘぅ … shɛr…]「セルトーヘンボス」(Den Bosch「デン・ボス」の正式名)

4. 半母音

(a) aai, ooi ; eeuw, ieuw, uw, ouw/auw

この i や w は音節の位置によって母音と子音に交替する半母音です。
音節末：母音 [ィ i]/[ゥ u] ⇔ 音節の初め：子音 [ィ j]/[ヴ v]
　draai [ドらーイ dra.i]「回転」〜draaien [ドらーイェ(ン) drá.jə(n)]「回転する」
　dooi [ドーイ do.i]「雪解け」〜dooien [ドーイェ(ン) dó.jə(n)]「(雪が)とける」
　leeuw [レーウ le.u]「ライオン」〜leeu/win [レーヴぃン le.vín]「雌のライオン」
　nieuw [ニーウ ni.u]「新しい」〜nieuwe [ニーヴェ ní.və]「新しい(変化形)」
　duw [デューウ dy.u]「押し」〜duwen [デーヴェ(ン) dý.və(n)]「押す」
　ou/au [アウ ɔu] は「ウ」で終わるので，音節末では [ウ u] がつかず，音節の初めでも [ッ v] がつきにくい傾向があります。
　vrouw [ッらウ vrɔu]「女性」〜vrouwen [ッらウ(ヴ)エ(ン) vrɔ́u(v)ə(n)]「女性(複数形)」
　lauw [ラウ lɔu]「ぬるい」〜Lauwers [ラウ(ヴ)エぅス lɔ́u(v)ərs]「ラウエルス川」

(b) 母音連続の回避と半母音の挿入

　二重母音以外では母音の連続を避けて，[ィ j]（前舌母音の後)/[ヴ v]（後舌母音の後) を入れることがあります。

1課　道で出会って

the'ater ［テ(ィ)アーテる te.(j)á.tər］「劇場」
dou'ane ［ドゥ(ヅ)アーネ du.(v)á.nə］「税関」
ただし，aや接頭辞 be- ［ベ bə］, ge- ［ヘ ɣə］ の後を除きます。
chaos ［はーオス xá.ɔs］「混沌」
be'ambte ［ベアムテ bəámtə］「役人」

☞ 以下の規則は参考にとどめ，本書では採用しません。
(a) ［スふる sxr］ → ［スる sr］
rをのどひこで発音する人に多く聞かれます。
schrijven ［スふれイヴェ(ン) sxrɛíva(n)］ → ［スれイヴェ(ン) srɛíva(n)］「書く」
's-Graven'hage ［スふらーヴェ(ン)ハーヘ sxra.və(n)há.ɣə］ → ［スらーヴェ(ン)ハーヘ sra.və(n)há.ɣə］「スフラーヴェンハーヘ」(Den Haag の正式名)
(b) 「暗い l」と「明るい l」
厳密には英語のように，舌の後ろを持ち上げる「暗い l」(音節末)と，舌先だけを上の歯茎につける「明るい l」(音節末以外)があります。
暗い l：Schelde ［スヘルデ sxɛ́ldə］「スヘルデ川」
明るい l：Kollum ［コリュム kɔ́lʏm］「コルム」
Luik ［ライク lœyk］「ライク」(フランス語名 Liège「リエージュ」)
(c) あいまい母音［エ ə］の挿入
音節末の「r/l+子音 (t/s 以外)」では［ə エ］をはさみます。
arm ［アるム arm］ → ［アれム árəm］「腕；貧しい」
Delft ［デルフト dɛlft］ (暗い l) → ［デレフト dɛ́ləft］ (明るい l)

語彙をふやそう
数詞 (1)—基数 0〜19

0	nul	［ニュル nʏl］	8	acht	［アはト ɑxt］
1	een (強調 één)	［エーン e.n］	9	negen	［ネーヘ(ン) né.ɣə(n)］
2	twee	［トヴェー tʋe.］	10	tien	［ティーン ti.n］
3	drie	［ドりー dri.］	11	elf	［エルフ ɛlf］
4	vier	［ヴィーる vi:r］	12	twaalf	［トヴァールフ tʋa.lf］
5	vijf	［ヴェイフ vɛif］	13	der•tien	［デるティーン dɛ́rti.n］
6	zes	［ゼス zɛs］	14	veer•tien	［ヴェーるティーン vé:rti.n］
7	zeven	［ゼーヴェ(ン) zé.və(n)］	15	vijf•tien	［ヴェイフティーン vɛ́ifti.n］

16　zes・tien　　［ゼｽティーン zéstì.n］
17　zeven・tien　［ゼーヴェ(ン)ティーン zé.və(n)ti.n］
18　acht・tien　　［アｈティーン áxti.n］
19　negen・tien　［ネーへ(ン)ティーン né.ɣə(n)ti.n］

　　vijf「5」の f は母音が続くと v になります（音節末音の無声化：v → f）。
　　{voor/na/bij} *vijven*「5時 {前/以降/近く}」
　　10 までは両性名詞（de-名詞，5課）として扱われることがあります。
　　de {nul/een/twee/tien}「{零/一/二/十}」

ことばと文化：Good-by, Mr. Churchill !

　さまざまな言葉が飛び交うヨーロッパでは，あいさつは人間関係の基本です。スーパーでの買物も，Goede/middag！などと言って品物を並べ，店員がおつりを出したら，すかさず笑顔をつくろって Dank u wel！Dag！「ありがとう。さようなら」などと言って，にこやかに店を出ます。無言ですませるのは失礼です。客が感謝するのはおかしいじゃないかというのは，田舎者の発想なのです。あいさつには相手の名前を添えるエチケットも大切です。初対面の相手の名前は聞き流さず，しっかり確かめ，できれば紙に書いてもらいましょう。
　小さな町ではだれでもあいさつを交わします。オランダ北部の田舎を車で案内されたとき，手前の家の庭で手を振る老人の姿が見えたので，お知り合いですかとたずねたところ，いやあ，ここらへんじゃあ，顔が合えば，だれでもあいさつするんだという返事でした。都会でも，バスの運転手と乗客が仲良く歓談しているのをよく見かけます。運転中に話しかけるのはよくないと思うのですが，みんな平気です。乗客どうしもやたらにおしゃべりしています。人と人を隔てる垣根が低いのですね。対人関係に距離を置く日本の社会からオランダ語圏に入ると，初対面の人に旧友のように話しかけられて，びっくりします。
　Dag！のほかにご紹介した表現は，律義に時間別に使い分けます。あるとき，11 時半頃，そろそろおなかがすいてきたなと思って，オランダ人の先生に Goede/middag！と申し上げたところ，先生は時計をご覧になって，「まだ

1課　道で出会って

12時前じゃないか。Goede/morgen！だよ」とおっしゃいました。高緯度のオランダ語圏では，夏は夜の9時過ぎでも明るいので，Goeden/avond！とは言いがたい雰囲気です。やっぱり，いつでもDag！が便利です。

　注意が必要なのは，出会いのあいさつは別れにも使うことです。Goede-/middag！は「こんにちは」にも「さようなら」にもなるのです。夜のテレビニュースは次のように終わります。

　Ik wens u nog een goede avond.「私は（ik）あなたがたに（u）なお（nog）良い（goede）晩を（een…avond）お祈りします（wens）」

　Nog een prettige avond verder.「なお（nog）すてきな（prettige）晩を（een…avond）さらに（verder）［お祈りします］」

　第2次大戦中，ヒトラーのオランダ進攻を逃れてロンドンに渡り，法務大臣から首相に就任して亡命政権（1940—45）を指揮したゲルブランディー（Pieter Sjoerd Ger/brandy 1885-1961；フリジア人なので，「ゲル…」という発音です）は，英語が苦手でした。ロンドンでチャーチル首相に面会したゲルブランディーは，Good-by, Mr. Churchill！とあいさつしてしまいました。それを聞いたチャーチルは，「これは私が今までに受けたもっとも短い訪問だ」と語ったそうです。

デルフト（Delft）の街角

2課　近所のお宅で
Les twee — Bij de buurvrouw

この課で学ぶこと　感謝・謝罪・提供/依頼の表現，
　　　　　　　　　同化，数詞(2)—基数 20〜99

Me'vrouw Pars : Wilt u koffie of thee?
　　［ヴィルト ユー(→ヴィルチュー) コフィ オッ テー *v*ɪlt y.(→*v*ɪlty.) kɔ́fi. ɔf té.］
パルス夫人：コーヒーがいいですか，それともお茶がいいですか。

Me'vrouw Ota : Koffie graag.
　　［コフィ ふらーは kɔ́fi. ɣraːx］
太田夫人：コーヒーをいただきます。

P : Melk en suiker?
　　［メルク エン サイケる mɛ́lk ɛn sœ́ykər］
パルス夫人：ミルクとお砂糖はいかがですか。

O : Geen suiker. Wel een beetje melk.
　　［ヘーン サイケる ɣê.n sœ́ykər］［ヴェル エン ベーチェ(→エㇺベーチェ) メルク
　　*v*ɛl ən be.cə(→əmbe.cə) mɛ́lk］
太田夫人：お砂糖は結構です。ミルクは少し。

P : Alstu'blieft.
　　［ア(ル)ㇲチュㇷ゚リーㇷ゚ト a(l)sty.blíːft］
パルス夫人：どうぞ。

O : Be'dankt.
　　［ベダンクト bədáŋkt］
太田夫人：すみません（＝ありがとうございます）。

2課　近所のお宅で

P：Wilt u ook koffie?
　　［ヴゥルト　ユー（→ヴゥルチュー）　オーク　コフィ　vɪlt y.(→vɪlty.) ó.k kɔfi.］
パルス夫人：あなたもコーヒーがよろしいですか。

Masami：Nee, geen koffie. Is er ook thee?
　　［ネー　ヘーン　コフィ　né. ɣé.n kɔfi.］［イス　エる（→イぜる）　オーク　テー　ɪs ər
　　（→ɪzər) o.k té.］
正美：いえ，コーヒーはちょっと。お茶もありますか。

P：Ja. Dit is thee. Alstu'blieft.
　　［ヤー　ディト　イス（→ディティス）　テー　já. dít ɪs(→dítɪs) te.］［ア(ル)スチュブリ
　　ーフト ɑ(l)sty.blí.ft］
パルス夫人：ええ。これがお茶です。どうぞ。

M：Lekker. Dank u wel.
　　［レケる lɛkər］［ダンク　ユー（→ダンキュー）　ヴェル daŋk y.(→daŋky.) vɛ́l］
正美：おいしいですね。どうも。

語法と表現

☆Wilt u koffie of thee?
　「あなたは (u) コーヒー (koffie) それとも (of) お茶 (thee) がほしい (wilt) ですか」の意味。wilt (←willen) は英語の *will* ではなく，*want (to)* にあたります。u は jij/je と違って，遠慮が必要な相手に使います。
☆Koffie graag.
　「コーヒー (koffie) を好んで (graag)」の意味。名詞でも動詞でも graag をつければ欲求の表現になります（22課「語法と表現」）。オランダ人のコーヒー好きは有名で，一日に何杯も飲みます。「アムステルダムの朝はコーヒーで始まる」のです。
☆Melk en suiker?
　「ミルク (melk) と (en) 砂糖 (suiker) は［いかがですか］」の意味。
☆Geen suiker. Wel een beetje melk.

「砂糖はほしくありません (geen suiker, 英 *no sugar*)。ただ (wel) 少し (een beetje) ミルク (melk)［がほしいです］」の意味。wel は英語の *well* ですが,「よく」ではなく,「でも,たぶん」という気持ちを表わします。
☆Wilt u ook koffie?—Nee, geen koffie.
「あなた (u) も (ook) コーヒー (koffie) がほしい (wilt) ですか」「いいえ (nee),コーヒーはいりません (geen koffie, 英 *no coffee*)」の意味。自分の好みは遠慮せずに伝えることが大切です。
☆Is er ook thee?—Ja. Dit is thee.
「お茶 (thee) も (ook) あります (is er) か」「はい (ja)。これが (dit) お茶 (thee) です (is)」の意味。Is er...? は英 *Is there...?* です。
☆Lekker.
「おいしい,すてきな」など,物事を好意的に評価する形容詞です (22課「語法と表現」)。

感謝・謝罪・提供／依頼の表現

☆Dank u wel. と Be/dankt.「どうもありがとう」
　Dank u wel. は「［私は］あなたに (u) よく (wel) 感謝します (dank)」の意味で,親しい仲間には Dank je［ダンキェ daŋkjə］wel. です。Dank {u/je}. だけでもよく,1語なら Be/dankt. です。hartelijk［ハるテレㇰ hártələk］「心から」をつけて,Hartelijk be/dankt.「どうもありがとうございます」と言えば丁寧です。
☆Neemt u me niet kwalijk.「申し訳ありません」
　［ネームッ ユー(→ネームチュー) メ ニートㇰヴァーレㇰ ne.mt y.(→ne.mty.) mə ni.t kvá.lək］と発音し,「(私を (me) 悪く (kwalijk) 取らないでください (neemt u...niet)」の意味です。英語式に Sorry!［ソり sɔ́ri.］でもかまいません。感謝はいくらしてもいいですが,謝罪は最小限にとどめます。日本人は感謝するときも「すみません」なので要注意。時間や道をたずねるときは,Par/don! や Hal/lo!「すみません」と呼びかけます。
☆Alstu/blieft.「どうぞ,どうか」
　提供 (「どうぞ」と物を差し出すとき,英 *here you are*) や依頼 (「どうか」と頼むとき,12課1(a),英 *please*) の大切な表現です。「それが (t←het) あなたに (u) 気に入る (blieft←be/lieven) ならば (als)」という意味の従属文

に由来し，古くは als 't u blieft とつづりました（フランス語の *s'il vous plaît*）。親しい仲間には a(l)sje/blief(t) ［ア(ル)シェフリーフ(ト) ɑ(l)ʃəblí.f(t)］で，als- の l や語末の t を発音しなかったり，書かない人もいます。単独の文で使うと，/Alstublieft. や /A(l)sjeblief(t). のように，als-/a(l)s- にアクセントを置くことがあります。

☆Graag ge/daan. など「どういたしまして」

　Graag ge/daan. ［ふらーは ヘダーン ɣra.x ɣədá.n］（「［それは］好んで（graag）なされ（ge/daan）［ました］」の意味）

　Geen dank. ［ヘーン ダンク ɣé.n dɑŋk］（「感謝は不要です」の意味）

　Niets te danken. ［ニーッテ ダンケ(ン) ni.ts tə dáŋkə(n)］（「［それは］感謝されるべき（te danken）ではない（niets）［のです］」の意味）

　Tot uw dienst. ［トト ユウ（→トチュウ） ディーンスト tɔt y.u（→ tɔty.u）dí.nst］（「あなたへの（uw）奉仕（dienst）に向けて（tot）」の意味。やや改まった感じ）

同化

複合語の切れ目や単語間で，発音しやすいように，となりの音に似る変化のことです。一般にオランダ語の発音は口の筋肉の緊張が弱く，そのために起こる変化で，英語と似ています。つづりに現われないのでやっかいですが，あくまで発音を楽にする自然な変化です。日本語でも同じようなことをしています。無視して話しても通じます。上手に聞き取る便宜と考えましょう。

(a) 閉鎖音・摩擦音の有声化と無声化

オランダ語では発音上ひとまとまりの単語や単語の連続で，閉鎖音・摩擦音がとなり合わせになると，有声音と無声音が混ざってはいけません。

① 有声化

　後ろが閉鎖音のときには後ろにならいます。

　「無声閉鎖音＋有声閉鎖音」→「有声閉鎖音＋有声閉鎖音」

　o*p* ［オプ ɔp］＋*d*oen ［ドゥーン du.n］→o*p*|*d*oen ［オッドゥーン ɔ́bdu.n］

　「獲得する，購入する」

　「無声摩擦音＋有声閉鎖音」→「有声摩擦音＋有声閉鎖音」

　a*f* ［アフ ɑf］＋*d*oen →a*f*|*d*oen ［アッドゥーン ɑ́vdu.n］「はずす」

② 無声化

後ろが摩擦音のときには前にならいます。

「無声閉鎖音＋有声摩擦音」→「無声閉鎖音＋無声摩擦音」
o*p*［オｐɔp］＋*z*et［ゼｔzɛt］→o*p*・*z*et［オｯセｔɔpsɛt］「意図」
「無声摩擦音＋有声摩擦音」→「無声摩擦音＋無声摩擦音」
a*f*［アｆɑf］＋*z*et →a*f*・*z*et［アｯセｔɑfsɛt］「売上」

つまり，原則は後ろが勝つのです。ところが，オランダ語の摩擦音は有声の度合いがとても弱く，有声と無声の区別がはっきりしません。そのため，閉鎖音がとなりに来ると，摩擦音は負けて無声化してしまい，摩擦音どうしでも有声にはなりたがらないのです。無声音は 't kof・schip［トコｆｽひｐtkɔfsxɪp］「沿岸貨物帆船」（'t は定冠詞の het）の子音と覚えると便利です。

☞ w/l/r/n/m も同化に関係することがありますが，本書では採用しません。
　af・was［アｯヴｧｽɑfʋɑs］「食器洗い」（［アｯヴｧｽɑvʋɑs］も可）
　Dit is mijn dochter.［ディティｽ メン ドほテｒdítɪs mən dɔ́xtər］「これが私の娘です」（［ディティｽメン ドほテｒdítɪzmən dɔ́xtər］も可，5課）
　d- で始まる機能語（冠詞，指示代名詞，dan「それから」など）では，上の規則に反して無声化することがあります。
　op de markt［オｯデ マるクトɔbdə márkt］「市場で」（［オｯテ マるクトɔptə márkt］も可）

(b) n の変化

n は後ろの子音によって発音の位置が変わります。日本語にもあるので，神経質になる必要はありません。複合語でも起こります。

① n［ンn］＋p［ｐp］/b［ｂb］（両唇子音）→ np［ﾑｐmp］/nb［ﾑｐmb］
　in|pakken［インパケ（ン）ínpɑkə(n)］→［イﾑパケ（ン）ímpɑkə(n)］「包む」
② n［ンn］＋j［ｲj］（硬口蓋子音）→ nj［ニɲ］
　anjer［アニェるáɲər］「ナデシコ，カーネーション」
　on/juist［オンヤイｽﾄɔnjœyst］→［オニャイｽﾄɔɲœyst］「不当な」
③ n［ンn］＋k/c［ｸk］/g［は ɣ］/ch［は x］（軟口蓋子音）→ nk/nc［ンクŋk］/n g［ンは ŋɣ］/nch［ンは ŋx］（カナ発音では［ンクク］/［ンは］とはしません）

denken ［デンケ(ン) dέŋkə(n)］「考える」
in|gaan (in+gaan) ［インはーン ínɣa.n］ → ［インはーン ínɣa.n］「入る」
Gorinchem ［ほーリンヘム ɣóːrɪnxɛm］ → ［ほーリンヘム ɣóːrɪŋxɛm］「ホーリンヘム」

(c) 長子音の単子音化

同化によって長子音が生まれても，ひとつ分しか発音しません。

p ［プ p］+b ［ブ b］ →pb ［ププ bb］ → ［ブ b］
op|bellen ［オプベレ(ン) ɔpbɛlə(n)］ → ［オブベレ(ン) ɔbbɛlə(n)］ → ［オベレ(ン) ɔbɛlə(n)］「電話する」
f ［フ f］+v ［ヴ v］ →fv ［フフ ff］ → ［フ f］
af•val ［アブヴァル áfvɑl］ → ［アフファル áffɑl］ → ［アファル áfɑl］「ゴミ」
n ［ン n］+m ［ム m］ →nm ［ンム mm］ → ［ム m］
in|middels (in+middels) ［インミデルス ɪnmídəls］ → ［イムミデルス ɪmmídəls］ → ［イミデルス ɪmídəls］「その間に」

(d) 単語間での変化

代名詞や冠詞のようにアクセントをもたず，前後の語に添えて発音する機能語との組み合わせに多く見られます。

ik blijf ［イックブレイフ Ik blɛif］ → ［イックブレイフ Igblɛif］「私はとどまる」
Het beste! ［エトベステ ət béstə］ → ［エドベステ ədbéstə］「お元気で」
is zij ［イスゼイ ɪs zɛi］ → ［イスセイ ɪssɛi］ → ［イセイ ɪsɛi］「彼女は…ですか」
ben je ［ベンイェ bɛn jə］ → ［ベニェ bɛɲə］「君は…ですか」
een beetje ［エンベーチェ ən bé.cə］ → ［エムベーチェ əmbé.cə］「少し」

☞ 複合語内部の切れ目や単語間では「音節境界の移動」(「→」の右側への変化）も起こりますが，この本では少数の場合を除いて示しません。
zuid|oost ［ザイトオースト zœyt-ó.st］「南東」(zuid「南」+oost「東」) → ［ザイトースト zœy-tó.st］（または ［ザイドースト zœy-dó.st］）
Over|ijssel ［オーヴェるエイセル o.vər-ɛisəl］「オーヴェルエイセル州」 → ［オーヴェれイセル o.və-rɛisəl］

ver′anderen ［ヴェるアンデれ(ン) vər-ándərə(n)］「変える，変わる」（接頭辞 ver-）→ ［ヴェらンデれ(ン) və-rándərə(n)］

自然な会話では矢印の右側の発音が頻繁に聞こえてきます。単語間でも in het Engels「英語で」は ［インエトエンゲルス ɪn ət ɛŋəls］とコマ切れにしないで，［イネテンゲルス ɪnətɛŋəls］と続けて発音するのがふつうです。次の学習段階として，徐々に慣れていきましょう。

ただし，er-/daar-/waar- (11 課 3) との組み合わせでは「音節境界の移動」が規則的に起こります。

er′in ［エりン ərín］「その (er-) 中に (in)」, daar′in ［ダーりン daːrín］「あの (daar-) 中に (in)」, waar′om ［ヴぁーろム ʋaːrɔm］「なぜ（何の (waar-) ために (om)）」

語彙をふやそう
数詞 (2)—基数 20〜99

二ケタの数は「一の位＋en＋十の位」の順番です。「40」「50」の v- と「60」「70」の z- が無声音であることに注意（3 課「ことばと文化」）。

20	*twin*•tig	［トヴィンタは tvíntəx］	50	*vijf*•tig	［フェイフタは fɛíftəx］
21	een•en•twintig (1+20)		60	*zes*•tig	［セスタは sɛ́stəx］
22	twee•ën•twintig (2+20)		70	*zeven*•tig	［セーヴェ(ン)タは sé.və(n)təx］
30	*der*•tig	［デるタは dɛ́rtəx］	80	*t*ach•tig	［タㇵタは táxtəx］
40	*veer*•tig	［フェーるタは féːrtəx］	90	negen•tig	［ネーヘ(ン)タは né.ɣə(n)təx］

ことばと文化：ヘップバーンとラズベリーの法則

映画『ローマの休日』で有名なハリウッドの妖精，オードリー・ヘップバーン（Audrey Hepburn 1919—93）は，オランダ人を母親とする貧しい家庭にブリュッセル（Brussel）で生まれました。やっぱりオランダには美人がいるなあ，と鼻の下を長くする前に，「ヘップバーン」はないでしょう。［ﾌﾟ pb］→ ［ﾌﾟ bb］ → ［ﾌﾟ b］ という変化で，「ヘバーン」（英語読み）となるはずだからです。ところで，ローマ字のつづりに「ヘボン式」というのがありますね。1859—92 年の日本滞在の間に最初の本格的な和英辞典『和英語林集成』(1867) を完成したアメリカ人宣教師・医師，James Curtis Hepburn (1815

―1911）が用いた表記のことです。こちらは発音規則に忠実で，和名も「平文」です。もう一つの例は raspberry「ラズベリー（キイチゴ）」。英語にも似た現象があるのです。

　1600年（慶長5年）に豊後（大分県）の臼杵（うすき）に漂着し，日蘭国交の幕開けを告げたオランダの商船「リーフデ号」も，正しくは「リーヴデ号」です（liefde［リーッデ lí.vdə］「愛」（英 love））。「閉鎖音・摩擦音の連続には有声と無声が混ざってはいけない」という規則のせいです。

　一般にオランダ語は発音がむずかしいと言われます。同化や音節境界の移動で単語の切れ目がわかりにくい，p/t/k が息が出ない無気音なので物足りない，「ツ」「シュ」のような子音が少なくてはっきりしない，摩擦音の g には肩すかしを食い，r を舌先でしっかりふるわせないのでピシッとしない，などがその理由です。口の中でモゴモゴ言っている感じです。オランダ語はゲルマン語ではデンマーク語の次に聞き取りにくい言語だと思います。

　一方，南部のオランダ語の標準発音はとても明晰です。ベルギー・フランドルのテレビニュースに耳を傾けると，気品と優雅さにあふれるアナウンサーの美声にため息が出てしまいます。オランダのニュース番組の活気や庶民性には好感がもてますが，発音の美しさでは圧倒的にフランドルが上でしょう。こちらが標準発音でないのをひそかに残念に思うくらいです。

ブリュージュ（Brugge）の運河と鐘楼

3課　市役所で
Les drie — In het stad'huis

この課で学ぶこと　アクセント，数詞(3)―基数100以上

Ambtenaar：Goede'middag, me'vrouw Ota. Uw a'dres, alstu'blieft.
　　　　［フーデミダは　メッらゥ　オータ　ɣu.dəmídɑx məvrɔu ó.ta.］［ユウ　アドれㇲ　ア(ル)ㇲチュプリーフト　y.u a.drɛs a(l)sty.blí.ft］
係員：こんにちは，太田さん。ご住所をお願いします。

Me'vrouw Ota：E'rasmuslaan 67（＝zevenenzestig）.
　　　　［エらㇲミュㇲラーン　ゼーヴェ(ン)エンセㇲタは　e.rásmYsla.n zé.və(n)ɛn-sɛ́stəx］
太田夫人：エラスムス・ラーン67番です。
　　　　Postcode, 1001（＝duizendeen）AJ, Anna Jan.
　　　　［ポㇲトコーデ　ダイゼントエーン　アー　イェー　アナ　ヤン　pɔ́stko.də dœ́yzəntê.n á. jé. ána. ján］
郵便番号は1001AJ，アンナ，ヤンです。

A：Tele'foonnummer？
　　　　［テレフォーニュメる　te.le.fó.nYmər］
係員：電話番号は？

O：43 34 88（＝drieënveertig vierendertig achtentachtig）
　　　　［ドりーエンフェーるタは　ヴィーるエンデるタは　アはトエンタはタは　drí.ɛnfé:rtəx ví:rɛndɛ́rtəx áxtɛntáxtəx］
太田夫人：43 34 88です。

A：En uw ge'boortedatum？

— 36 —

[エンユウ(→エニュウ) ヘボーるテダートュム ɛn y.u (→ɛny.u) ɣəbó:rtə-da.tʏm]
係員：それで，生年月日は？

O：2 (=twee) mei 1955 (=negentienvijfenvijftig).
　　[トヴぇー メイ ネーヘ(ン)ティーンヴェイフエンフェイタは tvê. mɛi nê.ɣə(n)-ti.nvɛifɛnfɛiftəx]
太田夫人：1955年5月2日です。

A：Hoe spelt u uw voornaam?
　　[フー スペルト ユー (→スペルチュー) ユウ ヴォーるナーム hû. spɛ́lt y. (→ spɛ́lty.) y.u vó:rna.m]
係員：お名前はどうつづるのですか。

O：M, I, C, H, I, Y, O.
　　[エム イー セー ハー イー イふれク オー ɛm î. sê. hâ. î. i.ɣrɛ́k ô.]
太田夫人：M, I, C, H, I, Y, O です。

A：Prima. Be/dankt, me/vrouw Ota.
　　[プリーマ prí.ma.] [ベダンクト メッらウ オータ bədáŋkt məvrɔu ô.ta.]
係員：よろしいですよ。どうもありがとうございました，太田さん。

語法と表現

☆Goede/middag, me/vrouw Ota. Uw a/dres, alstu/blieft.
　uw は「あなたの」の意味。me/vrouw（略語 mevr., mw.）は既婚・未婚に関係なく女性の名前につける敬称「…さん」（英 *Ms.*）です。未婚女性を指す me/juffrouw [メユッらウ məjʏ́frɔu]（略 mej.）は廃語。男性は me/neer (← mijn/heer) [メネーる mənê:r]で，公式の文書では de heer [デヘーる dəhê:r]（略 dhr.）。礼儀正しい表現では自分の名前につけることもあります。
　Ik ben *me/vrouw Van Dale*.「私はヴァン・ダーレと申します」
☆E/rasmuslaan 67. Postcode 1001 AJ. Anna Jan.

オランダに限らず，ヨーロッパの町の道にはすべて名前がついています。オランダの生んだ人文主義者エラスムス（Erasmus 1466 ?―1536）にちなんだ E'rasmus・laan のように人名をつけるものや，Amster'damse・weg（「アムステルダムに通じる道」の意味）のように終点の地名で命名するのが一般的です。小さな袋小路でもかっこいい名前がついており，住民は強い愛着をもっています。…laan（英 lane, avenue）は「並木道」，…weg（英 way）は「道」の意味ですが，最も多いのは「通り」の意味の …straat（英 street）です。

　AJ を Anna Jan と言いかえていますね。代表的な人名の頭文字でアルファベットを示すのです。

☆Hoe spelt u uw voornaam?

　「あなたは（u）あなたの（uw）名前を（naam）どのように（hoe）つづりますか（spelt）」の意味。「つづり」は英語と同じ spelling です。

アクセント

1. アクセントの位置

　アクセントは第1音節以外にあるときにつづりでは「'」で示し，カナ発音では下線で示します。複合語の副アクセントは割愛します。単語の強い部分は高く，弱い部分は低いのですが，文中ではイントネーションに左右されます。外来語を除くと，アクセントは語幹の第1音節にあることが多いのですが，接頭辞や接尾辞がつくと複雑です。オランダ語の単語は「語幹＋語尾」の2音節語が多いので，アクセントは後ろから2番目が基本とも言えます（2 (c)のように派生接尾辞がつくと，もとの語のアクセントが最後から2番目に変わることがあるのは，これと関係があります）。handelen ［ハンデレ(ン)］ hándələ(n)］「行動する，商売をする」のようにあいまい母音が続くと，もうひとつ前に移ります。

(a) **複合語**

　名詞では接頭辞，動詞では動詞語幹にアクセントがあります。

　名詞：'onderwijs ［オンデるヴェイス ɔ́ndərvɛis］「授業，教育」（接頭辞 onder-)

　⇔動詞：onder'wijzen ［オンデるヴェイゼ(ン) ondərvɛ́izə(n)］「教える」

(b) アクセントのない接頭辞（5課1(a), 19課3）

be-	［ベ bə］	be'gin ［ベひン bəɣín］	「はじめ」
ge-	［ヘ ɣə］	ge'zin ［ヘズィン ɣəzín］	「家族」
ver-	［ヴェる vər］	ver'taling ［ヴェるターリング vərtá.lɪŋ］	「翻訳」
er-	［エる ɛr］	er'varing ［エるヴァーリング ɛrvá:rɪŋ］	「経験」
ont-	［オント ɔnt］	ont'kenning ［オントケニング ɔntkɛnɪŋ］	「否定」

2. 注意すべきアクセントの位置

どっさりありますが、無理に覚えようとせず、そのつど確認しましょう。なお、以下の例で mis|lopen「道をまちがえる」のように「|」がついた語は「分離動詞」(19課2)です。

(a) 派生動詞・派生名詞

接頭辞つきの動詞から派生した名詞はアクセントの位置が変わりません。

onder'wijzen［オンデるヴェイゼ(ン) ɔndərvɛizə(n)］「教える」
→onder'wijzer［オンデるヴェイぜる ɔndərvɛizər］「教師」
antwoord［アントヴぉーると ántvo:rt］「答」（接頭辞 ant-）
→antwoorden［アントヴぉーるデ(ン) ántvo:rdə(n)］「答える」

(b) 接頭辞

同じ接頭辞でもアクセントの有無が異なる語があります。

① mis-［ミス mɪs], over-［オーヴェる o.vər］
 mis'lukken［ミスリュケ(ン) mɪslýkə(n)］「失敗する」
 ⇔mis|lopen［ミスローペ(ン) mɪ́slo.pə(n)］「道をまちがえる」
 over'leg［オーヴェるレへ o.vərlɛ́x］「熟慮」
 ⇔overname［オーヴェるナーメ ó.vərna.mə］「引き継ぎ」

② wan-［ヴぁン vɑn], on-［オン ɔn］（否定の意味。形容詞は無アクセント）
 wan'hopig［ヴぁンホーパは vɑnhó.pəx］「絶望的な」（形容詞）
 ⇔wanhoop［ヴぁンホープ vɑ́nho.p］「絶望」（名詞）
  wanhopen［ヴぁンホーペ(ン) vɑ́nho.pə(n)］「絶望する」（動詞）
 on'schuldig［オンスひュルダは ɔnsxýldəx］「無実の」（形容詞）
 ⇔onschuld［オンスひゅルト ɔ́nsxʏlt］「無実」（名詞）

③ her- ［へるhɛr］（動詞は無アクセント）
　　her'vormen ［へるヴォるメ(ン) hɛrvɔ́rmə(n)］「改革する」（動詞）
　　⇔herkomst ［へるコムスト hɛ́rkɔmst］「由来」（名詞）
④ アクセントの位置で意味の差が生じる語（19課 3 (c)）
　　voor'komen ［ヴォーるコーメ(ン) voːrkó.mə(n)］「予防する」
　　⇔voor|komen ［ヴォーるコーメ(ン) vóːrko.mə(n)］「追い抜く，起こる」

(c) 接尾辞

① アクセントをもつ名詞派生接尾辞：-'ij ［エイ ɛi］, -e'rij ［エれイ ərɛ́i］,
女性形接尾辞：-'in ［イン ín］, -'es ［エス ɛ́s］（6課「語彙をふやそう」）
　　schilde'rij ［スひルデれイ sxɪldərɛ́i］「絵画」
　　⇔schilderen ［スひルデれ(ン) sxɪ́ldərə(n)］「絵をかく」

② 直前にアクセントが移る形容詞派生接尾辞：-baar ［バーる baːr］, -(e)lijk
［(エ)レㇰ(ə)lək］, -s ［ス s］, -zaam ［ザーム zaːm］, -ig ［アは əx］
　　uit'voerbaar ［アイトフーるバーる œytfúːrbaːr］「実行可能な」
　　←uit|voeren ［アイトフーれ(ン) œytfuːrə(n)］「実行する」
　　weten'schappelijk ［ヴェーテ(ン)スはペレㇰ ve.tə(n)sxápələk］「学問的な」
　　←wetenschap ［ヴェーテ(ン)スはプ vé.tə(n)sxap］「学問」
　　middel'eeuws ［ミデルエーウス mɪdəlé.us］「中世の」
　　←middeleeuwen ［ミデルエーヴ(ェ)(ン) mídələːvə(n)］「中世」
　　op'merkzaam ［オプメるㇰサーム ɔpmɛ́rksaːm］「注意深い」
　　←op|merken ［オプメるケ(ン) ɔ́pmɛrkə(n)］「気づく，指摘する」
　　een'voudig ［エーンヴァウダは e.nvɔ́udəx］「単純な」
　　←eenvoud ［エーンヴァウト é.nvɔut］「単純」

③ 直前にアクセントが移るその他の派生接尾辞
　　-'loos ［ロース loːs］（形容詞）+ -heid ［ヘイト hɛit］（名詞）
　　meedogen'loos・heid ［メードーへ(ン)ロースヘイト me.do.ɣə(n)ló.shɛit］
「無慈悲」
　　←mee'dogenloos ［メードーへ(ン)ロース me.dó.ɣə(n)loːs］「無慈悲な」
　　←mede・dogen ［メーデドーへ(ン) mé.dədo.ɣə(n)］「慈悲，同情」
「A + -ig」ではAの部分にアクセントが移ります。
　　-'aardig ［アーるダは áːrdəx］/ -'haftig ［ハフタは háftəx］/ -'matig ［マータは

má.təx]/-ˈvallig [ヴァラは vɑ́ləx]/-ˈwaardig [ヴぁーるダは vɑ́:rdəx]/
-ˈzalig [ザーラは zá.lex]/-ˈzinnig [ズィナは zínəx]
regelˈmatig [れーヘルマータは re.ɣəlmá.təx]「規則的な」←regel「規則」
manˈhaftig [マンハフタは mɑnhɑ́ftəx]「男らしい」←man「男」
beziensˈwaardig [ベズィーンスヴぁーるダは bəzi.nsvɑ́:rdəx]「見る価値がある」←beˈzien「見学する」

④ 形容詞化した現在分詞
　voortˈdurend [ヴォーるデューれンт vo:rdý:rənt]「継続的な」
　←voort|duren [ヴォーるデューれ(ン) vó:rdy:rə(n)]「続く」

(d) 一部の複合語
① 「名詞」＋「名詞（アクセント）」
　stadˈhuis [スタトハイス stɑthœys]「市役所」←stad「都市」＋huis「家」
　zaterdagˈavond [ザーテрダгはアーヴォント za.tərdɑxá.vɔnt]「土曜日の晩」
　←zaterdag「土曜日」＋avond「晩」
② 「形容詞」＋「名詞（アクセント）」
　hoogˈleraar [ホーホレーらーる ho.xlé:ra:r]「大学教授」
　←hoog「高い」＋leraar「教師」
③ -ˈdam [ダム dɑ́m]（「堤防」の意味), -ˈveen [ヴェーン vé.n]（「泥炭地」の意味) などで終わる地名
　Schieˈdam [スひーダм sxi.dɑ́m]「スヒーダム」(Amsterˈdam「アムステルダム」, Rotterˈdam「ロッテルダム」, Eˈdam「エダム」, Volenˈdam「ヴォーレンダム」, Zaanˈdam「ザーンダム」も同様）
　Amstelˈveen [アмステルヴェーン ɑmstəlvé.n]「アムステルヴェーン」
　このほかに -ˈberg(en), -ˈdijk, -ˈwijk, -ˈzijl などの一部。

(e) 外来語
フランス語や古典語など。たいてい後ろにアクセント。
　speciˈaal [スペスィ(ィ)アール spe.si.(j)á.l]「特別な」
　teleˈfoon [テレフォーン te.le.fó.n]「電話」
　psycholoˈgie [プスィほロひー psi.xo.lo.ɣí.]「心理学」

語彙をふやそう
数詞（3）―基数 100 以上

100　honderd［ホンデるト hɔ́ndərt］　　1.000　duizend［ダイゼント dœ́yzənt］
101　honderd・een　　　　　　　　　1.021　duizend・een・ën・twintig
200　twee・honderd　　　　　　　　　2.000　twee・duizend
1.921　negentien・honderd・een・ën・twintig（19×100＋21）
　　　（稀 duizend・negen・honderd・een・ën・twintig（1000＋900＋21））
10.000　tien・duizend（10×1.000）　100.000　honderd・duizend（100×1.000）
1.000.000　mil′joen［ミルユーン mɪljúːn］
1.000.000.000　mil′jard［ミルヤるト mɪljárt］

　1語で続け書きするのが原則ですが，分かち書きすることもあります。百の
ケタの次に en（英 and）を入れることがたまにあります。
　　101　honderdeen＝honderd（en）één
　年号は公式の場を除いて，英語と同じく honderd を省きます。
　　in 1987：in negentienzevenentachtig「1987 年に」
　日付は「日（基数）―月―年」の順番です。
　　20 a′pril 2001：twintig a′pril tweeduizendeen「2001 年 4 月 20 日」
　百以上の単位は中性名詞（5 課 1）扱いです。
　　het ｛honderd/duizend/mil′joen/mil′jard｝「百/千/百万/十億」
　不定の数量の表現では複数形（9 課 1）の語尾 -en がつきます。
　　｛honderden/duizenden｝mensen「｛何百/何千｝もの人々」

ことばと文化：数詞の不思議

1. 母音で聞こう，オランダ語の数詞

　ヨーロッパのアクション映画には，大量の数詞を早口で言わせてみて，下
手な者を敵国のスパイと見破るくだりがあります。外国語の数詞をマスター
するのは，それほど大変なのです。数詞には実体がなく，雲をつかむような
ものだからです。私たちは vier「4」と vijf「5」や，zes「6」と zeven「7」
を語頭の子音で混同しがちです。ところが，ネイティヴにとってまぎらわし

いのは zeven「7」と negen「9」で，電話番号を伝えるときには，zeuven [ゼーヴェ(ン) zǿ.və(n)]「7」と言いかえたりします。母音で識別するんですね。私たちも母音に耳を澄ましたら，数詞が上達するかもしれません。

2. なんだか変だぞ，英語の数詞—二ケタ数字の読みかた

　21 以上の数詞で一の位を先に言うのは，ドイツ語，デンマーク語，フリジア語，アフリカーンス語，イディッシュ語にも共通する悩みの種です。でも，英語だって，*fourteen*「14」は立派に「4 (*four*) + 10 (*-teen*)」じゃないですか。19 までは一の位を先に言ってるくせに，21 からは十の位で始める英語のほうがよっぽど変，その点，オランダ語はすっごく規則的なのです。

　とは言っても，そう簡単に頭は転換できないじゃないかとお嘆きのアナタ，21 に至って，学ぶのをやめてしまってはいませんか。オランダ語話者の頭の中には，99 までの数はどれも「家」「水」のように独立した 1 語としてインプットされていて，78 をいちいち「8＋70」とやる必要はないのです。私たちが *fourteen* を「4＋10」とやらないのと同じです。電話番号やくじ引き (de lote-ˈrij [ローテれイ lo.tərɛi]) の数字も二ケタで区切ります。

3. 何だこれ，tachtig「80」の t-

　12 まではお月様にちなむ十二進法のなごりで，elf は「(10 に) 1 (een-) 余り (-lif)」，twaalf は「(10 に) 2 (twee-) 余り (-lif)」という合成語です。さて，tachtig「80」の t- は何でしょう。*v*eertig/*v*ijftig, *z*estig/*z*eventig の v/z が無声音 [ˌf]/[ˌs] なのもなぜ？—これは十二進法のなごりとして，70 以上につけた大昔の t- (10 の意味) が母音で始まる t-achtig「80」では残り，70 では消えて z を無声化したからです。60 以下の摩擦音 z/v は後代の類推によって無声化しました。

4. 1万は10千，千9百は19百—単位のしくみ

　銀行などでは金額をアルファベットで書かされることがあります。日本人の書く数字は 2 や 7 を 1 に誤解されがちなので，要注意。

　オランダ語には英語と同様，「万」の位がありません。私たちも千の位でコンマを打ちますが，1 万を 10 千，10 万を 100 千と言うのはしんどい話。書けても言えないとは，ああ情けない。百の位もくせ者です。年号では 1648 年を

「16＋48」と区切りますが，ふつうの数字も百の位がゼロでなければ，百の単位で区切るのがふつうです。1.648 は duizend・zeshonderd・achtenveertig (1000＋600＋48) よりも zestienhonderd・achtenveertig (1600＋48) のほうが自然です。duizend「千」が省略できますし，1語として固定した二ケタの数字を使えるわけです。でも，「千9百」を「19百」と言うのですから，私たちには迷惑な話です。つまり，日本語では一，十，百，千，万という個々の位の「箱」に1ケタの数詞という1種類の「名札」を入れるのにたいして，オランダ語では百と千の位しか「箱」がなく，1ケタと2ケタの数詞という2種類の「名札」を入れるので，「箱」が柔軟に形を変えて対応するのです。

5.「17.30 ユーロ」と「17.03 ユーロ」―コンマとピリオド

コンマ ({het/de} komma) とピリオド ({het/de} punt) も日本語とは逆で，小数点はコンマ（オ 1,234＝日 1.234），千の位はピリオド（オ 1.234＝日 1,234）です。0.5 リットルのビールを注文するときには，Nul komma vijf (0,5), alstu′blieft！です。値段の書きかたと読みかたは次のようになります（旧オランダ通貨はギルダー― (de gulden [ひゅルデ(ン) ɣʏ́ldə(n)])）。

  € 17,30　一般的：zeventien euro dertig
    話し言葉：zeventiendertig
     公式：zeventien euro en dertig cent

euro [エーろ ǿ.ro.] をはさむ最初の表現が無難です。2番目の表現だと，大きい桁ではユーロかセント（cent [セント sɛnt]）かまぎらわしくなるおそれがあります。euro も cent も単数形であることに注意 (9 課「語法と表現」)。なお，1 ユーロは 100 セントなので，€ 17,03 (zeventien euro drie)「17 ユーロ 3 セント」と € 17,30 (zeventien euro dertig)「17 ユーロ 30 セント」は区別が必要です。€ 17,3 とはふつう書きません。

練習1　基本会話表現
Oefening een—Algemene uitdrukkingen

1. a または aa を正しく補って発音しなさい。

   n＿　[ナー　na.]「…の後で」—n＿smaak [ナースマーク ná.sma.k]「後味」

   n＿d [ナート na.t]「縫い目（単数形）」—n＿den [ナーデン ná.də(n)]「縫い目（複数形）」

   n＿t [ナト nɑt]「濡れた」—n＿tte [ナテ nɑ́tə]「濡れた（変化形）」

   n＿ld [ナールト na.lt]「針（単数形）」—n＿lden [ナールデ(ン) ná.ldə(n)]「針（複数形）」

2. 次の会話表現を正しく発音しましょう。

   ① Gaat uw gang. 「さあ，どうぞ」（あなたの（uw）道を（gang）行ってください（gaat））
   ② Eet smakelijk.「いただきます」（おいしく（smakelijk）食べなさい（eet））
   ③ Dat maakt me niets uit. 「それは私はかまいません」（それは（dat）私に（me）何も（niets）重要では（maakt…uit）ない）
   ④ Een ogenblik, alstu'blieft.「しばらくお待ちください」（ogenblik「瞬間」）
   ⑤ U heeft ge'lijk. 「なるほど」（あなたは（u）正しい（heeft ge'lijk））
   ⑥ Suc'ces met je e'xamen.「試験，がんばってね」（君の（je）試験（e'xamen）について（met）成功を（suc'ces）［祈ります］）
   ⑦ Gefelici'teerd met uw ver'jaardag!「誕生日おめでとうございます」（［あなたは私によって］あなたの（uw）誕生日（ver'jaardag）について（met）祝われ（gefelici'teerd）［ます］）
   ⑧ Het spijt me.「残念です」（それは（het）私に（me）残念に思える（spijt））
   ⑨ Wat jammer!「お気の毒です」（何と（wat）気の毒な（jammer））

【解答】

na, nasmaak, naad, naden, nat, natte, naald, naalden
① [はート ユウ（→はーチュウ）はンッ ɣá.t y.u（→ɣá.ty.u）ɣɑŋ]

② [エートｽマーケレｸ e.t smá.kələk]
③ [ダﾄ マーｸﾄ メ ニーｯ アイﾄ dát ma.kt mə ni.ts œyt]
④ [エーﾝ オーヘ(ﾑ)ﾌﾘｸ ア(ﾙ)ｽチｭﾌﾟリーﾌﾄ é.n ó.ɣə(m) blɪk ɑ(l) sty.blí.ft]
⑤ [ユー ヘーﾌﾄ ヘレイｸ y. he.ft ɣəlɛík]
⑥ [スｯｸセｽ メﾄ イｪ (→メチｪ) エｸサーメ(ﾝ) sʏksɛ́s mɛt jə(→mɛcə) ɛksá.mə(n)]
⑦ [ヘフｪリスｨテーるﾄ メﾄ ユウ(→メチｭウ) ヴｪるヤーるダは ɣəfe.li.si.té:rt mɛt y.u (→mɛty.u) vərjá:rdəx]
⑧ [エﾄｽペイﾄ (→エｯペイﾄ) メ ət spɛ́it (→ətspɛ́it) mə]
⑨ [ヴｧﾄ ヤメる ʋɑt jámər]

スヒプホル（Schiphol）空港の到着口　　鉄道切符の自動販売機

4課　スヒプホル空港で
Les vier — Op het vliegveld Schip/hol

この課で学ぶこと　呼びかけの言葉，ja/nee と賛成・反対，
　　　　　　　　　間投詞，人称代名詞主格，zijn の変化

Tjitske：Par/don, me/vrouw!
　　　［パるドン メッらウ pɑrdɔ́n məvrɔu］
チツケ：失礼ですが。
　　　Bent u me/vrouw Ota?
　　　［ベント ユー(→ベンチュー) メッらウ オータ bɛnt y.(→bɛnty.) məvrɔu ó.ta.］
　　　太田さんでいらっしゃいますか。

Me/vrouw Ota：Ja, dat ben ik.
　　　［ヤー ダット ベン イック(→ダッドベニック) já. dɑ́t bɛn ɪk(→dɑ́dbɛnɪk)］
太田夫人：はい，太田です。

T：Mijn naam is Tjitske, Tjitske Alkema.
　　　［メイン(→メン) ナーム イス チッケ チッケ アルケマ mɛin(→mən) ná.m ɪs cítskə cítskə ɑ́lkəma.］
チツケ：チツケと申します。チツケ・アルケマです。

O：Ah, dus u bent me/vrouw Alkema!
　　　［アー ドュス ユー ベント メッらウ アルケマ á. dʏs ŷ. bɛnt məvrɔu ɑ́lkəma.］
太田夫人：ああ，それではあなたがアルケマさんですか。
　　　Aangenaam met u kennis te maken.
　　　［アーンヘナーム メット ユー(→メチュー) ケニス テ マーケ(ン) á.ŋyəna.m mɛt y.(→mɛty.) kɛ́nɪs tə ma.kə(n)］
　　　はじめまして。

—47—

T：Ja, prettig u te ont'moeten.
　　［ヤー ₇レタ₍ₜ₎ ユー テ オン₍ₜ₎ムーテ(ン) já. prέtəx y. tə ɔntmú.tə(n)］
チツケ：こちらこそ、はじめまして。

単語

het vlieg・veld［ヴリーふフェルト vlí.xfɛlt］「空港」(vliegen「飛ぶ」(英 *fly*) + het veld「野原」(英 *field*))、par'don［パるドン pɑrdɔ́n］「すみません」、me-'vrouw［メッラウ məvrɔ́u］「(女性の姓につけて)…さん、(呼びかけで) 奥さん」(英 *Ms*.)、bent［ベント bɛnt］(英 *are*)→zijn「…です」(英 *be*)、u［ユー y.］「あなたが」(英 *you*)、ja［ヤー ja.］「はい」(英 *yes*)、ik［イｸ Ik］「私が」(英 *I*)、ben［ベン bɛn］(英 *am*)→zijn「…です」、mijn［メィン mɛin］「私の」(英 *my*)、de naam［ナーﾑ na.m］「名前」(英 *name*)、is［イｽ Is］「…です」(英 *is*)→zijn, ah［アー a.］「ああ(確認・納得)」、dus［ドュｽ dʏs］「したがって」(英 *thus*)、aan・genaam［アーンヘナーﾑ á.ŋɣəna.m］「快適な」、de kennis［ケニｽ kɛ́nɪs］「面識、知識」、met［メｔ mɛt］u「あなたと」(英 *with you*)、te［テ tə］(+不定詞、英 *to*)、maken［マーケ(ン) má.kə(n)］「作る」(英 *make*)、prettig［ァレタ₍ₜ₎ prέtəx］「すばらしい、快適な」、ont-'moeten［オン₍ₜ₎ムーテ(ン) ɔntmú.tə(n)］「会う」(英 *meet*)

語法と表現

☆Ja, dat ben ik !

「ええ (ja)、私が (ik) それ (dat) です (ben)」の意味。英語の *It's me*. と比較。ただし、Dat is *hem*.「それが彼 (hem 目的格、英 *him*)) です (is)」とも言います。

☆Mijn naam is Tjitske, Tjitske Alkema.

Tjitske は典型的なフリジア人女性の名前です。ただし、これはオランダ語式のつづりで、西フリジア語では Tsjitske です。フリジア人の姓は Alkema のように、よく -a で終わります (21 課「ことばと文化」)。

☆Aangenaam met u kennis te maken.—Prettig u te ont'moeten.

「あなたと (met u) 知り合いになって (kennis te maken) 快い (aangenaam)」「あなたに (u) 会って (te ont'moeten) すばらしい (prettig)」

4課　スヒプホル空港で

の意味。prettig は英語の *pretty* ですが,「すばらしい, 快い」という意味です。

呼びかけの言葉

　Par/don, me/vrouw！のように, me/vrouw, me/neer は英語の *Ms., Mr.* と違って, 人名につけるほかに, 呼びかけの言葉にもなります。知らない人に呼びかけるときに便利です。相手が複数だと, 女性は dames［ダーメス dá.məs］, 男性は heren［ヘーれ(ﾝ) hé:rə(n)］で呼びかけます。英語の *Ladies and gentlemen*！は Dames en heren！です。

　vader「お父さん」, moeder「お母さん」, dokter「先生(＝医者)」(↔ doctor「博士」) のように, 年長者や社会的地位の高い人に社会的役割を表わす語で呼びかけるのは, 日本語と同じです。ただし, kind「子供」, buurman/buurvrouw「近所の人」のような年少者や対等者を表わす名称もそのまま使います。

　　Kind, wat ben je toch mager.「坊や, なんてやせてるの」
　　Goede/morgen, *buurman*.「おはようございます, お隣のおじさん」

ja/nee と賛成・反対

　ja［ヤー ja.］はイエス, nee［ネー ne.］はノーです。英語と同様, 相手がどう言おうと, 自分がそうなら ja, 違うなら nee が原則です。ja/wel/ja/zeker［ヤーゼーケぁ ja.zé.kər］は ja の強調, wel/nee は「まさか；いいえ, とんでもない」という nee の強調です。

　　Ben je echt dronken？—*Ja/zeker*, ik ben dronken.「本当に酔ってるのか」「そうとも, 酔ってるさ」
　　Is Dennis er nog *niet*？—*Ja/wel*, hij is er al.「デニス(男名)はまだ来てないのか」「いいや, 来てるよ」
　　Dat is *niet* gek.—*Nee*, zeker *niet*.「それは悪くないね」「うん, たしかに悪くない」

　「賛成です」はフランス語式に Ak/koord.［アコーるト ɑkó:rt］か, 英語式に O/kee［オーケー o.ké.］です。いやなら, Nee, dank u. です。次の表現もあります (親しい仲間には u を je に変更)。

　　Ik ben het met u eens.「私はあなたに賛成です」(私は (ik)［それは (het)］あなた (u) と (met) 一致して (eens) います (ben)」の意味)

Ik ben het niet met u eens.「私はあなたに反対です」(niet 英 *not*)
「それは」と強調したいときは次のように言います。
Dat ben ik (niet) met u eens.「同上」

間投詞いろいろ

Ah, dus u bent me'vrouw Alkema！の Ah！は予想の確認・納得（焦燥・悲嘆も）の表現です。太田さんは初対面の Tjitske と出迎えの約束をしていたのです。予想外の驚きは O！［オー o.］で, 偶然, 会ったことになります。O ja！は「へえ, なるほどね」。次の間投詞は覚えておくと便利です。

ach ［アはɑx］「あー（嘆き・あきらめ）」, au ［アウɔu］「いてて（痛み）」, eh ［エー e.］「えーっと（言いよどみ）」, hmm ［フムhm］「ふむ（思慮）」, jee ［イェー je.］「ひえー（驚き・おびえ）」, och ［オほɔx］「おー（悲嘆・焦燥・あきらめ）」, ver'domme ［ヴェるドメ vərdɔ́mə］「くそっ（怒り）」, sst ［スト st］「しっ（静かに）」

O, wat stom.「あー, なんてばかな」（嘆き）

O ja? Dat is fijn.「あっそう。それはいいね」（予想外の驚き）

O nee, *hè* ［ヘ hɛ.］.「おっと, だめだ, いやー」（苦悩・感心・安心）

Koud, *hè* ［ヘ hɛ.］.「寒いねえ」（同意）

Hé ［ヘー he.］, hal'lo, Dora！「あら, こんにちわ, ドーラ（女名）」（驚き・注意喚起）

Nou ［ナウ nɔu］, tot ziens.「それじゃ, さよなら」（話題転換・回避）

Tja ［チャー ca.］, zonde van het geld.「ちぇっ, 金がもったいない」（ためらい・あきらめ）

Toe ［トゥー tu.］ Kars, je mist de bus hoor！「ほら, カルス（男名）, バスに遅れるよ」（鼓舞・喚起）

Hoe laat? *Eh* ［エー e.］, bijna vijf uur.「何時だって？えーと, だいたい5時だな」（迷い）

Bah ［バー ba.］, vreselijk vies.「ひえー, きたない」（不快）

4課　スヒプホル空港で

文法の要点
1. 人称代名詞：主格

　主格とは主語「…が」や補語「…だ・になる」の語形です。カッコ内の語形は会話体の文章や特殊な用法に限られます。

単数		基本形	弱形
1人称		ik ［イッ Ik］「私」	（'k ［(エ)ッ (ə)k］）
		（強調形 ikke ［イケ íkə]）	
2	親称	jij ［イェイ jɛi］「君」	je ［イェ jə］
	敬称	u ［ユー y.］「あなた」	
3	人　男性	hij ［ヘイ hɛi］「彼」	（ie ［イー i.］）
	女性	zij ［ゼイ zɛi］「彼女」	ze ［ゼ zə］
	物事　両性	hij ［ヘイ hɛi］「それ」	（ie ［イー i.］）
	中性		het/('t) ［(エ)ト (ə)t］「それ」
複数			
1		wij ［ヴェイ vɛi］「私たち」	we ［ヴェ və］
2	親称	jullie ［ユリ jýli.］「君たち」	je ［イェ jə］
	敬称	u ［ユー y.］「あなたがた」	
3	人	zij ［ゼイ zɛi］「彼(女)ら」	ze ［ゼ zə］
	物事		ze ［ゼ zə］「それら」

(a) **基本形と弱形**

　基本形はアクセントをもてますが，あいまい母音 e ［エ ə］ を含む弱形はもてません。話すときは，強調しないかぎり，いつでも弱形の発音でけっこうです。書くときは，公的な文章では基本形ですが，ふつうは弱形のつづりでかまいません。基本形は視覚的にフォーマルな印象を与える効果があり，基本形で書いても，弱形で発音することがあるのです。je は基本形 jij「イェイ」のように強く聞こえないように，軽く「ユ」に近い発音が無難です。het の h- を発音する［ヘト hɛt］はわざと強調した不自然な発音です。ikke は強調形で，Ikke!「私ですよ」のように単独で使います。

(b) 2人称の親称と敬称

　2人称には子供や親しい仲間に使う「親称」の jij/je, jullie と，遠慮が必要な相手に使う「敬称」の u があります（ド *du/ihr*⇔*Sie*）。u は単複同形ですが，複数形「あなたがた」にはふつう jullie を使います。初対面の年上の成人には u が原則ですが，広範囲で jij/je, jullie を使います（ドイツ語より頻繁）。相手をファーストネームを呼ぶときにはかならず jij/je, jullie です。テキストでは Tjitske と正美はほぼ同年齢の設定なので，初対面でも jij/je を使い，ファーストネームで呼んでいます。

　　Ma'rijke, ben *je* blij?「マレイケ（女名），うれしい？」（親称）
　　Me'vrouw Van den Berg, bent *u* klaar?「ヴァン・デン・ベルフさん，準備はいいですか」（敬称）

　これは上下関係（タテ）よりも仲間関係（ヨコ）の区別ですから，相手がjij/je, jullie と言っているのに，u で答えるのは原則として変です。神様にも jij/je で祈りを捧げます。戦前と違って，親子も jij/je, jullie で呼び合います。「あなた」「君」とは一致しないのです。

　　Vader, wil *je* nog koffie?「お父さん，コーヒー，まだ，いる？」

　jullie の弱形 je は明らかに複数とわかる場合や，同じ文中で jullie の反復を避ける場合に使います。話し言葉で jullie を重ねるのは不自然なのです（5課2，7課1(c)，22課「文法の要点」）。ただし，je を主語とする定動詞は単数形になります。

　　Schiet op jongens, anders *kom je* nog te laat.「坊やたち，急ぎなさい，でないと遅れるよ」

(c) het と dat

　het はいつも弱形なので，アクセントをもてず，主語以外では文頭に置けません。指示代名詞 dat（12課2(b)）で補います。非人称代名詞 het の用法は12課「語法と表現」参照。

　　Ik ben {*het/dat*}.「私がそれです」
　　Dat ben ik.「それは私です」（*Het は不可）

(d) 不定代名詞としての je/ze

　je/ze は不特定の人にも使い，u の間柄の相手との会話にも登場します。je

は話者と相手を含み，ze は含みません（不定代名詞 men，10 課 1 (f)）。
　　Zo leer *je* Nederlands.「オランダ語はこうして学ぶものだ」
　　In Ja/pan rijden *ze* links.「日本では左側通行です」（日本にいる日本人が言うと変です）

☞ 英語の *you* は u に似ていますが，語源的に対応するのは jij/je です（ド *ihr*）。u は Uw Edelheid「閣下」（英 *Your Honor*）の短縮で（Uw Edelheid＞uwé＞úwe＞u），3 人称単数の転用です。動詞の人称変化が 3 人称単数形と同じで（u bent も古い文章では u is です），再帰代名詞（22 課）に 3 人称の zich［ズィ_ェ zɪx］を使うのもそのためです。jullie は女の子の名前みたいですが，'{jij/je}＋lie (den)「人々」（ド *Leute*)' の複合語です。英語の *you* のように，jij/je は昔は複数でも使いました。jullie は複数を明示した結果です。誤解のない場合に jullie のかわりに je を使うのもそのためです。
　古い文章や南部の方言には，2 人称単数（複数も）で gij［ヘイ ɣɛi］（基本形）/ge［ヘɣə］（弱形）（ともに主格のみ）があります。
Gij zult niet doden.「あなたは殺生してはならない」

2. zijn［ゼイ_ン zɛin］の現在形人称変化

　とても不規則な動詞です。zijn という語形は英語の *be*（原形）にあたり，「不定詞」といいます。英 *to be* は te zijn で，「te-不定詞」といいます。主語が決まって「人称変化」した語形を「定動詞」または「定形」といいます。(te-)不定詞，現在分詞，過去分詞のように人称変化しない形は「不定形」です。以下の表では人称代名詞は基本形，3 人称単数は hij だけを示します。

	単数		複数	
1 人称	ik ben［ベン bɛn］		wij zijn	
2 人称親称	jij bent［ベント bɛnt］		jullie zijn	
	(ben［ベン bɛn］{jij/je}，-t の脱落に注意)			
敬称	u bent		u bent	
3 人称	hij is［イス ɪs］		zij zijn	

zijn には「…である」のほかに「…がある」の意味があります。
　　Jij *bent* vroeg van/daag.「君は今日は早いね」
　　Hij *is* niet thuis.「彼は家にいません」

ことばと文化：スヒプホル空港に着いたら

　スヒプホル (Schip/hol, /Schip•hol) 空港はヨーロッパ屈指のモダンな国際空港です（「空港」は de lucht•haven ［リュふトハーヴェ（ン） lɣ́xtha.və(n)］ とも言いますが，堅い感じがします）。乗客 (de　passa/gier ［パサジーぅ pɑsa.ʒíːr］) であるあなたは，快適な空の旅 (de vlucht ［ヴリュふト vlʏxt］) を終えて，真っ平らな平野に着陸し，飛行機 (het vlieg•tuig ［ヴリーふタイふ vlíːxtœyx］) を降ります。マンモス空港なので，標識 (het bord ［ボるト bɔrt］) を見逃すと迷子になってしまいます。Aan•komst ［アーンコムスト áːŋkɔmst］「到着」の表示を頼りに悠然と歩いていきましょう (Ver/trek ［ヴェるトれク vərtrɛ́k］ は「出発」です）。Geen toe•gang ［トゥーはンぐ túː.ɣɑŋ］「立ち入り禁止」とか，Ge/sloten ［ヘスローテ（ン） ɣəslóː.tə(n)］「閉鎖中」(⇔Open ［オーペ（ン） óː.pə(n)］「オープン」) と書いてあったら入れません。

　入国審査で簡単なパスポート (de　pas, het　pas•poort ［パスポーるト páspoːrt］の検査 (de　pas•controle ［パスコントろーレ páskɔntrɔ.lə, …trɔ.lə]) をすませます。税関 (de dou/ane ［ドゥ（ヴ）アーネ du.(v)áː.nə]) にはふつうお世話になりません。審査官に「コンニチハ」などとあいさつされて，不安も吹き飛んでしまいます。ベルトコンベアーから手荷物 (het ba/gage ［バはージェ ba.ɣáː.ʒə]) が出てくる前に，トイレ (het toi/let ［トゥレト twalɛ́t]) で用を足しておきます。男性用は Heren ［ヘーれ（ン） héːrə(n) ヘーれ（ン）] (H)，女性用は Dames ［ダーメス dáː.məs] (D) です（平均的日本人男性はトイレの「敷居」の高さを痛感します）。Niet roken「禁煙」(roken ［ローケ（ン） róː.kə(n)]「喫煙する」) の掲示がない場所で一服した後，重いトランク (de koffer ［コフェる kɔ́fər]) を片手にいよいよ Uit•gang ［アイトはンぐ œ́ytxɑŋ］「出口」(⇔In•gang ［インはンぐ íŋɣɑŋ］「入口」) を出ます (Nood•uitgang ［ノートアイトはンぐ nóː.tœytxɑŋ］「非常口」からは出られません)。

　旅先で必要なのはお金 (het geld ［ヘルト ɣɛlt]) です。ある程度の買い物はカードですみますが，念のために空港内の銀行 (de bank ［バンｸ bɑŋk]) で両替し (wisselen ［ヴィセレ（ン） vísələ(n)])，現金 (con/tant ［コンタント kɔntɑ́nt] geld) を手に入れましょう。紙幣 (het bank•biljet ［バンぐビリェト báŋɡbɪljɛt]) に小銭 (het klein•geld ［クレインヘルト klɛ́inɣɛlt]) をまぜてもらうと便利です。トラベラーズチェック (de reis•cheque ［れイシェｸ rɛ́iʃɛk])

4課　スヒプホル空港で

には署名（de hand・tekening［ハンテーケニング hánte.kənɪŋ］）が必要です。用紙（het formu′lier［フォるミューリーる fɔrmy.líːr］）にパスポートどおりに漢字で署名し，領収書（de kwi′tantie［クヴィタン（ト）スィ kʋi.tán(t)si.］）または de bon［ボン bɔn］）もとっておきます。

　空港周辺のホテル（het ho′tel［ホテル ho.tɛ́l］）に泊まる人はホテル行きのバス（de bus［ビュス bʏs］）を待ち，そのほかの人はエスカレーター（de rol-trap［ろルトらプ rɔ́ltrɑp］）で地下に降りて，電車（de trein［トれイン trɛin］）に乗ります。切符（het kaartje［カーるチェ káːrcə］または het reis・biljet［れイスビルイェト rɛizbɪljɛt］）は手近な自動販売機（de auto′maat［オートマート o.to.máːt，アウト… ɔuto.…］）でも買えますが，面倒なので，カウンター（het lo′ket［ロケト lo.kɛ́t］）に直行です。時刻表（het spoor・boekje［スポーるブーキェ spóːrbu.kjə］）も買っておきます。行き先別に表示された掲示板で時刻と何番線（het spoor［スポーる spoːr］）かを確認します。改札はありません。車掌さん（de conduc′teur［コンデュクテーる kɔndʏktǿːr］）が車内で切符をチェックしに来るのです。プラットホーム（het per′ron［pɛrɔ́n ペろン］）に降りたら，ここはスリ（de zakken・roller［ザケ（ン）ろレる zákə(n)rɔlər］）の多発地帯であることを忘れずに。荷物を握りしめて，まずはお疲れさまでした。

スヒプホル（Schip′hol）空港の出口

5課　オランダへようこそ
Les vijf — Welkom in Nederland

この課で学ぶこと　名詞の性，定冠詞，所有代名詞，親族名，
　　　　　　　　　　数詞(4)―序数詞と数の表現

Me/vrouw Ota : Mag ik u even voor|stellen?
　　［マはイｸユー（→マひキｭー）エーヴェ(ﾝ)ヴォーるステレ(ﾝ) mɑ́x ɪk y.
　　（→mɑ́ɣɪky.) e.və(n) vó:rstɛlə(n)］
太田夫人：ご紹介します。
　　Dit is mijn dochter Masami.
　　［ディトイｽ（→ディティｽ）メイン（→メン）ドほテる マサミ dít ɪs（→dítɪs）
　　mɛin（→mən) dɔ́xtər ma.sá.mi.］
　　娘の正美です。

Masami : Masami.
　　［マサミ ma.sá.mi.］
正美：正美です。

Tjitske : Tjitske. Leuk je te zien, Masami.
　　［チッケ cítskə］［(ﾚ)ーｸイｪテ ズィーン マサミ lǿ.k jə tə zí. n ma.sá.mi.］
チツケ：チツケです。よろしく，正美さん。
　　Ben je moe van de reis?
　　［ベンイｪ（→ベニｪ）ムー ヴァン デ れイｽ bɛn jə（→bɛɲə) mú. vɑn də
　　rɛis］
　　旅でお疲れでしょう。

M : Nee, hoor, ik ben helemaal niet moe.
　　［ネーホーるイｸベン（→イｸベン）ヘーレマーﾙニートムー né. ho:r ɪk bɛn
　　（→ɪgbɛn) hé.ləma.l ní.t mu.］

正美：いいえ，ちっとも疲れてませんよ。

単語

wel・kom in［ヴェルコム イン vɛ́lkɔm ɪn］「…にようこそ」(英 welcome to, 前置詞に注意), mag ik［マﾊ イｸ mɑ́x ɪk］「…してもいいですか」, even［エーヴェ(ン) é.və(n)］「ちょっと」, voor|stellen［ヴォーるステレ(ン) vó:rstɛlə(n)］「紹介する」, dit［ディｔ dɪt］「これ（中性単数）」(英 this), de dochter［ドホテる dɔ́xtər］「娘」(英 daughter), leuk［ﾚｰｸ lø.k］「すばらしい」, zien［ズィーン zi.n］「会う，見る」(英 see), moe［ムー mu.］「疲れた」, van［ヴァン vɑ́n］「…から」(英 of, from), de reis［れイｽ rɛis］「旅行」, hoor［ホーる ho:r］「…よ（確認・勧告）」, hele・maal［ヘーレマーｯ hé.ləma.l］（または hele'maal）「まったく」, niet［ニーｔ ni.t］「…ない」(英 not)

語法と表現

☆Mag ik u even voor|stellen？
　「私は (ik) あなたを (u) ちょっと (even) 紹介しても (voor|stellen) いいですか (mag)」の意味。
☆Masami.
　初対面のあいさつは名前だけでも十分です。フルネームは Ota Masami です。Masami Ota はやめましょう。日本人の名前は「姓―名」の順番です。Ota が姓だと示したいなら，Ota, Masami とか OTA Masami と書けばいいのです。
☆Leuk je te zien.
　「あなたに (je) 会えて (te zien) すばらしい (leuk)」の意味。
☆Nee, hoor.
　hoor は確認・勧告・催促，kijk/zeg は相手の注意を引く間投詞ですが，horen「聞く」/kijken「見る」/zeggen「言う」の命令形（12課）の転用です。
　Hoe is het？ Alles goed？—Ja, hoor.「どう，調子は？」「まあね」
　Zeg Wouter, dit is Masami.「ほら，ヴァウテル，これが正美さんよ」
　Zeg, Paul, heb je een siga'ret voor me？「ねえ，パウル(男名)，タバコ，

もってる？」

Waar'om ga je niet mee naar Robert?—*Kijk*, ik mag hem ge'woon niet.「なんでローベルトのところにいっしょに行かないの」「いやあ，あいつは嫌いなんだ」

文法の要点
1. 名詞の性と定冠詞

　男・女・物事という「自然性」（英 *sex*）のほかに，名詞ごとに機械的に決まっている「文法性」（英 *gender*，以下，「性」）があります。「両性」「中性」の2つで，定冠詞（英 *the*）は単数形で両性 de［デ də］（強く聞こえすぎないように，軽く「ドッ」に近い発音が無難），中性 het［エト ət］（［ヘト hɛt］はわざと強調するときの不自然な発音）です。格変化はしません。「de-名詞」「het-名詞」とも言います。名詞は定冠詞をつけて覚えましょう。「女の子」も中性であることに注意。

　　　両性名詞（de-名詞）：人　　de man「男の人」　　de vrouw「女の人」
　　　　　　　　　　　　　　物事　de fiets「自転車」
　　　中性名詞（het-名詞）：人　　het meisje「女の子」　het kind「子供」
　　　　　　　　　　　　　　物事　het boek「本」

(a) **性の見分けかた**

　語形で性の判断がつくことがたまにあります。
① 中性名詞：接頭辞 be-/ge-/ont-/ver-（3課1(b)）；接尾辞 -'isme/-'ment/-sel；指小形（-(t)je など，7課2）
　　het be'lang「興味，重要性」　　het ge'brek「不足，欠陥」
　　het toe'r*isme*「観光」　　het doos*je*「小箱」（←de doos「箱」）
② 両性名詞：接尾辞 -de/-te/-heid/-ie/-'ij/-ing/-nis/-i'teit/-st
　　de vrij*heid*「自由」（←vrij「自由な」）
　　de diep*te*「深さ」（←diep「深い」）
　　中性名詞の接頭辞を伴っていても両性です。
　　de be'lof*te*「約束」（接頭辞 be-）

接尾辞 -dom, -schap ［スはァ sxɑp］の性は単語によってまちまちです。
de rijk*dom*「豊かさ」（抽象名詞）⇔ het mens*dom*「人類」（総称名詞）
de vriend*schap*「友情」⇔ het land*schap*「風景」
性の違いで別の語になることがあります。
de bal「ボール」⇔ het bal「舞踏会」
合成語の性は後ろの部分の性にならいます。
het fiets・pad「自転車道路」（←de fiets「自転車」＋het pad「小道」）

(b) 性と3人称代名詞
両性名詞（de-名詞）： 　人　　de man「男の人」→hij「彼」
　　　　　　　　　　　　　　　de vrouw「女の人」→zij/ze「彼女」
　　　　　　　　　　　物事　de fiets「自転車」→hij「それ」
中性名詞（het-名詞）： 人　　het meisje「女の子」→zij/ze「彼女」
　　　　　　　　　　　物事　het boek「本」→het「それ」

hij は英語の he とちがって，自然性「彼」のほかに文法性「それ」も示します。物事の意味の中性名詞は het「それ」ですが，物事の意味の両性名詞は hij と zij/ze のどちらで受けるか迷ってしまいますね。hij「それ」で受けるのです。zij/ze「彼女」は英語の she のように人だけを示します（12課2(b)）。
　Dit is *mijn fiets. Hij* is nog nieuw.「これは私の自転車です。それはまだ新しいんです」
述語が形容詞の独立用法（14課3）か名詞句ならば，het が使えます。
　Dit is mijn fiets. *Het* is een nieuwe.「これは私の自転車です。それは新しいものです」（een nieuwe［fiets］「新しい」［自転車］）
　Ken je me*n*eer Booij? ｛*Hij* is heel aardig./*Het* is een heel aardige man.｝「ボーイさんのこと，知ってる？ ｛とっても感じが良いの/とっても感じが良い人なの｝」

☞ 名詞の性はヨーロッパ系の言語にはつきものです。思いっきりあきらめましょう。性のない言語は英語やアフリカーンス語など，急激な変化を被ったものに限られます。性は余計なようですが，どの名詞句を指すかを代名詞で区別したり，一致による語形変化で名詞句のまとまりを示す役割をします。両性は男性と女性の融合ですが，南部の方言では3性を区別したり，古い文章ではもともと女性名詞だった抽象名詞(例. de waarheid

[ヴぁーるヘイト vá:rhɛit]「真実」）を zij/ze で受けることがあります。辞書では3性を区別しますが，男性と女性の区別を意識する必要はまずありません。「両性」を「共性，通性」とする本もありますが，「強勢，中性」とまぎらわしので採用しません。

2. 所有代名詞

ons/onze 以外は無変化です。Mijne Heren「拝啓」，mijns inziens「私の意見では」などの慣用句は例外。カッコ内のつづりは会話体の文章や(c)(d)の表現で使います。不定代名詞としての je「（世間一般の）人」（4課1(d)）の所有格は弱形 je です。jullie の弱形 je は明らかに複数とわかる場合や，同じ文中で jullie との反復を避ける場合に使います（4課1(b)，7課1(c)，22課「文法の要点」）。

			強調形	弱形
単数1人称			mijn [メインﾝ mɛin]「私の」	(m'n [メンﾝ mən])
	2	親称	jouw [ヤウ jɔu]「君の」	je [イｪ jə]
		敬称	uw [ユウ y.u]「あなたの」	
	3	人 男性	zijn [ゼインﾝ zɛin]「彼の」	(z'n [ゼンﾝ zən])
		女性	haar [ハーる ha:r]「彼女の」	(d'r [デるﾞ dər])
		両性/中性	zijn [ゼインﾝ zɛin]「その」	(z'n [ゼンﾝ zən])
複数1		中性単数	ons [オンﾝｽ ɔns]「私たちの」	
		それ以外	onze [オンﾝゼ ɔnzə]「同上」	
	2	親称	jullie [ユリ jýli.]「君たちの」	je [イｪ jə]
		敬称	uw [ユウ y.u]「あなたがたの」	
	3		hun [ヒｭンﾝ hʏn]「彼（女）ら/それらの」	

(a) **限定用法**：「私の…」

名詞にかかる用法です。冠詞などといっしょには使えません。

Uw pas, alstu′blieft！「パスポートを拝見します」

身体部位や衣服・装身具には定冠詞ではなく，所有代名詞をつけます。

Uri heeft een buil op *zijn hoofd* en een gat in *zijn broek*.「ユーリ（男名）は頭にこぶがあり，ズボンに穴がある」

(b) 独立用法：「私のもの」
　強調形は名詞のかわりをします（jullie「君たちの」を除く）。複数形（9課1）は「物事 -e」/「人 -en」です。

単数　両性　　zijn fiets「彼の自転車」→de zijne「彼のもの」
　　　中性　　ons boek「私たちの本」→het onze「私たちのもの」
複数　人　　　onze kinderen「私たちの子供」→de onzen「私たちのもの(＝子供)」
　　　物事　　zijn fietsen「彼の自転車」　→de zijne「彼のもの」

　ただし，かたい表現なので，ふつうは「van＋人称代名詞目的格(弱形以外)」とします（英 *It's mine.* 式の Dat is mijn. は方言的です）。
　Dit is {*van mij*/*het mijne*（書き言葉）}.「これは私のです」
　名詞句として使うときには指示代名詞 die/dat「それ」(12課2)をつけます。
　{die/dat} van jullie「君たちのもの」(*{de/het} jullie は不可)

(c)「A の B」の表現
① B＋[前置詞 van「…の」＋A]
　A の種類に制限がない一般的な表現で，いろいろな意味で使えます。
　de fiets *van* {*mijn broer*/*Anna*}「{私の兄・弟/アンナ(女名)}の自転車」
　de ver/woesting *van de stad* door de vijand「敵による町の破壊」
② A-s＋B
　A は人名と親族名に限られ，所有の意味だけを示します（所有格の -s）。
　A が母音で終わるときには -'s をつけます。
　{*mijn broers*/*Anna's*} fiets「{私の兄・弟/アンナ}の自転車」
③ A＋所有代名詞＋B
　同じく A は人名と親族名に限られ，所有の意味だけを示します。話し言葉的で，所有代名詞は z'n, d'r です。
　{*mijn broer z'n*/*Anna d'r*} fiets「同上」

(d) met z'n＋数詞 -en「…人で」
　いつでも z'n ですが（*zijn は不可），1人称では ons も使います。小さな数

に限られます。met z'n {allen/beiden}「{みんな/二人}で」とも言います。
　Jullie gaan *met z'n vieren.*「君たちは4人で行くんですよ」
　We zijn *met {z'n/ons} drieën.*「私たちは3人です」

語彙をふやそう

妻と女のあいだ—配偶者と親族名

　de man「その男の人」, de vrouw「その女の人」にたいして, haar man は「彼女の夫」, mijn vrouw は「私の妻」です。「おれの女」などと訳してはいけません。英語の *husband/wife* にあたる語がないので, 所有代名詞で示すのです (ただし, 話し言葉では de vrouw も「私の妻」の意味で使います)。me'neer/me'vrouw も mijn heer/mijn vrouw に由来。de echt・genoot「夫」/de echt・genote「妻」は公式の「配偶者」の意味。de juf(-frouw) は「未婚の女性」ではなく,「小学校の女の先生」です。親族名を覚えましょう。

　de vader「父」, de moeder「母」, de broer「兄, 弟」, de zus/zuster「姉, 妹」, de dochter「娘」, de zoon「息子」, de oom「おじ」, de tante「おば」, de neef「(男の)いとこ, おい」, de nicht「(女の)いとこ, めい」, de ouders「両親(複数形)」, het kind「子供」, de groot・vader/opa「祖父」, de groot・moeder/oma「祖母」, het klein・kind「孫」, het ge'zin「家族」(「ともに(ge-)道(-zin)を歩む者」), de fa'milie「家族, 親戚(一同)」, de ver'want(e)「(個々の)親戚」, de weduwe [ヴェードゥヴェ *vé.dy.və*]「女性の未亡人」, de weduwnaar [ヴェードゥウナール *vé.dy.una:r*]「男性の未亡人」, Ima is {ge'trouwd/ongehuwd/ge'scheiden/ver'loofd}.「イーマ(女名)は{結婚している/未婚だ/離婚している/婚約している}」

数詞 (4)—序数詞と数の表現

　序数は数字で書くと, ふつうすべて -e を添えますが, 1ste, 2de, 20ste のように, 基数詞に付加する要素を書き足すこともあります。

1e　eer・ste [エールステ *é:rstə*]　　　3e　der・de [デるデ *dέrdə*]
2e　twee・de [トゥェーデ *tvé.də*]　　　4e　vier・de [ヴィーるデ *ví:rdə*]

5e vijf・de [ヴェイッデ vɛivdə]　　9e negen・de [ネーヘンデ né.yəndə]
6e zes・de [ゼスデ zɛzdə]　　　　10e tien・de [ティーンデ tí.ndə]
7e zeven・de [ゼーヴェンデ zé.vəndə]　11e elf・de [エルッデ ɛlvdə]
8e acht・ste [アㇵッテ,(アㇵステ) áx(t)stə]　12e twaalf・de [トヴァールッデ tvá.lvdə]

13e dertien・de　　　　　　90e   negentig・ste
19e negentien・de　　　　　100e   honderd・ste
20e twintig・ste　　　　　 1000e duizend・ste
21e eenentwintig・ste　　　1.000.000e mil'joen・ste
30e dertig・ste　　　　　　1.000.000.000e mil'jard・ste

½ een half (half は中性単数以外で halve，以下同様)　　¼ een kwart
1½ ander'half (第1音節にアクセントも可)　　2½ twee-en-een-half
⅓ een derde　　⅔ twee derde

「何月何日」は基数，「何日」だけだと序数がふつうです。
　{Wat voor dag/De hoe'veelste} is het van'daag?「今日は何日ですか」
　—Het is {dertig a'pril/de dertigste}.「{4月30日/30日}です」
　Wan'neer ben je jarig?「誕生日はいつなの」
　—Ik ben *tien janu'ari* jarig.「1月10日が誕生日なの」
　Ik ben ge'boren *op veertien mei negentienzevenentachtig*.「私は1987年5月14日に生まれました」
　Hoe {lang/groot} bent u?「身長はどれくらいですか」
　—Ik ben *één meter zeventig*.「1メートル70センチです」
　Hoe oud bent u?「おいくつですか」
　—Ik ben *vierenveertig* (jaar (oud)).「44歳です」(長いほど公式)
　Ik koop *een half brood. Een heel brood* is te veel voor mij al'leen.「私は半分パンを買います。全部だと私一人には多すぎるので」
　De helft van *een kwart* is *een achtste*.「4分の1の半分は8分の1です」

ことばと文化：マッチ箱の街アムス

　アムステルダムの中央駅 (het cen'traal・station [セントらールスタ(ト)ション

sɛntrá.lsta.(t)ʃɔn]）を出たあなたは，マッチ箱のようなかわいらしい商館 (het koopmans・huis［コーㇷ゚マンスハイㇲ kóːpmɑnshœys]）の数々を前にして，思わずほほ笑むことでしょう。高層ビルはなく，旧市街 (de oude［アウデ ɔ́udə] stad［ㇲタㇳ stɑt]）の歴史的景観は法律で保護されています。ヨーロッパの都市では，市場 (de markt［マㇽクㇳ mɑrkt]）が立つ広場 (het plein［ㇷ゚レイン plɛin]）に面した美しい教会 (de kerk［ケㇽク kɛrk]）と堂々とした市庁舎 (het stad'huis［ㇲタㇳハイㇲ stɑthœys]）が旅行者を圧倒します。政治と宗教の両面が市民生活を掌握していたのです。でも，この町で何より印象的なのは，運河沿いに立ち並ぶ商館の群れでしょう。「黄金の世紀」(de Gouden［はウデ(ン) ɣɔ́udə(n)] Eeuw［エーウ e.u]）と言われるオランダ 17 世紀の繁栄を伝えるアムステルダムの旧市街は，王侯貴族ではなく，旺盛な経済活動を展開した市民 (de burger［ビュるへㇽ bʏ́rɣər]）の遺産なのです。各々の商館は間口が狭くて奥行きが深く，うなぎの寝床のようになっています。間口の広さは財力を表わしていました。ひときわ目立つのは，個性豊かな正面の切妻 (de gevel［ヘーヴェㇽ ɣê.vəl]）の飾りです。これにはいくつかタイプがあり，時代順に並べると，中世末期に由来する三角状にとがった de punt・gevel［ピュンㇳヘーヴェㇽ pʏ́ntxe.vəl]，その三角に階段状の仕切りをつけた de trap・gevel［ㇳらㇷ゚ヘーヴェㇽ trɑ́pxe.vəl]，少し時代が下って，しゃもじ型の曲線を描いた de klok・gevel［クロックヘーヴェㇽ klɔ́kxe.vəl]，それに豊かな装飾をあしらった de hals・gevel［ハㇽスヘーヴェㇽ hɑ́lsxe.vəl] が代表的です。倉庫 (het pak・huis［パックハイス pɑ́khœys]）には台形状の簡素な de tuit・gevel［タイㇳヘーヴェㇽ tœytxe.vəl] が一般的でした。よく見ると，滑車 (de takel［ターケㇽ tá.kəl]）のついた角材 (de hijs・balk［ヘイㇲバㇽク hɛizbɑlk]）が突き出ています。狭い階段を使わず，これで大きな荷物を一気に吊り上げていたのです。

巨大な野外博物館にも似たアムスの町の魅力を堪能するには，運河の網の目をめぐる船旅 (de rond・vaart［ろンㇳファーるㇳ rɔ́ntfaːrt]）がおすすめです。ぜひ一度，おためしください。

6課　ご紹介します
Les zes — Even voor|stellen

この課で学ぶこと　不定冠詞，動詞現在形，進行形の表現，
　　　　　　　　　女性形，語順(1)―定形第2位

Masami is stu/dente.
［マサミ　イㇲ　ㇲトュデンテ（→イㇲトュデンテ）ma.sá.mi. ɪs stʏdɛ́ntə（→ɪstʏdɛ́ntə）］
正美は学生です。

Ze stu/deert kunstgeschiedenis.
［ゼ　ㇲトュデーるト　キュンㇲトヘㇲひーデニㇲ　zə stʏdɛ́:rt kʏ́nstxəsxi.dənɪs］
彼女は美術史を学んでいます。

Me/vrouw Ota is huisvrouw.
［メッらウ　オータ　イㇲ　ハイㇲフらゥ　məvrɔu ó.ta. ɪs hœysfrɔu］
太田さんは主婦です。

Haar voornaam is Michiyo.
［ハーる　ヴォーるナーム　イㇲ　ミチヨ　ha:r vó:rna.m ɪs mi.tʃí.jo.］
彼女の名前は三千代です。

Haar echtgenoot is zakenman.
［ハーる　エヘㇳヘノーㇳ（→ハーれヘㇳヘノーㇳ）イㇲ　ザーケ（ン）マン（→イサーケ（ン）マン）ha:r ɛxtxəno.t（→ha:rɛxtxəno.t）ɪs zá.kə(n)mɑn（→ɪsá.kə(n)mɑn）］
彼女の夫はビジネスマンです。

Voor zijn werk blijft hij nog even in Ja/pan, maar over een maand komt hij ook naar Nederland.
［ヴォーる　ゼィン（→ゼン）ゔぇるㇰ　ㇷ゚レイフㇳ　ヘイ（→ㇷ゚レイフティ）ノほ　エーヴェ（ン）イン

— 65 —

ヤパン，マーる オーヴェる エン(→オーヴェれン) マーント コムト ヘイ(→コムティ) オー
ーク ナーる ネーデるラント vo:r zɛin(→zən) vɛrk blɛift hɛi(→blɛifti.) nɔx
e.və(n) ɪn ja.pán, ma:r o.vər ən(→o.vərən) má.nt kɔ́mt hɛi(→kɔ́mti.) ó.k
na:r né.dərlɑnt]
仕事の都合でまだ日本にいますが，1カ月後にはやはりオランダに来ます。

単語

de stu'dente [ストゥデンテ stʏdɛ́ntə]「女子学生」, stu'deert [ストゥデーるト stʏdé:rt]〔現在〕→stu'deren「大学で学ぶ」(leren「(一般に)学ぶ」(英 *learn*)), de kunst・geschiedenis [キュンストヘスひーデニス kʏ́nstxəsxi.dənɪs]「美術史」(de kunst「美術」+de ge'schiedenis [ヘスひーデニス ɣəsxí.dənɪs]「歴史」), de huis・vrouw [ハイスフらウ hœ́ysfrɔu]「主婦」(het huis「家」(英 *house*)+de vrouw「女の人」), de voor・naam [ヴォーるナーム vó:rna.m]「ファーストネーム」(voor「前」), de echt・genoot [エヘトヘノート ɛxtxəno.t]「夫」(de echt「婚姻」+de ge'noot [ヘノート ɣəno.t]「仲間」), de zakenman [ザーケ(ン)マン zá.kə(n)mɑn]「ビジネスマン」, voor [ヴォーる vo:r]「…のために」(英 *for*), het werk [ゲェるク vɛrk]「仕事」(英 *work*), blijft [ブレイフト blɛift]〔現在〕→blijven「滞在する」, nog [ノホ nɔx]「まだ」, in [イン ɪn]「…の中に」, over [オーヴェる ó.vər]「(今から)…後に」, de maand [マーント ma.nt]「月」(英 *month*), komt [コムト kɔmt]〔現在〕→komen [コーメ(ン) kó.mə(n)]「来る」(英 *come*)

文法の要点

1. 不定冠詞

不定冠詞(英 *a/an*)は een [エン ən] (話し言葉 'n [(エ)ン (ə)n])で，複数形はなく，無変化です。

両性名詞　een fiets「自転車」/een man「男の人」/een vrouw「女の人」
中性名詞　een boek「本」/een meisje「女の子」/een kind「子供」

(a) 数詞 een ［エーン e.n］「1，ひとつの」
　数詞（英 one）も een ですが，強く発音し，不定冠詞と区別するために één ともつづります。en ［エン ɛn］「そして」との区別に注意。
　　Ik neem een appelsap.「アップルジュースをいただきます」（不定冠詞）
　　Ik neem één appelsap.「アップルジュースを1杯いただきます」（数詞）

(b) 無冠詞の表現
　「A は B ｛である (zijn)／にとどまる (blijven)／になる (worden)｝」の表現で B が身分・職業・国籍を示すときには，不定冠詞はつきません。
　　De hond is een zoogdier.「犬は哺乳動物である」
　　⇔Mark is ar/'tiest.「マルク（男名）は芸術家だ（＝職業が芸術家だ）」
不定冠詞がつくと，属性や判断「…のようだ」の意味になります。「形容詞＋名詞」でも不定冠詞がつきます。
　　Joost is een ar/'tiest.「ヨースト（男名）は芸術家的だ（＝芸術家のような気質だ）」
　　Willem is een typische Nederlander.「ヴィレム（男名）は典型的なオランダ人だ（＝オランダ人的だ）」(typische は typisch の変化形)
als A「A として」でも無冠詞ですが，「…のように」の意味では冠詞がつきます。
　　Als ｛Nederlandse／(een) echte Nederlandse｝ is Anneke erg zuinig.
　　「｛オランダ人女性／生粋のオランダ人女性｝としてアネケ（女名）はとても倹約家だ」
　　⇔Bavo spreekt Ja/'pans net zo goed als een Ja/'panner.「バーヴォ（男名）は日本人のように上手に日本語を話す」

2. 動詞の現在形人称変化

　大部分の不定詞は -en ［エ(ン) ə(n)］で終わります。-en を除いた「不定詞語幹」は「現在形語幹」と同じで，現在形はこれに人称語尾をつけて，「人称変化」させます。人称変化した形を「定動詞」または「定形」といいます。「定動詞＋｛jij／je｝」の語順では -t をつけません。u の人称変化語尾は単複同形で，3人称単数形と同じです。それ以外の複数形の語尾はすべて -en です。

不定詞 werken［ヴぇるケ(ン) vɛrkə(n)］「働く」(不定詞語幹＝現在形語幹 werk-；2人称親称単数 werk jij)

	単数		複数	
1人称	ik	werk	wij	werk-en
2人称親称	jij	werk-t	jullie	werk-en
敬称	u	werk-t	u	werk-t
3人称	hij	werk-t	zij	werk-en

(a) **語幹のつづりが規則的に変わる動詞**

① 母音の長短を母音字や子音字を重ねて示すもの

spreken［スプれーケ(ン) sprḗ.kə(n)］「話す」(spreek-；spreek jij)

ik	spreek	wij/jullie/zij	spreken
jij/hij/u	spreekt	u	spreekt

kennen［ケネ(ン) kɛnə(n)］「知っている」(ken-；ken jij)

ik	ken	wij/jullie/zij	kennen
jij/hij/u	kent	u	kent

② v/f, z/s が交替するもの

blijven［ブレイヴェ(ン) blɛivə(n)］「とどまる」(blijf-；blijf jij)

ik	blijf［ブレイフ blɛif］	wij/jullie/zij	blijven
jij/hij/u	blijft	u	blijft

reizen［れイゼ(ン) rɛizə(n)］「旅行する」(reis-；reis jij)

ik	reis［れイス rɛis］	wij/jullie/zij	reizen
jij/hij/u	reist	u	reist

③ 語幹が t/d で終わるもの

語幹が t で終わる動詞は人称語尾 -t を重ねません。

wachten［ヴぁはテ(ン) vɑxtə(n)］「待つ」(wacht-；wacht jij)

ik	wacht	wij/jullie/zij	wachten
jij/hij/u	wacht (t←tt)	u	wacht

語幹が d で終わる動詞は人称語尾 -t を重ねて発音しません (-dt［ト t］)。

worden［ヴぉるデ(ン) vɔrdə(n)］「…になる」(word-；word jij)

ik	word［ヴぉると vɔrt］	wij/jullie/zij	worden
jij/hij/u	wordt［ヴぉると vɔrt］	u	wordt

6課　ご紹介します

(b) **語幹が不規則な動詞（ごく少数）**

① komen ［コーメ(ン) kô.mə(n)］「来る」(kom ［コム kɔm］ jij)
　　ik　　　kom ［コム kɔm］　wij/jullie/zij komen ［コーメ(ン) kô.mə(n)］
　　jij/hij/u komt ［コムト kɔmt］　u　　　　komt ［コムト kɔmt］

② hebben ［ヘベ(ン) hɛbə(n)］「もっている」(heb jij)
　　ik heb ［ヘプ hɛp］　　　　wij/jullie/zij hebben
　　jij hebt ［ヘプト hɛpt］
　　u　 hebt/heeft（ともにふつう）　u　　　hebt/heeft（ともにふつう）
　　hij heeft ［ヘーフト he.ft］

(c) **不定詞が「語幹＋-n」となる動詞（次の5つのみ）**

① doen ［ドゥーン du.n］「する，与える」(doe-; doe jij)
　　ik　　 doe ［ドゥー du.］　wij/jullie/zij　doen
　　jij/hij/u doet　　　　　　u　　　　 doet

② zien ［ズィーン zi.n］「見る」(zie-; zie jij)
　　ik　　 zie ［ズィー zi.］　wij/jullie/zij　zien
　　jij/hij/u ziet　　　　　　u　　　　 ziet

③ gaan ［はーン ɣa.n］「行く」(ga-; ga jij)
　　ik　　 ga ［はー ɣa.］　wij/jullie/zij　gaan
　　jij/hij/u gaat　　　　　　u　　　　 gaat

④ slaan ［スラーン sla.n］「打つ」(sla-; sla jij)
　　ik　　 sla ［スラー sla.］　wij/jullie/zij　slaan
　　jij/hij/u slaat　　　　　　u　　　　 slaat

⑤ staan ［スターン sta.n］「立っている」(sta-; sta jij)
　　ik　　 sta ［スター sta.］　wij/jullie/zij　staan
　　jij/hij/u staat　　　　　　u　　　　 staat

3. 現在形の用法

　過去形以外の広い用法があり，英語とはだいぶ違います。

① 現在進行中の出来事
　Sst！De baby *slaapt*.「しーっ，赤ちゃんが寝てる（slapen）から」
② 習慣・性質・規則・真理
　In Nederland *spreken* vrij veel mensen Engels.「オランダではかなり多くの人が英語ができる（＝英語を話す）」
　De aarde *draait* om de zon.「地球は太陽の周りを回っている（draaien）」
③ 未来の出来事（14課1(a)）
　とくに推測することでなければ，現在形がふつうです。
　Wij *geven* volgende week een feest. *Kom* je ook？「私たちは来週，パーティーをするんだ。君も来る（komen）かい」
　Blijven jullie nog lang hier？「君たちはまだここに長い間いるの？」
④ 過去からの継続
　英語と違って現在完了形は使いません。
　Woon je al lang hier？「君はここにもう長く住んでいる（wonen）の？」
　Cor *ligt* sinds vorige week maandag in het ziekenhuis.「コル（男名）は先週の月曜日から入院している（liggen）」
⑤ 歴史的現在
　年表や新聞の見出しのほか，小説などでもおなじみの手法です。
　Rembrandt *schildert* de Nachtwacht in 1642(＝zestientweeënveertig).「レンブラント，1642年に『夜警』を描く(schilderen)」

4. 語順（1）—定形第2位

英語と違って，定形第2位，つまり定動詞はかならず2番目に来ます。

　　　　　1　　　　　2　　3　　4
　[Over een maand] *komt* hij　　[naar Nederland]. (komtは2番目)
*[Over een maand] hij　　*komt* [naar Nederland]. (komtは3番目，不可)「1カ月後に彼はオランダに来ます」

6課　ご紹介します

語法と表現
進行形の表現

　進行中の出来事をとくに明示する手段としては，前置詞 aan（英 *on*/ド *an*）による「前置詞句進行形」と姿勢を表わす動詞による「姿勢動詞進行形」という不定詞を使った2種類の構文があります。

(a)「aan het＋不定詞＋zijn」構文（前置詞句進行形）

　現在形による次の文は英語と違って，進行中の出来事とも解釈できます。

　　Saskia *zet* thee.「サスキア（女名）はお茶を入れている」

　　Ad *schrijft* nog steeds brieven.「アト（男名）はまだ相変わらず手紙（brieven 複数形, 9課1) を書いている」

「aan het＋不定詞＋zijn」構文を使えば，進行中の出来事であることが明示できます。aan het は aan 't とつづることもあります。

　　Saskia *is* thee *aan het zetten*.「同上」

　　Ad *is* nog steeds brieven *aan het schrijven*.「同上」

　この場合，目的語が無冠詞の名詞ならば，「aan het＋目的語＋不定詞」とも表現できます。つまり，thee zetten「お茶入れをする」, brieven schrijven「手紙書きをする」という一種の複合動詞のようにまとまりが強まるのです（抱合動詞，19課4参照）。

　　Saskia is *aan het thee zetten*.「同上」

　　Ad is nog steeds *aan het brieven schrijven*.「同上」

　ところが，目的語に冠詞や所有代名詞をつけたり，代名詞にしたりすると，「aan het＋不定詞」の前に出して分離させなければなりません。

　　Saskia is *de thee* aan het zetten.「サスキアはそのお茶を入れている」
　　(*Saskia is aan het *de thee* zetten. は不可)

　　Ad is {*een brief*/*hem*} aan het schrijven.「アトは {ある手紙/それ} を書いている」(*Ad is aan het {*een brief*/*hem*} schrijven. は不可)

(b) {staan/zitten/liggen/lopen/hangen}＋te-不定詞（姿勢動詞進行形）

　「(立って/すわって/横になって/走って/掛かって) …している」の意味。

　　Tonia *zit* al een hele tijd een boek *te lezen*.「トーニア（女名）はもうずっと本を(すわって)読んでいる」

De was *hangt* al *te drogen*.「洗濯物はもう(掛けて)干してある」
In Utrecht *staat* de stoptrein naar Arnhem *te wachten*.「ユトレヒトではアルネム行きの普通電車が待っている」
staan は一般的に「…している」という意味になることもあります。
Je *staat te liegen*!「君はうそをついているんだ」

語彙をふやそう
恋人と友人のあいだ—女性形いろいろ

女性にとって vriend は「ボーイフレンド」，男性にとって女性形 vrien/din は「ガールフレンド」です。ただし，vriend には男女の枠を越えた一般的な「友人」の意味があります。女性形にはありません。女性形は次の接尾辞でつくり，単語によって決まっています。アクセントに注意。

☆-/in [イン ín], -/es [エㇲ ɛs] (←-aar/-er), -/esse [エセ ɛsə] (←-is)
　koning「王」→konin/g*in* [コーネンギン ko.nɪŋín]「女王」
　zang*er*「歌手」→zang*e/res* [ザンゲれㇲ zaŋərɛs]「女性歌手」
　secre/tar*is* [sɪkrətá:rɪs スィㇰれターりㇲ]「秘書」→secreta/r*esse* [スィㇰれターれセ, sɪkrəta:rɛ́sə]「女性秘書」

☆-ster [ㇲテる stər] (←-aar/-ier/「動詞語幹＋-er」), -e [エ ə], -/rice [りーセ rí.sə]/-/euse [エーㇲ ǿ.zə]/ (←-/eur [エーる ǿ:r])
　kapp*er*「理髪師」→kap*ster*「女性理髪師」
　echtgenoot「夫，配偶者」→echtgenot*e*「妻，配偶者」
　ac/t*eur*「俳優」→ac/t*rice*「女優」

ことばと文化：もし運河に車が転落したら

かつてアムステルダムの町には，世界中の富が運河（de gracht [ふらはト ɣraxt]）を通って家々の軒先に運ばれてきました。中央駅の南側約 1.5 キロの扇状に広がる旧市街を取り巻く運河は，16 世紀以前の旧市街の境だった古い運河，シンゲル（Singel,「帯，岸壁」の意味）に始まり，もっとも美しい商館が立ち並ぶヘーレンフラハト（ヘール運河, Heren•gracht），ケイゼルスフラハト（ケイゼル運河, Keizers•gracht），アンネ・フランクの家（Anne Frank

Huis) がほとりに立つプリンセンフラハト (プリンス運河, Prinsen・gracht), 17世紀の旧市街の外堀を形成したシンゲルフラハト (シンゲル運河, Singel-gracht) に続きます。国立博物館やゴッホ美術館, 世界的なコンサートホールであるコンセルトヘバウ (Conˈcert・gebouw [コンセるトヘバウ kɔnsɛ́rt-xəbɔu]) が軒を連ねるミュゼーウム広場 (Muˈseum・plein) はこれに隣接しています。アムスの旧市街を歩くときには, 運河の順番を頭に入れておくと便利です。

　風情に満ちたこの運河も, 車社会の現代では交通障害になることがあります。私が留学した北部の大学町フローニンゲン (Groningen) では, 旧市街の運河はほとんどふさいで道路にしてしまいました。一番外側の幅広い立派な水路 (het kaˈnaal [カナーる ka.ná.l]) はそのままで, 旧市街に通じる橋を渡ると, 中世の旅人のような感慨を覚えます。ところが, ひとたび船の往来があると, その橋がゴッホの絵のはね橋のように上がってしまい, 船がのんびり通り過ぎるまで, 車も歩行者も立ち往生です。フリースラントの鉄道の終着駅, 人口約930人のスターヴォレン (Stavoren/西フリジア語名 Starum「スタールム」) では, 若夫婦が手動で橋を上げるバルブを回しているのには驚きました (29課写真参照)。

　旧市街の運河にはあまり柵がついていません。じつは, 運河に落ちる車は後を絶たないらしいのです。オランダの自動車教習所では, 運河に転落した場合の対処法を勉強します。もしあなたの車が転落してしまったら, パニックに陥ってやたらにドアや窓を開けようとしてはいけません。ものすごい水圧で水が流れ込み, 車内の乏しい空気を一瞬のうちに奪ってしまいます。あせらず, 車内に水が徐々に充満するのを待ちましょう。首の高さくらいに達したら, 圧力差はほとんどなくなるので, ドアは簡単に開けられます。水深はせいぜい2メートルくらいなので, ボンネットの上にのぼればだいじょうぶというわけです。—しかし, 本当にこんなふうにうまくいくかは保証の限りではありません。オランダで運転なさるときには, くれぐれもご注意を。

練習2　魚市で
Oefening twee—Op de vismarkt

次の会話文を和訳し，下線部に適当な表現を入れましょう。

Masami：Ik wil graag een broodje haring.
Vishandelaar：Mee|nemen of ge′lijk op|eten?
M：Op|eten.
V：Uitjes er′bij?
M：＿＿＿＿＿＿（ええ，お願い）
V：Dat was het?
M：＿＿＿＿＿＿（ええ，どうも）
V：€ 1,70 (＝een euro zeventig).
M：＿＿＿＿＿＿（はいどうぞ）

単語：de vis・markt［ヴィスマるクト vísmɑrkt］「魚市」(de vis「魚」(英 *fish*)＋de markt「市場」(英 *market*))，de vis・handelaar［ヴィスハンデラーる víshandəlaːr］「魚屋」，het broodje［ブローチェ brô.cə］「(チーズ・魚などをはさんで食べる) 小型のパン」(het brood「パン」(英 *bread*))，de haring［ハーりンɡ háːrɪŋ］「ニシン」(英 *herring*)，mee|nemen［メーネーメン mê.ne.mə(n)］「持っていく」，ge′lijk［ヘレイク ɣəlɛik］「すぐに」，op|eten［オプエーテ(ン) ɔpe.tə(n)］「食べつくす」(英 *eat up*)，uitjes［アイチェス œycəs］□指小・複数→de ui「タマネギ」，er′bij［エるベイ ərbɛi］「それ (er) に添えて (bij)」，was［ヴァス vɑs］「…だった」(英 *was*)

【解答】

正美：ニシンにパンを添えたのをください。
魚屋：持ち帰りかい，それともすぐに食べる？
正美：すぐに食べます。
魚屋：タマネギはかけるかい（＝それに添えるのか）？
正美：ええ，お願い (Ja graag.)。

練習2　魚市で

魚屋：それでよかったかい（＝それがそれだったのか）？
正美：ええ，どうも（Ja, beˈdankt（または dank u (wel)).）
魚屋：1ユーロ70セントね。
正美：はいどうぞ（Alstuˈblieft.）

名物のニシンを売る魚市の屋台

元祖ベルギー・フライドポテトの屋台

7課 チツケとヴァウテル
―フリジア人女性とフランドル人
Les zeven — Tjitske en Wouter—Frie/zin en Vlaming

この課で学ぶこと　人称代名詞目的格, 指小形,「オランダ語ができる, オランダ語ではこう言う」, 季節と年

Tjitske is de dochter van een kennis van me/neer Ota.
[チッケ イㇲ デ(→イㇲデ) ドほテる ヴァン エン(→ヴァネン) ケニㇲ ヴァン メネーる オータ cítskə ɪs də(→ɪzdə) dɔ́xtər van ən(→vanən) kɛ́nɪs van mənɛːr ó.ta.]
チツケは太田氏（＝太田夫人の夫）の知人の娘です。

Ze werkt op de biblio/theek van de Universi/teit van Leiden.
[ゼ ヴぇるクト オッデ(→オッデ) ビブリオテーㇰ ヴァン デ ユニヴぇるズィテイト ヴァン レイデ(ン) zə vɛ́rkt ɔp də(→ɔbdə) bi.bli.o.té.k van də y.ni.vɛrzi.tɛ́it van lɛ́idə(n)]
彼女はレイデン大学の図書館で働いています。

Ze komt uit Makkum, een klein dorpje in Friesland.
[ゼ コㇺト アイト マキュㇺ エンクレイン ドるピェ イン フリースラント zə kɔ́mt œyt mɑ́kʏm ən klɛin dɔ́rpjə ɪn Frí.slant]
彼女はフリースラントの小さな村, マックムの出身です。

Ze is Frie/zin en spreekt zo/wel Nederlands als Fries.
[ゼ イㇲ フリーズィン エン スプれーㇰト ゾーヴぇル ネーデるランッ(→ネーデるランㇲ) アㇽス フリーㇲ zə ɪs fri.zín ɛn sprɛ́.kt zo.vɛl né.dərlants(→né.dərlans) als frí.s]
彼女はフリジア人で, オランダ語もフリジア語も話せます。

Op de par/keerplaats van het vliegveld wacht Tjitske's vriend Wouter op hen.

7課　チツケとヴァウテル―フリジア人女性とフランドル人

［オッ デ（→オッデ）　パるケーるプラーッ　ヴァン　エトッリーふフェルト（→ヴァネトフリーふフェルト）　ヴぁはト　チッケス　ッリーント　ヴぁウテる　オッ ヘン　ɔp də（→ɔbdə）parké:r-pla.ts van ət vlí.xfɛlt（→vanətflí.xfɛlt）váxt cɪtskəs vrí.nt vɔ́utər ɔp hɛn］
空港の駐車場ではチツケの恋人のヴァウテルが彼女らを待っています。

Vander'woude is zijn achternaam.
［ヴァンデるヴぁウデ　イス　ゼイン（→イセン）　アはテるナーム　vandərvɔ́udə ɪs zɛin（→ɪsən）áxtərna.m］
ヴァンデルヴァウデが彼のファミリーネームです。

単語

de kennis［ケニス kɛ́nɪs］「知人」，werkt［ゔぇるクト vɛrkt］□現在□→werken「働く」（英 *work*），op［オッ ɔp］「…の上に，…（公的活動の場所）に」，de biblio'theek［ビブリオテーㇰ bi.bli.o.té.k］「図書館」，de universi'teit［ユニヴェるズィテイト y.ni.vərzi.tɛ́it］「大学」（英 *university*），klein［ㇰレイン klɛin］「小さい」，het dorpje［ドるピェ dɔ́rpjə］□指小□→het dorp「村」，de Frie'zin［フリーズィン fri.zín］「フリジア人女性」，zo'wel［ゾーゔぇル zo.vél］A als B「A も B も」，de par'keer•plaats［パるケーるプラーッ parké:rpla.ts］「駐車場」（par'keren「駐車する」（英 *park*）+ de plaats「場所」（英 *place*）），de vriend［ッリーント vri.nt］「ボーイフレンド，友人」（英 *friend*），wacht［ゔぁはト váxt］□現在□→wachten「待つ（op …を）」（英 *wait*），hen［ヘン hɛn］「彼（女）らを」，de achter•naam［アはテるナーム áxtərna.m］「姓」（achter「後ろ」（英 *after*））

文法の要点

1. 人称代名詞の目的格

　直接目的語「…を」，間接目的語「…に」，形容詞・前置詞の目的語，利害・関心の表現「…にとって」などの語形です。カッコ内の語形は会話体の文章に限られます。

単数			基本形	弱形
1人称			mij ［メイ mɛi］「私」	me ［メ mə］
2	親称		jou ［ヤウ jɔu］「君」	je ［イェ jə］
	敬称		u ［ユー y.］「あなた」	
3	人	男性	hem ［ヘム hɛm］「彼」	('m ［エム əm］)
		女性	haar ［ハール ha:r］「彼女」	(ze ［ゼ zə］/(d)'r ［(デ)ر, エル (d)ər］)
	物事	両性		hem/('m) ［エム əm］「それ」
		中性		het/('t) ［(エ)ト (ə)t］「それ」
複数				
1人称			ons ［オンス ɔns］「私たち」	
2	親称		jullie ［ユリ jϔli.］「君たち」	je ［イェ jə］
	敬称		u ［ユー y.］「あなたがた」	
3	人			ze ［ゼ zə］「彼(女)ら」
			hun ［ヒュン hʏn］「彼(女)ら」	
			(間接目的語)	
			hen ［ヘン hɛn］「彼(女)ら」	
			(直接目的語・前置詞の目的語)	
	物事			ze ［ゼ zə］「それら」

(a) ze と hun/hen の使い分け

　ze は人と物事に使い，目的語の種類を問いません。hun は間接目的語，hen は直接目的語と前置詞の目的語に使うのが原則で，ともに人を示しますが，じっさいの区別はあいまいで，hun だけですませる傾向があります。

　　Ken je *de woorden*?—Nee, ik ken *ze* niet.「その単語（de woorden 複数形），知ってる？」「いや，知らない」（*hun/*hen は不可）

　　Hij geeft {*hun*/*ze*} het boek.「彼は彼(女)らにその本をあげる」

　　Ken je *Jan en Piet*?—Nee, ik ken {*hen*/*ze*} niet.「ヤン（男名）とピート（男名），知ってる？」「いや，知らない」

　　Hij geeft aan {*hen*/*ze*} een boek.「彼は彼(女)らに（aan）本をあげる」

(b) hem/ze, het と指示代名詞 die, dat

　物事を示す弱形 hem/ze, het はアクセントをもたず，文頭（定動詞の直前）

7課　チツケとヴァウテル―フリジア人女性とフランドル人

では使えないので，指示代名詞 die/dat「それ」(12 課 2) で代用します。
　Kent u *de krant*?―Nee, *die* ken ik niet.「その新聞を知っていますか」
　「いいえ，それは知りません」(*hem は不可)
　Weet u *het antwoord*?―Nee, *dat* weet ik niet.「答えはわかりますか」
　「いいえ，それはわかりません」(*het は不可)

(c) jou/je と jullie/je

　不定代名詞の je「(一般に) 人は」(4 課 1(d)) の目的格には jou ではなく，弱形 je を使います。jullie の弱形 je は，明らかに複数とわかる場合や，同じ文中で jullie との反復を避ける場合に使います (4 課 1(b), 5 課 2, 22 課「文法の要点」)。

(d) その他の用法

　形容詞にも目的語を伴うものがあります (14 課 4)。
　Ik ben *jullie* heel *dankbaar*.「ぼくは君たちにとても感謝している」
　We zijn *het beu*.「私たちはそれにうんざりしている」
　利害・関心「…にとって」や身体部位の表現にも目的格を使います。
　Dat is *me* te groot.「これは私には大きすぎる」
　Zijn ge|drag valt *me* op.「彼の態度が私には目立つ (op|vallen)」
　De tranen staan *haar* in de ogen.「彼女は涙ぐんでいる (＝涙 (de tranen 複数形) が彼女にとって目の中に (in de ogen 複数形) ある)」

2. 指小形

(a) 指小辞の種類

　名詞 (de hand「手」) に「指小辞」を添えた中性名詞 (het hand*je* [ハンチェ hάncə]「小さな手」) を「指小形」といいます。小さな物を示すのが基本ですが，微妙なニュアンスや独自の意味も表わします。指小辞は母音の後で -tje，子音の後では t が落ちて -je になります。ただし，l/r/n/m/ng のように「母音っぽい」子音だと，語幹が長ければ -tje，短ければ -etje です。また，発音の都合で m-tje→m-pje, ing-tje→in-kje と変わります。

① -je：子音の後 (③④⑤以外)

boek「本」→boek*je*　　　　　huis「家」→huis*je*

複数形(9課1)で語幹母音が変わる名詞は，指小形でも変わることがあります。

gl*a*s [ふラㇲ ɣlɑs]「グラス」→gl*aa*s*je* [ふラーシェ ɣlá.ʃə]（複数形 gl*a*zen [ふラーゼ(ン) ɣlá.zə(n)]）

② -tje：母音または「⑤以外の母音＋{l/r/n}」の後
　　auto「車」→auto*tje*　　　　　lepel「スプーン」→lepel*tje*
　　jonge*n*「男の子」→jonge*tje*（例外的に -n が脱落）

③ -pje：「⑤以外の母音＋m」の後
　　boom「木」→boom*pje*　　　　bezem「ほうき」→bezem*pje*

④ -kje：無アクセントの -ing の後 (-ing→inkje)
　　pudd*ing*「プリン」→pudd*inkje*

⑤ -etje：「アクセントのある短（＝ゆるみ）母音＋{l/r/m/n/ng}」または接尾辞 -ling/-ning の後
　　spel「ゲーム」→spell*etje*　　　ring「指輪」→ring*etje*
　　wandeling「散歩」(wandelen「散歩する」) →wandeling*etje*

(b) 指小形の用法

① 愛着・肯定・軽視・軽蔑・冗談などのニュアンス
　　Wat *een lekker weertje* van/daag, hè？ *'t Zonnetje* schijnt.「今日はいい天気だねえ。お日さまも照ってるし」(weer「天気」, zon「太陽」)
　　Jullie krijgen *de groetjes*.「それじゃ，みんな，またね（＝君たちはあいさつを得る。手紙の結び）」(groet「あいさつ」)
　　Hoe lang heb je daar/voor nodig, denk je？—Niet zo lang. Onge/veer *een uurtje*.「それにはどのくらい時間がいると思う？」「そんなに長くはいらないよ。ほんの１時間くらいさ」(uur「…時間」)
　　Hij heeft al weer *een ander vrien/dinnetje*.「あいつ，また別の彼女，つくってらあ」(vrien/din「ガールフレンド」)
　　小さな物を示すには，klein「小さな」を添えたほうがはっきりします。
　　Er loopt *een klein kalfje* in de wei.「小さな子牛が牧場を歩いている（草をはんでいる）」(kalf「子牛」)

② 物質名詞の個別化：「一切れ，一人分」

7課　チツケとヴァウテル—フリジア人女性とフランドル人

bier は「ビールというもの」ですが，een bier*tje* は「ビール1杯」（＝een glaasje bier）の意味で，不定冠詞がつき，複数形（bier*tjes*）にもなります．食品名によく使います．

snoep「キャンディー類」→een snoep*je*「キャンディーひとつ」
taart「（数人分の大きな）タルト」→een taart*je*「タルト一切れ」
ijs「氷，アイスクリーム」→een ijs*je*「アイスクリームひとつ」
mu'ziek「音楽」→een mu'ziek*je*「曲」
Ik wil nog *een ijsje*.「ぼくはもうひとつアイスクリームがほしい」

③ 独自の意味

独立の語として固定したり，特殊な意味になるものがあります．

meis*je*「女の子」　　sprook*je*「民話，童話」　　toet*je*「デザート」
uitstap*je*「遠足」　　een beet*je*「少し（副詞）」
vrouw*tje*「メス」/mannet*je*「オス」⇔vrouw「女の人」/man「男の人」
kaart*je*「切符，チケット」⇔kaart「地図など」
broer*tje*「弟，幼い兄弟」/zus*je*「妹，幼い姉妹」⇔broer「兄弟」/zus (-ter)「姉妹」
Ze *kent* de buurt *op haar duimpje*.「彼女は近所を知りつくしている（＝親指（duim＋pje）の上で知っている）」

(c) その他

「形容詞＋指小辞」で名詞句「小さな…」のかわりになります．
　　een groot huis en *een kleintje*「大きな家と小さな家」
話し言葉で「｛形容詞/副詞｝＋指小辞 -s」として使う語があります．
　　Ma'thilde is altijd *netjes* ge'kleed.「マティルデ（女名）はいつもきちんとした服装をしている」(net「きちんとした」)
　　Ik ben *eventjes* weg.「私はちょっと留守にします」(even「少しの間」)
　　Zachtjes!「静かに！」(zacht「静かな」)

語法と表現
「オランダ語ができる」「オランダ語ではこう言う」

　　形容詞は言語名を示す中性名詞になります．-e がつくと，「…人女性」の意

味になることがあります。
　　Ja/pan「日本」→Ja/pans「日本(語)の（形容詞），日本語（名詞）」
　　Ja/panse「日本人女性」⇔Ja/panner「日本人，日本人男性」
　定冠詞に注意。前置詞句では英語と違ってふつう定冠詞がつきます。
　　Dat zeg je niet zo *in het Nederlands*.「それはオランダ語ではそうは言いません」（英 *in Dutch*）
　spreken「話す」，schrijven「書く」，lezen「読む」，leren「学ぶ，習う」，stu/deren「大学で学ぶ」などの目的語では無冠詞です。「…語ができる」は「…語を話す」と表現します。
　　Ik spreek *Nederlands*.「私はオランダ語ができます」

語彙をふやそう
季節と年

(a) **季節**（het sei/zoen, het jaar・getijde）
　矢印の右は「…にはいつも」の意味です。's［ｽ s］は次の単語と続けて発音します。「's＋名詞 -s」は夏冬だけに使います（「's（＜定冠詞 des）＋名詞 -s」は属格（英 *genitive*）という格変化に由来します）。

夏 de zomer ［ゾーメる zó.mər］→'s zomers ［ソーメるス só.məːrs］
冬 de winter ［ヴィンテる víntər］→'s winters ［スヴィンテるス svíntərs］
春 de lente ［レンテ lɛntə］, het voorjaar ［ヴォーるヤーる vó:rja:r］
秋 de herfst ［へるフスト hɛrfst］, het najaar ［ナーヤーる ná.ja:r］

　前置詞句でも「…には」と言えます。他の表現もあります。
　　in {de lente/het voorjaar}「春に」　　midden in de winter「真冬に」
　　van de zomer「この夏に」（未来・過去ともに使います）
　　{volgende/aan/staande/komende} herfst「今度の秋に」
　　{vorige/af|gelopen} zomer「この前の夏に」

(b) **年**（het jaar）
　　dit jaar「今年」　　　　　　　{volgend/komend} jaar「来年」

7課　チツケとヴァウテル—フリジア人女性とフランドル人

{vorig/ver'leden/af|gelopen} jaar「去年」
over vijf jaar「5年先に」　　zes jaar ge'leden「6年前に」
zeven keer {per/in het} jaar「年に7回」(keer は単数形)

ことばと文化：国，国籍，そして言語

　アムステルダムの町を散歩していると，日本人に似た警察官（de po'litie-agent［ポリー(ト)スィアヘヘント po.lí.(t)si.a.ɣɛnt]）や博物館員や車掌さんに出会います。でも，その人たちは生粋のオランダ人。人種(het ras［らス rɑs]）と文化 (de cul'tuur［キュルテューる kylty:r]）は違うのです。
　オランダでは，日本人の旅行者はよくインドネシア人か中国人にまちがえられます。なじみの深いアジア (Azië［アーズィ(ィ)エ á.zi.(j)ə]）の国は，かつての植民地インドネシアと料理でおなじみの中国なのです。ベルギーはかつて植民地だったコンゴ（ザイール），オランダは南アフリカ共和国（Zuid-'Afrika［ザイトアーフリカ zœytá.fri.ka.]）などアフリカとの関係も密接です。オランダ語はヨーロッパ人（Europe'aan［㊤ろぺ(ィ)アーン ø.ro.pe.(j)á.n]）であると同時に，国際感覚にもたけた人々の言葉なのです。
　おもな国名・地域名とその派生語を覚えましょう。なお，形容詞から派生した「…人」の女性形は複数形ではあまり使いません。

国名（俗称）—国民名・男性形/女性形—形容詞（または言語名）
日本　Ja'pan［ヤパン ja.pán]—Ja'panner/Ja'panse—Ja'pans
オランダ　Nederland—Nederlander/Nederlandse—Nederlands
フリースラント（州名）Friesland—Fries/Frie'zin—Fries
ベルギー　België—Belg/Belgische［ベルひセ bɛlɣi.sə]—Belgisch
フランドル（地方名）Vlaanderen—Vlaming/Vlaamse—Vlaams
インドネシア　Indo'nesië［インドネーズィ(ィ)エ ɪndo.né.zi.(j)ə]—Indo'nesiër/Indo'nesische—Indo'nesisch/古 Indisch
中国　China［シーナ ʃi.na.]—Chi'nees［シネース ʃi.né.s]/Chi'nese—Chi'nees
ドイツ　Duitsland［ダイッラント dœytslɑnt]—Duitser/Duitse—Duits
フランス　Frankrijk［フらンクれイク fráŋkrɛik]— Fransman/Fran'çaise［フらンセーゼ frãsɛ́:zə]—Frans

—83—

イギリス　Engeland［エ_ンゲラ_{ント} ɛŋəlɑnt］—Engelsman/Engelse—Engels
イタリア　I′talië［イターリ(ィ)エ i.tá.li.(j)ə］—Itali′aan［イタリ(ィ)アー_ン i.tá.li.(j)á.n］/Itali′aanse—Itali′aans
ロシア　Rusland［り_{ゅス}ラ_{ント} rýslɑnt］—Rus—Russische/Russin—Russisch

イーペル（Ieper）の広場の家並み

ブリュッセル（Brussel）のグランプラス

8課　アムステルヴェーンへ向かう
Les acht — Op weg naar Amstel'veen

この課で学ぶこと　語順(2)―主文平叙文，否定冠詞 geen と否定詞 niet，形容詞(1)―叙述用法と副詞用法，「とても，かなり」，運動の動詞

Wouter is Vlaming.
[ヴぁウテるイスヴラーミング(→イスフラーミング)　vɔ́utər ɪs vlá.mɪŋ(→ɪsflá.mɪŋ)]
ヴァウテルはフランドル人です。

Zijn moedertaal is Nederlands (Vlaams), maar hij spreekt ook heel goed Frans.
[ゼイン(→ゼン)　ムーデるタール　イス　ネーデるランツ(→ネーデるランス)　(ヴラームス)，マーる　ヘイ　スプれークト　オーク　ヘール　ふート　フらンス　zɛin(→zən) mú.dərta.l ɪs Né.dərlants(→Né.dərlɑns) (vlá.ms), ma:r hɛi sprɛ́.kt o.k he.l ɣú.t frɑ́ns]
彼の母語はオランダ語（フランドル方言）ですが，フランス語もとても上手です。

Hij heeft een auto.
[ヘイ　ヘーフト　エン　オート(→エノート)　hɛi he.ft ən ó.to.(→ənó.to.)]
彼は車をもっています。

Tjitske heeft wel een rijbewijs, maar ze heeft geen auto en rijdt ook niet.
[チッケ　ヘーフト　ヴぇル　エン　れイベヴぇイス，マーる　ゼ　ヘーフト　ヘーン　オート　エン　れイト　オーク　ニート　cítskə he.ft vɛl ən rɛ́ibəvɛis, ma:r zə he.ft ɣɛ́.n ó.to. ɛn rɛ́it o.k ní.t]
チツケは免許証はもっていますが，車はありませんし，運転もしません。

現代オランダ語入門

Met de auto van Wouter gaan ze met z'n allen naar Amstel/veen.
[メッデ(→メデ) オート ヴァンヴゥウテる はーン ゼ メッ ゼン アレ(ン)(→メツェナ
レ(ン)) ナーる アムステルヴェーン(→ナーらムステルヴェーン) mɛt də(→mɛdə) ó.to.
van vɔ́utər ɣá.n zə mɛt zən ɑ́lə(n)(→mɛtsənɑ́lə(n)) nɑːr ɑmstəlvé.n(→
nɑːrɑmstəlvé.n)]
ヴァウテルの車でみんなはアムステルヴェーンに向かいます。

Het duurt niet lang daar/heen, want Amstel/veen ligt niet zo ver van
Schip/hol.
[エッ ドゥーるト(→エドゥーるト) ニート ラング ダーるヘーン, ヴぁント アムステルヴェーン
リふト ニート ゾー(→ニーツォー) ヴぇる ヴぁん スヒップホル ət dý:rt(→ədý:rt) ni.t
lɑŋ dɑːrhé.n, vɑnt ɑmstəlvé.n lɪxt ni.t zo.(→ni.tso.) vɛ́r vɑn sxɪphɔ́l]
そこまではそれほど長くかかりません。というのは、アムステルヴェーンは
スヒプホル空港からそれほど離れていないからです。

単語

de・moeder・taal [ムーデるタール mú.dərtɑ.l]「母語」(de moeder「母」(英
mother)＋de taal「言語」), heel [ヘール he.l]「とても」, goed [ふート
ɣu.t]「良い」(英 good), de auto [オート ó.to., アウト ɔ́uto.]「車」, wel
[ヴェル vɛl]「たしかに…だが」, het rij・bewijs [れイベヴェイス rɛibəvɛis]
「運転免許証」(het be/wijs「証明証」), geen [ヘーン ɣe.n]「否定冠詞」, rijdt
[れイト rɛit]□現在□→rijden「運転する」(英 ride), gaan [はーン ɣɑ.n]□現
在□→gaan「行く」(英 go), met z'n allen [メッ ゼン アレ(ン) mɛt zən ɑ́lə(n)]
「みんなで」(5課2(d)), duurt [デューるト dý:rt]□現在□→duren「続く」, lang
[ラング lɑŋ]「長い」(英 long), daar/heen [ダーるヘーン dɑːrhé.n]「そこへ,
あそこへ」, want [ヴぁント vɑnt]「というのは…だから」(英 for), ligt [リふト
lɪxt]□現在□→liggen「位置する」(英 lie), zo [ゾー zo.]「それほど」(英
so), ver [ヴェる vɛr]「遠い (van…から)」(英 far)

— 86 —

8課　アムステルヴェーンへ向かう

文法の要点
1. 語順（2）―主文平叙文
(a) 話題化と情報伝達

　定動詞の位置に注意してください。主文（＝他の文の一部ではない文）では，平叙文（「…である，する」の文）の定動詞はいつも2番目に来ます。
　　Ik *ben* Ota.「私が太田です」
　ところが，次の文では主語の ik が定動詞の後ろに来ています。
　　Dat *ben* ik.「それは私です（＝私がそれです）」
　文頭の要素は主語以外でもいいのです。英語の5文型の語順とは根本的に違います。文頭は相手も知っている「話題」（トピック）の位置です。「話題化」するものを先頭に置き，2番目の定動詞で区切り，その後で新情報を伝えるという，情報伝達に便利な語順になっているのです。主語の本当の位置は主文の定動詞の直後です。主語が文頭によく来るのは，話題になりやすいからです。

　　　　［話題(＝X)］［定動詞 ］［旧情報 ……… ［X］ ……… 新情報］
　　　　　（第2位）（主語＋副詞句＋未知の目的語・補語）
　　　　　　　　　（主語＋既知の目的語・補語＋副詞句）

　具体例で見てみましょう。文頭などに動いた要素のもとの位置を「＿＿₁」「＿＿₂」で示します。
　　［*Hij*］₁　　［spreekt］［＿＿₁ heel goed Frans］.
　「彼はとても上手にフランス語を話す」（「彼は何語を上手に話すのか」という質問への返答）
　　［*Heel goed*］₁　［spreekt］［hij ＿＿₁ Frans］.
　「とても上手に彼はフランス語を話す」（「とても上手に話すのは彼の場合，何語なのか」という質問への返答）
　　［*Frans*］₁　　［spreekt］［hij heel goed ＿＿₁ ］.
　「フランス語は彼はとても上手に話す」（「フランス語は彼はどう話すのか」という質問への返答）
　上の最後の文は「フランス語はどうかと言えば，彼はとても上手に話すん

だよ」という意味で,「とても上手に」が言いたいのです。
　話題はふつう一つだけなので,二つ以上文頭に置くことはできません。
　　*[[*Frans*]₂ [*hij*]₁] [spreekt] [＿＿₁ heel goed ＿＿₂]. (不可)
文頭の要素にアクセント(大文字)を置くと,対比の意味になります。
　　[*FRANS*]₁　　[spreekt] [hij heel goed ＿＿₁].
　　「フランス語は彼はうまい(しかし,英語は下手だ)」
Frans の位置は heel goed の後ろにあって,やはり英語とは違います。直接目的語のように動詞と結びつきが強い要素は,ふつう副詞的な要素の後ろに置くのです。逆の順序だと,「とても上手に」が大切な新しい情報になります。
　　[Hij]₁　　　[spreekt] [＿＿₁ ＿＿₂ Frans [*heel goed*]₂].
　　「彼はフランス語をとても上手に話す」
無冠詞・不定冠詞つきの目的語は未知の新情報なので,副詞的な要素の後に置きます。定冠詞つきの目的語・代名詞目的語は既知の旧情報なので,その前,または定動詞の直後に添えるのがふつうです。
　　[Ik]₁　　　[neem]　[＿＿₁ graag *een glas wijn*].
　　「私はワインを一杯もらいます(＝好んで(graag 副詞)取る(neem))」
　　[Ik]₁　　　[neem]　[＿＿₁ [*het*]₂ graag ＿＿₂].
　　「私はそれをもらいます」
つまり,定動詞を2番目(定形第2位)に置きさえすれば,残りの要素は情報量に応じて並べればいいのです。

(b) 並列接続詞の位置

次の文では定動詞が3番目に来ているように見えます。
　　Dus u bent meˈvrouw Postma.「では,あなたがポストマさんですね」
　　Maar hij *spreekt* ook heel goed Frans.「しかし,彼はフランス語もとても上手に話します」
　　Het duurt niet lang daarˈheen, *want* Amstelˈveen ligt niet zo ver van Schipˈhol.「そこまではそれほど長くかかりません。というのは,アムステルヴェーンはスヒプホル空港からそれほど離れていないからです」
　dus「それでは」, maar「しかし」, want「というのは」, en「そして」, of「または」の五つは並列接続詞(28課2)で,語順的に上の図式の外にある特別な語です。ですから,やはり定動詞は第2位にあるのです。ただし,論理

の副詞（28課2）は文頭の位置を占めます。例. daar'om「だから」
　　[*Daar'om*₁] *duurt* het ＿₁ niet lang daar'heen.「だから，そこまではそれほど長くかかりません」（＊*Daarom* het *duurt*.... は不可）

2. 否定冠詞 geen と否定詞 niet

(a) 否定冠詞 geen＋名詞

　否定文は不定冠詞がついた名詞や無冠詞の名詞があれば，「geen [ヘーンye.n]＋名詞」（英 *no*＋名詞）で表わします。geen は単複同形で無変化です。
　　Mark leest *geen boek*.「マルク（男名）は本を読まない」（英 *no book*）
　　Ik spreek *geen Duits*.「私はドイツ語ができません」（英 *no German*）
「niet één＋名詞」（英 *not a*＋名詞）は強い否定です（één は数詞）。ただし，ふつうは「geen enkel(e)＋名詞」（-e は中性単数以外）とします。
　　{*Niet één*/*Geen enkele*} stu'dent weet het antwoord.「学生は一人も答えがわからない」

(b) 否定詞 niet と語順

　名詞に定冠詞や指示・所有代名詞がつくと，niet（英 *not*）で否定します。niet は文末（または文末の動詞成分の直前）に置きます。
　　Ik heb het boek *niet*.「私はその本はもっていません」
　　Dat is mijn maat *niet*.「それは私のサイズではありません」
固有名詞や代名詞があるときにも，文末に niet をつけて否定します。
　　Dat is {Daan/hij} *niet*.「それは {ダーン(男名)/彼} ではない」
前置詞なしで時間を表わす副詞があるときもそうです。
　　Thies komt morgen *niet*.「ティース（男名）は明日，来ない」
niet を上記の語の直前につけると，その部分だけが否定されて対比の意味になります。
　　Boos komt [*niet* morgen] *maar* overmorgen.「ボース（男名）は明日ではなく，あさって来る」
　　Het is [*niet* mijn] schuld.「それは私の責任ではない（＝ほかの人の責任だ）」
動詞との結びつきが強い叙述用法の形容詞や方向などを表わす前置詞句な

どでは，直前に niet を置きます。
　　Het is [*niet* ernstig].「たいしたことはありません」
　　Ik ga [*niet* naar het sta/tion].「私は駅には行きません」
　部分否定も否定する要素の直前に niet を置いて表現します。
　　We lezen [*niet* veel] boeken.「私たちは本をたくさんは読まない」(＝本は読むが，数は多くない)
　niet は否定する要素の直前に置くのですが，文末だと，文全体の否定（文否定）になります。niet は単独で文頭には置けません（**Niet* komt hij morgen.「彼は明日来ない」は不可）。文頭の目的語は文末の niet で否定できます。
　　Boeken leest hij *niet*.「本は彼は読まない」
　niets「何も…ない」は niet のかわりに強調表現で使うことがあります。
　　Dat ver/baast me *niets*.「私はそれには何も驚かない（＝それは私を何も驚かせない）」(niet の強調)

(c) その他の否定の表現

　「まだ…ない」は {nog niet/nog geen}＋名詞，「もう…ない」は {niet meer/geen}＋名詞＋meer です。
　　Uw paspoort is *niet meer* geldig.「あなたのパスポートはもう有効ではありません」
　　We hebben *geen* ben/zine *meer*.「私たちはもうガソリンがない」
　「…ではないが，…ならそうだ」には maar (…) wel を続けます。
　　Frank spreekt *geen* Chi/nees, *maar wel* Indo/nesisch.「フランク（男名）は中国語はできないが，インドネシア語ならできる」

(d) ook「…もまた」の語順

　niet の語順と似ています。続けて並べるときには，ook niet です。
　　Annie komt morgen *ook* (niet).「アニー(女名)は明日も来る(来ない)」
　　Ik ben *ook* (niet) klaar.「私も準備ができています（いません）」
　　Ik ga *ook* (niet) naar het sta/tion.「私も駅に行きます（行きません）」
　　Ook Annie ziet de toren (niet).「アニーもその塔が見える（見えない）」
　次の文の意味はあいまいに解釈されることがあります。アクセント（大文字）の位置を変えれば，意味を特定できます。

Annie ziet *ook* de toren niet.「{アニーもその塔が/アニーはその塔も} 見えない}」

Annie ziet OOK de toren niet.「アニーもその塔が見えない（OOKまで一息で発音します）」

Annie ziet ook DE TOREN niet.「アニーはその塔も見えない」

3. 形容詞（1）―叙述用法と副詞用法

オランダ語の形容詞には英語の副詞のような特別な語形がありません。

Zijn Frans is *goed*.「彼のフランス語は上手です」

Hij spreekt *goed* Frans.「彼はフランス語を上手に話します」

goed はともに「品詞」（単語の種類）としては形容詞ですが，副詞的な「用法」（文中でのはたらき）でも使えるのです。「上手だ」のような言い切りの用法を「叙述用法」，「上手に」のような動詞を修飾する用法を「副詞用法」といいます。副詞とは nu「今」, hier「ここ」のような無変化の語を指します。

語法と表現

「とても」と「かなり」

「とても」の意味には heel と erg がありますが，好ましくない場合には erg をよく使います。強調するときは echt heel か heel erg です。「まったく…ない」は helemaal niet,「それほど…ない」は niet erg です。

Het is ge/woon *heel erg* jammer.「本当にお気の毒です」

Het is *echt heel* lekker.「すっごくおいしい」

Het is *niet erg* leuk.「あんまり良くないね」

vreselijk, hartstikke, reuze は話し言葉。zeer は書き言葉的でおおげさな感じがしますが，南部ではふつうです。

Ik ben *vreselijk* moe.「私はものすごく疲れている」

Dat is een *hartstikke* spannende film.「それは超おもしろい映画だ」

「かなり」には次のような表現があります。

De huur is *vrij* laag.「家賃はかなり安い（＝低い）」

Er zijn *tamelijk* veel buitenlanders.「外国人がかなり大勢いる」

Het huis is *redelijk* groot.「その家は相当大きい」

以上の語は hartstikke を除いて形容詞としても使います。

heel「完全な」/erg「悪い」/zeer「痛い」/vreselijk「恐ろしい」/reuze「すごい」/vrij「自由な」/tamelijk「まずまずの」/redelijk「適度な」

運動の動詞

「歩く」は lopen (英 *leap*)、「走る」は hard lopen です。乗り物を利用すると、「{車/自転車/電車}で行く」は rijden (英 *ride*)、「飛行機で行く」は vliegen (英 *fly*) ですが、オランダらしく、「船で行く」に限って varen (英 *fare*、ド *fahren*) です。人も乗り物も主語になり、「…を運転する」「運転して…を運ぶ」という他動詞としても使います。

Deze boot *vaart* naar Texel.「この船はテセル島に行く」

Rijdt deze bus van'daag niet?「このバスは今日、運行していないのですか」

We *rijden* met de trein.「私たちは電車で行きます」

Mijn fiets *rijdt* zwaar.「私の自転車はペダルが重い」

Ada *rijdt* een Ja'panse auto.「アーダ(女名)は日本車を運転する」

Ik *rijd* mijn zoontje naar school.「私は息子を車で学校に送る」

「行く」の一般的な語は gaan (英 *go*) です。Hoe *gaat* het?「調子はどう」のように抽象的な意味でも幅広く使います。

Ik *ga* liever met {de auto/de fiets/de trein/het vliegtuig/de boot}.「私はむしろ{車/自転車/電車/飛行機/船}で行きたい」

Ze *gaan* lopend naar huis.「彼らは歩いて (lopend 現在分詞、24 課 1) 帰宅する」

ことばと文化:Van Gogh と Huizinga—g と ch

画家のヴィンセント・ヴァン・ゴッホ (Vincent van Gogh 1853—90) はだれでも知っています。さて、Gogh [ほ ɣɔx] の発音は「ホッホ」に近いんでしたね。一方、ng の発音は ŋ [ング] ですが、-nga で終わる人名は -n+ga と切って、[ŋga. ンは] です。フローニンゲン (Groningen) の出身で『中世の秋』(Herfsttij der Middeleeuwen) の著者であり、レイデン (Leiden) 大

8課　アムステルヴェーンへ向かう

学学長を勤め，ドイツ軍の強制収容所に送られて祖国の解放を待たずに病死した有名な歴史学者ホイジンガ（Johan Huizinga 1872—1945）の正確な発音は，[hœyzɪŋɣa. ハイズィンは］「ハイジンハ」です。Honga'rije ［ホンはれイ（ィ）エ hɔŋɣa.rɛi(j)ə］「ハンガリー」の発音にも注意。

ドイツ語的な ich ［イヒ Iç］「私」の「ヒ」は，標準オランダ語にはありません。Utrecht「ユトレヒト」の正確な発音は「ユートレヘト」です。Maas'tricht「マーストリヒト」のように直前が「イ」だと「ヒ」と発音したくなりますが，本当は ch ［は x］の発音（しいて表記すれば「マーストリフト」）なのです。私たちは「イ」の前で h と g/ch が ［ヒ ç］になりがちです。h ［ハ h］はのどの奥，その前が g ［は ɣ］［は x］/ch ［は x］，ドイツ語の ［ヒ ç］は一番手前で発音します。hier ［ヒーる hi:r］「ここ」, gisteren ［ひステれ(ン) ɣístərə(n)］「昨日」でチェックしましょう。

それにしても，この発音はオランダ語嫌いの種です。私も ge'had ［ɣəhát ヘハト］（hebben「もっている」の過去分詞）の g と h が区別できず，ベルギー人の先生に注意されたことを覚えています。それが妙に美しく思えるようになったのは，秋深いエイセル湖（IJssel'meer）畔の古い港町エンクハイゼン（Enk'huizen）で，レンガ造りの家が建ち並ぶしっとりと雨に濡れた石畳の路地を歩いていたときのことでした。思わず「へ…」とつぶやいた私の胸は，万感迫るもののあわれの感慨に満たされたのです。それ以来，この響きがたまらなく好きになりました。

エンクハイゼン（Enk'huizen）の古い家並み

9課　住居で
Les negen — In de woning

この課で学ぶこと　複数形，不定代名詞(1)

De woning in Amstel/veen ligt op de vierde ver/dieping van een flatgebouw.
［デ ヴぉーニング イン アムステルヴェーン(→イナムステルヴェーン) リふト オッデ(→オッデ) ヴィーデ ヴェるディーピング ヴァン エン(→ヴァネン) フレトヘバウ də vó.nɪŋ ɪn ɑmstəlvé.n(→ɪnɑmstəlvé.n) líxt ɔp də(→ɔbdə) víːrdə vərdí.pɪŋ vɑn ən(→vɑnən) flɛ́txəbɔu］
アムステルヴェーンの住居はアパートの5階にあります。

Hij be/staat uit een woonkamer, twee slaapkamers, een badkamer, een keuken en een toi/let.
［ヘイ ベスタート アイト エン(→アイテン) ヴぉーンカーメる トヴぇー スラーブカーメるス エン バトカーメる エン ケーケ(ン) エン エン(→エネン) トヴぁレト hɛi bəstá.t œyt ən(→œytən) vó.ŋkɑ.mər tvé. slá.pkɑ.mərs ən bátkɑ.mər ən kǿ.kə(n) ɛn ən(→ɛnən) tvɑlɛ́t］
それは居間，2つの寝室，バス，台所，トイレから成っています。

Drie bedden, enkele stoelen, bu/reau, sofa, tele/visie, wasmachine, koelkast, gasfornuis, ser/vies en be/stek zijn ook alle/maal aan/wezig.
［ドりー ベデン エンケレ ストゥーレ(ン) ビュろー ソーファ テレヴィーズィ ヴぁスマシーネ クーるカスト はスフォるナイス セるヴィース エン ベステク ゼイン オーク アレマーる アーンヴぇーザは drí. bɛ́də(n) ɛ́ŋkələ stú.lə(n) by.ró. só.fɑ. te.le.ví.zi. vɑ́smɑʃi.nə kú.lkɑst ɣɑ́sfɔrnœys sɛrví.s ɛn bəstɛ́k zɛin o.k ɑləmá.l a.nvé.zəx］
ベッドが3つ，いすが数脚，書き物机，ソファ，テレビ，洗濯機，冷蔵庫，

— 94 —

9課　住居で

ガスレンジ，食器もみんなそろっています。

Alle kamers zijn mo/dern en ruim ge/noeg.
［アレ カーメ⒭ス ゼイン モデ⒭ン エン らイム ヘヌーふ　álə ka.mərs zɛin mo.dɛ́rn ɛn rœ́ym ɣənu.x］
部屋はどれもモダンで十分な広さです。

Achter het flatgebouw is een grote tuin met bomen, planten en bloemen.
［アはテる エト フレトヘバウ イス エン(→イゼン) ふろーテ タイン メト ボーメ(ン) プランテ(ン) エン ブルーメ(ン)　axtər ət flɛ́txəbɔu ɪs ən(→ɪzən) ɣró.tə tœ́yn mɛt bó.mə(n) plántə(n) ɛn blú.mə(n)］
アパートの裏には木々や草花が植えてある大きな庭があります。

単語

de ver/dieping［ヴぇるディーピンッ vərdí.pɪŋ］「階」(=de e/tage［エタージェ e.tá.ʒə］)，het flat・ge・bouw［フレトヘバウ flɛ́txəbɔu］「アパート，マンション」(de flat「アパート・マンションの１世帯分」+het ge/bouw「建物」)，be/staat［ベスタート bəstá.t］□現在□→be/staan「成り立つ(uit …から)」，de woon・kamer［ヴぉーンカーめ vó.ŋka.mər］「居間」，slaap・kamers［スラープカーメ⒭ス slá.pka.mərs］□複数□→de slaap・kamer「寝室」，de bad・kamer［バトカーめ bátka.mər］「浴室」(英 bathroom)，de keuken［ケーケ(ン) kǿ.kə(n)］「台所」(英 kitchen)，bedden［ベデ(ン) bɛ́də(n)］□複数□→het bed［ベト bɛt］「ベッド」，enkele［エンケレ ɛ́ŋkələ］「いくつか (の)」，stoelen［ストゥーレ(ン) stú.lə(n)］□複数□→de stoel「いす」(英 stool)，het bu/reau［ビュろー by.ró.］「(事務)机」，de sofa［ソーファ só.fa.］「ソファ」，de tele/visie［テレヴィーズィ te.le.ví.zi.］「テレビ」(英 television)，de was-machine［ヴぁスマシーネ ʋɑsmɑʃi.nə］「洗濯機」(英 washing machine)，de koel・kast［クールカスト kú.lkɑst］「冷蔵庫」，het gas・fornuis［はスフォるナイス ɣɑ́sfɔrnœys］「ガスレンジ」(het gas「ガス」+het for/nuis「オーブンレンジ」)，het ser/vies［セるヴィース sɛrví.s］「食器(皿，コップなど)」，het be/stek

［ベｽテｸ bəstɛk］「食器（スプーン，フォークなど）」, alle/maal//alle… ［アレマール/アレ…, ɑləmá.l/ála…］「すべて」, aan/wezig ［アーンヅェーザ ハ a.nvé.zəx］「その場にある」, kamers ［カーメるｽ ká.mərs］□複数□→de kamer「部屋」（英 *chamber*）, mo/dern ［モデるン mo.dɛ́rn］「モダンな」, ruim ［らイｍ rœym］「広い」（英 *roomy*）, ge/noeg ［ヘヌーふ ɣənú.x］「十分な」（英 *enough*）, achter ［アはテる áxtər］「…の後ろに」, grote ［ふろーテ ɣró.tə］（形容詞変化形，14 課 2)→groot「大きい」, de tuin ［タインtœyn］「庭」, bomen ［ボーメ（ン）bó.mə(n)］□複数□→de boom「木」, planten ［プランテ（ン）plántə(n)］□複数□→de plant「植物」, bloemen ［ブルーメ（ン）blú.mə(n)］□複数□→de bloem「花」

文法の要点

1. 名詞の複数形

-en と -s がおもな語尾で，使い分けはある程度はっきりしています。

(a) **語尾 -en**

大多数の語で使います。発音やつづりの規則的な変化に注意。

r*aa*m→r*a*men「窓」　tra*p*→tra*pp*en「階段」　zee→zee*ën*「海」

be*d*［ベｔ bɛt］→be*dd*en［ベデ（ン）bɛ́də(n)］「ベッド」

hui*s*→hui*z*en「家」　brie*f*→brie*v*en「手紙」

s/f, v/z が交替しない語もあります（29 課「ことばと文化」）。

bu*s*→bu*ss*en「箱，缶」（英 *boxes*）

foto/graa*f*→foto/gra*f*en「写真家」（英 *photographers*）

(b) **語尾 -s**

あいまい母音の連続を嫌う語や外来語などで使います。

① アクセントのない -e/-el/-er/-erd/-em/-en で終わる語

keld*er*→keld*ers*「地下室」　keuk*en*→keuk*ens*「台所」

-s/-en のどちらでもいいものや，意味が変わるものもあります。

app*el*→app*els*/app*elen*「リンゴ」

lett*er*→lett*ers*「文字」/lett*eren*「文学」

意味が変わらないときには，-en のほうが古風です。ar/tik*el*「論文」の複

9課　住居で

数形は ar'tik*els* よりも ar'tik*elen* のほうが高尚に響きます。
② 指小形（7課2）
　　schuur*tje*→schuur*tjes*「（小さな）物置・倉庫」（←schuur）
③ 女性形接尾辞 -e/-ster，人間名詞の接尾辞 -/ier（外来語）
　　stu'dent*e*→stu'dent*es*「女子学生」　por'*t*i*er*→por'*tiers*「門番」
④ その他
　　broer→broers「兄弟」　　sta'tion→sta'tions「駅」（外来語）
　　film→films「映画」（外来語）

(c) 語尾 -'s（-a/-i/-u/-o で終わる外来語）
　　tax*i*→tax*i's*「タクシー」（taxis は「タクシス」と発音するからです）

(d) 不規則な複数形
①「短母音→長母音」など
　　d*a*k［ダックdɑk］→d*a*ken［ダーケ(ン) dá.kə(n)］「屋根」
　　sl*o*t［スロットslɔt］→sl*o*ten［スローテ(ン) sló.tə(n)］「錠，城」
　　w*e*g［ヴェフvɛx］→w*e*gen［ヴェーヘ(ン) vé.ɣə(n)］「道」
　　sch*i*p［スヒップsxɪp］→sch*e*pen［スヘーペ(ン) sxé.pə(n)］「船」
　　st*a*d［スタットstɑt］→st*e*den［ステーデ(ン) sté.də(n)］「都市」
　　mogelijk*heid*［モーヘレックヘイト mó.ɣələkhɛit］→mogelijk*heden*［…ヘーデ(ン) …he.də(n)］「可能性」（接尾辞 -heid →-heden）
② 語尾 -eren（少数），-ien（ごく少数）
　　kind→kinderen「子供」　　ei→eieren「卵」　　koe→koeien「雌牛」
③ -man→-lieden/-lui/-mannen（国籍名を除く）
　　timmer*man*→timmer*lieden*/timmer*lui*/timmer*mannen*「大工」
　　⇔Engels*man*→Engels*en*「イギリス人」（国籍名）
④ ラテン語・ギリシャ語起源の語
　　mu'seum→mu'sea/mu'seums「博物館，美術館」

(e) 複合語の連結要素 -en/-s/-er
　　複数形と関係ないものがまじっているので，要注意。
　　twee・persoon*s*・kamer「ダブル（2人部屋）」（複数形 per'sonen）

boek*en*・kast「本棚」⇔boek・handel「本屋」

2. 冠詞・所有代名詞の複数形
一般に中性単数形はその他と違う変化をします。覚えておくと便利です。

		単数形	複数形
定冠詞	両性	de vrouw「女の人」	de vrouwen
	中性	*het* boek「本」	de boeken
不定冠詞/	両性	{een/geen} man「男の人」	{なし/geen} mannen
否定冠詞	中性	{een/geen} meisje「女の子」	{なし/geen} meisjes
所有代名詞	両性	{onze/mijn} fiets「自転車」	{onze/mijn} fietsen
	中性	{*ons*/mijn} kind「子供」	{onze/mijn} kinderen

3. 不定代名詞（1）

以下の語では語尾 -e の有無がある場合, -e のない語形は中性単数形, -e のある語形はその他です。名詞句のかわりになる独立用法では, -e は物事（例. enkele「いくつか」）, -en は人（例. enkelen「何人か」）を表わします。

(a) al/alle「すべての」（英 *all*）など
例. de wijn「ワイン」, het bier「ビール」, de boeken「本(複数形)」

	al＋定冠詞	alle	al＋所有・指示代名詞
両性単数	al de wijn	alle wijn	al {onze/die} wijn
中性単数	al het bier	なし	al {ons/dat} bier
複数	al de boeken	alle boeken	al {onze/die} boeken

Al het bier is al op.「ビールはもう（al 副詞）全部なくなった」
Al onze moeite is tever'geefs.「私たちの努力はすべてむだだ」
alle は総称（…というもの）の意味にもなります。
Alle mensen zijn sterfelijk.「人はすべて死ぬものだ」(al de mensen は「(特定の範囲内で) すべての人々」の意味)
基数詞がつくと,「alle＋基数詞」と「al…基数詞」が許されます。

9課　住居で

　　alle vier {de/onze} kinderen「{その/私たちの}4人の子供すべて」
　　al {de/onze} *vier* kinderen「同上」
　alles「すべての物事（単数形）」, dit alles「これすべて」, dat alles「それ・あれすべて」とも言います。ただし, *alle「すべての物事（複数形）」とは言わず, allen「すべての人々」も書き言葉的なので, 副詞 alle'maal（第1音節にアクセントも可）「すべて, みんな」を多用します。

　　Dank u, dat is *alles*.「どうも。これで全部です」
　　{*Wij alle'maal*/*Wij allen*} zijn te'vreden.「{私たちはすべて満足しています}」

名詞句から離すときには met z'n allen「みんな（で）」も使えます（5課2 (d)）。

　　De kinderen gaan {*alle'maal*/*met z'n allen*/*allen*} naar school.「彼らはみんな学校に行く」

(b) heel/hele「全部の, 全体の」（書き言葉 ge'heel/ge'hele）（英 *whole*）
　「冠詞＋{heel/hele}＋名詞」と「heel＋（冠詞＋）名詞」の区別に注意。
　　Wilt u een half of *een heel brood*?「パンは半分がいいですか, 全部がいいですか」
　　een heel jaar「一年中」　　heel Nederland「オランダ全土」
　　de hele wereld/heel de wereld「全世界」

(c) ieder/iedere, elk/elke（英 *each*）「どの…も」（＋単数形）; ieder'een ［イーデれーン（←イーデるエーン）i.dərẽ.n］「だれでも」

　ieder/iedere は人, elk/elke は物事に使う傾向がありますが, それほど厳密ではありません。「…のどれも」は「elk van＋名詞句」がふつうです。「…のだれも」は「ieder van＋複数形」/「ieder'een van＋単数形」と区別します。

　　Werk je *elke dag*?「君は毎日働いてるの？」
　　Ieder kind krijgt een ijsje.「どの子供もアイスクリームをもらう」
　　Niet *ieder'een* houdt van eieren.「だれでも卵が好きとはかぎらない」
　　Ieder van zijn gasten weet dat.「彼の客のだれもがそれを知っている」
　　Ieder'een van zijn ge'zin weet dat.「彼の家族のだれもがそれを知っている」

名詞句から離しても使えますが，語尾 -e はつかず，名詞は複数形です。

De deelnemers krijgen {*ieder*/*elk*} een prijs.「参加者は各自，賞をもらう」

ieder {mens/per'soon} は「だれでも，万人」という意味で1語に相当し，-e がつきません。

Ieder mens is sterfelijk.「人はだれでも死ぬものだ」

(d) {enige［エーネヘ é.nəyə］/enkele/een paar/sommige［ソメヘ sómayə］}＋複数形「いくつかの」，wat＋{単数/複数形}「同左」(話し言葉)

We gaan maar *enkele malen* per jaar naar onze ouders.「私たちは年に数回しか両親のところに行きません」

Bijna alle boeken liggen op de grond. Slechts *enkele* staan nog in de kast.「ほとんどすべての本が床の上にある。ほんの数冊しか書架にない」(独立用法，物事 -e)

een paar は話し言葉でよく使います。名詞 het paar「対」に注意。

Ik woon slechts *een paar maanden* in Nederland.「私はオランダに住んでから二，三か月にしかなりません」

een paar boeken「本数冊」⇔ een paar schoenen「靴一式」

sommige（英 *some*）は対比するときによく使います。

Sommige leerlingen zijn dom, *andere* (*leerlingen*) lui.「できない生徒たちもいるし，ほか(の生徒たち)には怠け者もいる」

wat は話し言葉で単数・複数の区別なく使います。

Wil je nog *wat aardappels*?「もう少しポテトはどう？」

Heb je *wat suiker* voor me?「少しお砂糖，いただける（＝私のためにもっていますか）？」

単数形では，enkel/enkele「わずかの，単一の」，enig/enige「何らかの程度・量の（＋不可算名詞）」（書き言葉，英 *any*）の意味になります。

een enkele keer「たまに，まれに」(de keer「…回」)

éen enkele keer「1回だけ」　　een enkele reis「片道」

Ik heb *geen enkel i'dee*.「私は何も思いつかない（＝何も考えがない）」

Heb je *enig i'dee*?「何か思いつくことある？」

enig は「唯一の」という意味の形容詞としても使います。

Dit is *het enige ho'tel* in de stad.「これが町で唯一のホテルです」
Ans is *enig kind*.「アンス（女名）はひとりっ子です」

(e) ge'noeg「十分な」（無変化）（英 *enough*）

名詞では前にも後ろにも置けますが，形容詞では後ろです。
Heb je {*appels ge'noeg/ge'noeg appels*}？「君はリンゴは十分ある？」
Appels heb ik *ge'noeg*.「リンゴは私は十分ある」
Zijn kamer is *ruim ge'noeg*.「彼の部屋は十分広い」

語法と表現

「10 年」は単数？　「0°C」は複数？

数量単位の名詞の多くは複数形になりません。動詞の変化も単数形です (12 課「語法と表現(c)」)。

tien {*jaar*「10 年」/*uur*「10 時間」/{*keer/maal*}「10 回」/*cent*「10 セント」/*euro*「10 ユーロ」/*pro'cent*「10 パーセント」/*liter*「10 リットル」/*kilo*「10 キロ」/*gram*「10 グラム」/*meter*「10 メートル」}

Tien jaar is veel te lang.「10 年はあまりに長すぎる」

数詞以外の後では純粋な単位ではなくなるので，複数形を使います。

enige *jaren*「数年」　tien lange *jaren*「10 年もの長い間」

Die tien lange jaren zijn nu voor'bij.「あの長い 10 年は今は過ぎた」

複数形になる単位名もあります。

Het is *tien graden* (Celsius).「（気温は）10 度です」（←graad「…度」）
Lina drinkt *zes koppen* koffie op een dag.「リーナ（女名）一日に 6 杯コーヒーを飲む」（←kop「コップ，…杯」）

「1.5 度」は単数形，「0 度」は複数形です。ゼロはまさに神秘の数ですね。

Het is *ander'halve graad* vorst.「氷点下 1.5 度です」
Het is *nul graden*.「0 度です」（*nul graad は不可）

ことばと文化：オランダの住居

オランダの住居は居間の窓がやたらに大きいのが特徴です。あまりカーテ

ン（het gor′dijn［ほるデイン ɣɔrdɛin］）を閉めないので，寝間着（het nacht-hemd［ナはトヘムト náxthɛmt］）姿のおじさんが新聞を読んでいるのも丸見えです。高価な陶器（het aarde・werk［アーるデヴぇるク á:rdəʋɛrk］）を窓越しに陳列している家庭もあり，警察は治安上の理由で渋い顔ですが，みんな平気です。

　レンガ（de bak・steen［バクステーン bákste.n］）作りの１戸建ての家は，煙突（de schoor・steen［スほーるステーン sxó:rste.n］）と庭（de tuin［タイン tœyn］）つきでかわいらしい感じです。家具つき（ge・meubi′leerd［へ⊗ビレーると ɣəmø.bi.lé:rt］）のアパートも豊富です。地下室は de kelder［ケルデる kɛldər］，１階は de be′gane［べはーネ bəɣá.nə］ grond［ふロント ɣrɔnt］といい，２階から de eerste {ver′dieping/e′tage［エタージぇ e.tá.ʒə]}と数えます。玄関（de huis・deur［ハイスデーる hœyzdø:r］）はホテルのように自動ロックになっていて，鍵（de sleutel［スレーテる slø.təl］）がないと入れません。鍵を忘れて外に出ると大変です。暖房（de　ver′warming［ヴぇるヴぁるミング vərʋármɪŋ］）はセントラルヒーティング（de cen′trale ver′warming）で，真冬でも快適です。慣れないのは照明（de ver′lichting［ヴぇるリふティング vərlíxtɪŋ］）で，蛍光灯で部屋全体を明るくするのを嫌って，小さな白熱球のランプ（de gloei・lamp［ふルーイランプ ɣlú.ilamp］）をいくつも部屋の隅に置きます。レンブラントの名画のような ge′zellig［へゼラは ɣəzɛləx］（快適さを表わす代表的な語）な雰囲気なのでしょうが，暗くてかないません。

　食卓は de tafel，（事務）机は het bu′reau［ビュろー by.ró.］です。de eet-tafel「食卓」，de schrijf・tafel「（事務）机」とも言います。het bu′reau には「事務所」（het kan′toor［カントーる kantó:r］）の意味もあり，het reis・bureau［れイスビュろー rɛizby.ro.］）は「旅行代理店」です。「食器」は de lepel［レーペル lé.pəl］「スプーン」，het mes［メス mɛs］「ナイフ」，de vork［ヴォるク vɔrk］「フォーク」などを指す het be′stek と，het bord［ボると bɔrt］「皿」，het kopje［コピぇ kɔ́pjə］「コップ」，het glas［ふラス ɣlas］「グラス」などを指す het ser′vies に分かれます。

　困るのは台所の流し台（het aan・recht［アーンれへト á.nrɛxt］）が詰まりやすいことです。手に負えなくなったら，配管工（de lood・gieter［ロートひーテる ló.txi.tər］）に来てもらいましょう。

練習3　八百屋で
Oefening drie—In een groentewinkel

次の会話文を和訳し，下線部に適当な表現を入れましょう。1ポンド（het pond［ポンｔ pɔnt］）は0.5キロ（kg），1オンス（het ons［オンｽ ɔns］）は100グラム（g）に相当し，よく使う単位です。

Groenteboer：Wie is er aan de beurt？
Me/vrouw Ota：Ik. Mag ik een ＿＿＿＿＿＿＿（½ポンド）aardbeien en ＿＿＿＿＿＿（1½オンス）wortels？
G：Alstu/blieft. Anders nog iets？
O：＿＿＿＿＿＿＿＿（いえ，けっこうです）Anders niets.
G：Dat is dan ＿＿＿＿＿＿＿（2.60ユーロ，€ 2,60）bij el/kaar. — Heeft u het niet kleiner？
O：Nee. Het spijt me, ＿＿＿＿＿＿＿（小銭（kleingeld）がありません）

単語：de groente•winkel［ふるーンテグｩンケル ɣrú.ntəvɪŋkəl］「八百屋」(de groente「野菜」+de winkel「店」), de groente•boer「八百屋さん」(de boer［ブーる buːr］「農夫」), wie［ヴｨー viː］「だれ」, aan de beurt［ベーるｔ bøːrt］「…の番」, aard•beien［アーるｔベイ（ｨ）エ（ン）áːrtbɛi(j)ə(n)］□複数□→de aard•bei「イチゴ」, wortels［ヴぉるテルｽ vɔ́rtəls］□複数□→de wortel「ニンジン」, anders［アンデるｽ ándərs］「ほかに」, bij el/kaar［エルカーる ɛlkáːr］「合わせて」, kleiner［クレイネる klɛ́inər］□比較級□→klein「小さい」, Het spijt［スペイｔ spɛit］me.「すみません」, het klein•geld［クレインヘルｔ klɛ́inɣɛlt］「小銭」, €（=de euro［ｴﾄﾞーろ ǿ.ro.］「ユーロ」)

【解答】
八百屋：次はだれの番だい（＝だれが順番に（aan de beurt）いるのか）。
太田夫人：私よ。イチゴを½ポンド（een half pond, 250グラム）とニンジンを1½オンス（ander/half ons, 150グラム）いただける？
八百屋：はいよ。ほかは何か？
太田夫人：いえ，けっこうよ（Nee dank u.）。ほかはないわ。

八百屋：それじゃ，合わせて 2.6 ユーロ（twee euro zestig）だね。—もうちょっと細かいの，ないの（＝それをもっと小さく持っていないのか）？

太田夫人：ごめんなさいね，小銭がなくって（ik heb geen kleingeld）。

☞ スーパーでは野菜や果物は計量器にかけてレシートを貼り，必要な分を買います。賞味期限は ten/minste houd・baar tot＋日付（＝…まで（tot）少なくとも（ten/minste）保存可能（houd・baar）），「要冷蔵」は koel be/waren（＝冷たく（koel）貯蔵すること（be/waren））と表示されています。

アルクマール（Alkmaar）のチーズ市

10課　住まいの環境
Les tien — De ligging van de woning

この課で学ぶこと　不定代名詞(2),指示代名詞(1),erの用法(1)
　　　　　　　　　―場所・虚辞・数量のer, 話法の副詞

De slaapkamers liggen aan de achterkant van het ge'bouw.
[デｽラープカーメｒｓ リへ(ン) アーン デ アはテるカント ヴァン エト へバウ(→ヴァネ
ﾄヘバウ) də slá.pka.mərs lıɣə(n) a.n də áxtərkɑnt vɑn ət ɣəbɔ́u(→
vɑnətxəbɔ́u)]
寝室は建物の裏側にあります。

Daar is het zeker heel rustig.
[ダーる イｽ エﾄ(→イゼﾄ) ゼーケる ヘール りｭｽタは dáːr ɪs ət(→ɪzət) ze.kər
hé.l rÝstəx]
そこはきっととても静かなことでしょう。

Van'uit de woonkamer heb je een prachtig uitzicht.
[ヴァンアイﾄ デ(→ヴァナイデ) ヴォーンカーメる へピェ(→へピェ) エン ﾌらはタは
(→エﾑﾌらはタは) アイﾄｽぃふﾄ vɑnœyt də(→vɑnœydə) vó.ŋka.mər hɛp jə
(→hɛpjə) ən práxtəx(→əmpráxtəx) œ́ytsɪxt]
居間からはすばらしい眺めです。

Door de ramen komt er veel licht.
[ドーる デ らーメ(ン) コﾑﾄ エる(→コﾑテる) ヴェール リふﾄ doːr də rá.mə(n)
kɔmt ər(→kɔmtər) vé.l líxt]
窓からはたくさん日差しが入って来ます。

Zo'n woning krijgt men zelden.
[ゾーン ヴォーニンｸ ｸれイふﾄ メン ゼルデ(ン) zo.n vó.nɪŋ krɛixt mən zɛ́ldə(n)]

こんな住居はなかなか手に入りません。

Hij vol'doet vol'komen aan de eisen van hen beiden.
［ヘイ ヴォルドゥート ヴォルコーメ(ン) アーン デ エイセン ヴァン ヘン ベイデ(ン) hɛi vɔldú.t vɔlkó.mə(n) a.n də ɛ́isə(n) vɑn hɛn bɛ́idə(n)］
それはふたりの要求にぴったり合っています。

En er wonen ook veel Ja'panners in Amstel'veen.
［エン エる ヴぉーネ(ン) オーク ヴェール ヤパネるス イン アムステルヴェーン(→イナムステルヴェーン) ɛn ər vó.nə(n) o.k vé.l ja.pɑ́nərs ɪn ɑmstəlvé.n(→ɪnɑmstəlvé.n)］
それに，アムステルヴェーンにはたくさん日本人も住んでいます。

単語

de ligging［リひング líɣɪŋ］「位置，立地条件」, de achter・kant［アはテるカント áxtərkant］「裏側」(de voor・kant「表側」), zeker［ゼーケる zé.kər］「きっと」(英 sure(-ly)), rustig［りゅスタは rýstəx］「静かな」, van'uit［ヴァンアイト vɑnœ́yt］「…から」, prachtig［プらはタは práxtəx］「すばらしい」, het uitzicht［アイトスィふト œ́ytsɪxt］「眺め」(uit「外に」(英 out)＋het zicht［ズィふト zɪxt］「視界」(英 sight)), ramen［らーメ(ン) rá.mə(n)］□複数□→het raam「窓」, het licht［リふト lɪxt］「光，日光」(英 light), krijgt［クれイふト krɛixt］□現在□→krijgen「得る」, men［メン mən］「(世間一般の)人は」, zelden［ゼルデ(ン) zɛ́ldə(n)］「稀な」(英 seldom), vol'doet［ヴォルドゥート vɔldú.t］□現在□→vol'doen「満足させる(aan…を)」, vol'komen［ヴォルコーメ(ン) vɔlkó.mə(n)］「完全な」, eisen［エイセ(ン) ɛ́isə(n)］□複数□→de eis「要求」(英 ask), beiden［ベイデ(ン) bɛ́idə(n)］「二人」→beide「両方の」(英 both), veel［ヴェール ve.l］「多く(の)」

10課　住まいの環境

文法の要点
1. 不定代名詞（2）

(a) ander/andere「他の」（英 *other*）

　　Is er een *andere* weg naar het sta'tion?「駅へ行く別の道はありますか」
　een ander「ほかの人」や de {één/een}…de ander「そのうちの一人は…，もう一人は…」では，独立用法にもかかわらず語尾 -e がつきません。
　　Ik vraag het maar aan *een ander*.「別の人にちょっと聞いてみます」

(b) beide「両方の」（英 *both*），alle'bei（第1音節にアクセントも可）「同左」（話し言葉）

　　Ze hebben twee huizen. *Beide* zijn groot.「彼らには家が2軒ある。両方とも大きい」（独立用法，物事，*beides は不可）
　　Een van beiden is er nog niet.「二人のうち一人はまだ来ていない」（独立用法，人 -en）
所有代名詞や冠詞の後では beide，前では all'bei を使います。
　　Mijn beide zusters wonen in Engeland.「私の姉妹は両方ともイギリスに住んでいます」
　　Ik kan niet met de fiets. *Alle'bei mijn banden* zijn ka'pot.「ぼくは自転車で行けない。タイヤが両方こわれてる」
名詞句と分離すると，alle'bei が好まれます。
　　Floris en Toon kopen *alle'bei* de'zelfde broek.「フローリス（男名）とトーン（男名）は二人とも同じズボンを買う」

(c) veel/vele「多くの」，weinig ［ヴェイナハ *vɛinəx*］/weinige「わずかな」，heel wat「多くの」（話し言葉）など
定冠詞や所有・指示代名詞などがないときには，語尾 -e はつきません。
　　Pim heeft *veel* {*boeken/geld*}.「ピム（男名）は{本を/お金を}たくさんもっている」（vele boeken はいかめしく，「種々の」の意味が出ます）
　　Je weet toch *veel* van com'puters, hè?「君はコンピューターのことはたくさん知ってるんだろう」（独立用法，物事）
　　Velen van ons denken daar nooit aan.「私たちの多くはそのことをけ

っして考えない」(独立用法，人 -en)
　　Dat is al *heel wat*.「それはもうたいしたもんだ」
　　Zijn *weinige* vrije tijd ge/bruikt hij goed.「わずかな自由時間を彼はうまく使っている」
　　Hij praat *weinig*.「彼はほとんどしゃべらない」(副詞用法)
　古風な書き言葉では menig［メーナは mê.nəx］/menige「多くの」(＋無冠詞単数形，英 many)，menig・een (menig/een)「多くの人」(独立用法)も使います。mens/per/soon「人間」や職業名詞では -e をつけません。
　　menig stu/dent「多くの学生」⇔menig*e* kamer「多くの部屋」

(d) iemand［イーマント i.mɑnt］「だれか」，iets/wat（話し言葉）「何か」
　　Spreekt hier *iemand* Engels?「ここではだれか英語ができますか」
　　Anders nog *iets*?「ほかに何かいかがですか」
　wat は文頭・否定文・前置詞の目的語を除いて，話し言葉で多用します。
　　Zie je *wat*?「何か見えるかい」

(e) niemand「だれも…ない」，niets/niks（話し言葉）「何も…ない」
　　Ik ben de enige in de wachtkamer. Er is *niemand* anders.「私は待合室でたったひとりだ。ほかにはだれもいない」
　　Hanneke doet *niets* dan eten en slapen.「ハネケ（女名）は食べて寝る以外，何もしない」
　　Dat wordt *niks*.「それは何にもならない」

(f) men［メン mən］「世間一般の人」(主語のみ)
　je/ze (4課1(d)) よりかたい表現で，話者と相手を含むかは無関係です。men の e は man「人」の a が弱まったものなので，弱く発音します。
　　In Ja/pan eet *men* met stokjes.「日本ではハシでものを食べる」(日本人でもオランダ人でも適切な発言。ze/je と比較)

10課　住まいの環境

2. 指示代名詞（1）

(a) zo'n ［ゾーン zo.n］（←zo een），zulk/zulke「そのような」（英 such）
限定用法では次のように区別します。zulk een は稀で，zo'n を使います。
　　zo'n＋不可算名詞単数形　　　　zo'n mens「そういう人」
　　{zulk/zulke}＋不可算名詞単数形　zulk bier「そんなビール」
　　zulke＋可算名詞複数形　　　　zulke mensen「そういう人たち」
　　Zo'n ver|haal ge|looft toch niemand.「そんな話はだれも信じないよ」
　　Zulke dieren vind je hier niet.「そんな動物はここにはいない」
　　Zulk vet vlees smaakt me niet.「そんなくどい肉は私にはおいしいと思えない」
独立用法は zo|iets「そのようなもの」です。
　　Zo|iets doe je niet, Clara.「そんなことはするんじゃありませんよ，クラーラ（女名）」
zo'n は「約…」（＋数詞）の意味や感情的な表現にもなります。
　　Wat is de afstand tussen Haarlem en Amster|dam?—Ik denk *zo'n 20 kilometer*.「ハールレムとアムステルダムの距離はどのくらいですか」「20キロくらいだと思います」
　　Ik heb *zo'n* hoofdpijn.「私はひどい頭痛がする」
zo は「そのように，それなら」という意味の副詞です（英 so）。
　　Het is goed *zo*.「それでけっこうです」
　　Zo is het prima.「そうならすばらしい」

(b) der・gelijk ［デるヘレッ dɛrγələk］/der・gelijke「そのような」
zo'n/zulk よりも高尚です。単数形は不定冠詞 een を前につけます。独立用法は iets der・gelijks「そのようなもの」
　　Ik hou niet van *dergelijke* mensen.「そういう人たちは嫌いです」

(c) de|zelfde ［デゼルッデ dəzɛlvdə］（中性単数以外）/het|zelfde ［エトセルッデ ətsɛlvdə］（中性単数）「同じ（もの）」
　　Zij wonen in *het|zelfde* dorp.「彼らは同じ村に住んでいる」
　　Zij is nog steeds *de|zelfde*.「彼女は相変わらず同じだ」

3. er の用法 (1)―場所・虚辞・数量の er

(a) 「場所の er」と場所の副詞 (R 副詞)

er [エ。ər] の用法はやっかいですが, これは「そこに」の意味です。

Ik ben in Staphorst ge/boren, maar ik woon *er* al lang niet meer. 「私はスタプホルスト生まれですが, もう長い間そこには住んでいません」
Is de post *er* al?「郵便物はもう来た(=そこにあるか)?」

er は既知の副詞句を指示・強調せずに機械的に受けます。無アクセントで, 文頭(前域)では使えないので, daar「そこに, あそこに」で代用します。

Daar woon ik al lang niet meer.「そこには私はもう長い間住んでいません」(Daar のかわりに*Er は不可)

場所の副詞は(前半部分が)-r で終わるので,「R 副詞」といいます。

daar「そこに, あそこに」, hier「ここに」, waar「どこに」; ergens「どこかに」, nergens「どこにも…ない」, over/al「どこでも」

(b) 虚辞の er

主語の位置をふさいで文の流れを自然にする er で, 訳せません。主語は既知の話題が多いのですが, 不定(=不定冠詞つきや無冠詞)の主語は初めて登場するので, 文頭に置くのは唐突です。このとき, 主語の位置に er を置き, 主語自身は後ろに引き下がることで自然な文の流れを保ちます。英語の *there* に似ていますが, er はいろいろな動詞に使え, 受動態(23課)でも登場するなど, 使用範囲が広いのです。「が」と「は」の区別にも似ています。

Er ligt een boek op tafel.「テーブルの上に本がある」
⇔Het boek ligt op tafel.「本はテーブルの上にある」
Er ge/beuren daar bijna iedere week ongelukken.「あそこでは毎日のように事故が起こる」
Is *er* post voor mij?「私に郵便物はありますか」((a)の用例と比較)

疑問詞や不定代名詞が主語のときにも使います。

Wat ligt *er* op tafel?「テーブルの上に何があるの」
Komt *er* nog wat op de TV van/avond?「今晩, テレビで何かやる?」

場所を示す文成分が文頭に来ると, 文中の er はよく省きます。省いたほうが書き言葉的な感じがします。

10課　住まいの環境

　In Rotter/dam wonen (*er*) veel buitenlanders.「ロッテルダムには外国人が数多く住んでいる」
　不定の主語も総称「…というものは」の意味では er を使いません。
　Kijk, *er* vliegt een vogel in de lucht.「ほら，鳥が空を飛んでいる」
　⇔Een vogel vliegt in de lucht.「鳥は空を飛ぶものだ」

(c) 数量の er

　「er＋{数詞/不定代名詞}」は「{数詞/不定代名詞}＋名詞」を受けて，「そのうちのいくつ」を意味し，これを「数量の er」と言います。人でも物事でもかまいません。
　Vroeger woonden hier duizend mensen. Nu zijn het *er* nog maar *vierhonderd*.「以前はここに 1000 人住んでいた。今ではわずか 400 人だ」
　Ik heb een das voor je ge/kocht. Je hebt *er* toch nog {*geen*/*weinig*}, hoop ik?「あなたにネクタイを買ってあげたわ（heb…ge/kocht 現在完了，21課）。まだ {ひとつも/少ししか} もってないと思って」
　数詞単独の文には er は使えません。
　Hoe/veel kinderen hebben jullie?「お子さんは何人いらっしゃいますか」
　—{*Twee*/We hebben *er twee*}.「二人います」（*Er twee. は不可）

語法と表現
話法の副詞

　zeker は「確かな」という意味では形容詞ですが，「きっと」という意味では文全体にかかる副詞です。①蓋然性（どれほど事実か），②評価，③その他の話者の気持ちを表わす語をまとめて「話法の副詞」といいます。円滑な会話には欠かせない大切な語ですが，とくに③は助詞「…ね・さ・よ」に相当することも多く，うまく訳せず，習得に時間がかかります。

① zeker/be/slist/stellig/vast「きっと」，wel/waar/schijnlijk「たぶん」，mis-/schien［ミㇲひーㇴ mɪsxí.n］/wel/licht/soms「もしかすると」
　Volgende week heb ik *wel* tijd.「来週は私はたぶん時間があります」
　De staking duurt *vast* niet lang.「ストライキはきっとそんなに長く続かないだろう」

Het is *waar[|]schijnlijk* griep.「たぶん風邪でしょう」
　　Is dit *soms* jouw kopje?「これ，ひょっとして君のコップ?」
② he[|]laas/jammer ge[|]noeg「残念なことに」, ge[|]lukkig「ありがたいことに」, hopelijk「願わくば」
　　Dat is *jammer ge[|]noeg* niet mogelijk.「気の毒ですが，それは無理です」
③ toch「…なのに，…ね（予想される相手の反応への反論，英 though と同源）」, immers「…なんだから」（理由・確認）, ge[|]woon「まったく」, echt「本当に」, eens/even「ちょっと」, maar「まあ」, nou「ねえ」
　　Je kent haar *toch*.「彼女のことは知ってるくせに」
　　Blijf *toch* bij me.「いっしょにいてよね」（blijf : blijven の命令形, 12 課 1)
　　Waar blijft Aad *toch*?「アート（男名）はそれにしてもどこにいるんだ」
　　Ik ben *immers* je vader.「おれはおまえの父親じゃないか」
　　Hij komt *immers* morgen.「彼は明日ちゃんと来るからさ」
　　Het is *ge[|]woon* heel erg druk.「まったくものすごく混んでる」
　　Denk je dat *echt*?「本当にそう思うのか」
　次の命令文 (12 課 1) はしだいに語気が強まります (geef : geven「与える」の命令形)。
　　Geef het *eens* hier.「ちょっとこっちにくれないか」（穏やかに）
　　Geef het *maar* hier.「まあ，こっちにちょうだいよ」（相手をいさめて）
　　Geef het *nou* hier.「早くこっちに渡してよ」（いらだって）
　　Geef het *toch* hier.「ちゃんとこっちによこしなさいってば」（怒って）

ことばと文化：オランダと Holland—h の発音

　「オランダ」という呼び名はポルトガル語の Olanda に由来し，Holland [ホラント hɔlɑnt]「ホラント地方」を指す名称です。ロマンス諸語に限らず，オランダ語でも h はかよわい子音です。家族と鉄道旅行していたとき，相席した青年に「オランダで一番美しい町はどこでしょう」とたずねたところ，「アーネム」と聞こえました。Arnhem は映画『遠すぎた橋』で有名なように，第 2 次大戦で大きな被害を受けたドイツとの国境の町なのに，と思っていたところ，Haarlem [ハーるレム háːrlɛm]「ハールレム」と言っているのに気づきました。なるほど，Haarlem は歴史的な景観をとどめるオランダ屈指の美

しい町です。Arnhem は Arno＋heem（英 *home*）の合成語ですが，h ［ʌ h］の音が落ちて，［アるネム árnɛm］「アルネム」と言います。h は子音と隣接すると消えてしまうほど弱いのです。's-Hertogenbosch ［セるトーへ(ム)ボス sɛrto.ɣə(m)bɔs］「セルトーヘンボス（Den Bosch の正式名称）」の h もそうです。ch ［は x］/g ［は x］［は ɣ］とは大違いですね。

英語型かドイツ語型か？―f と v と w

　Fin ［fɪn フィン］「フィンランド人」―vin ［vɪn ヴィン］「ひれ」―win ［vɪn うぃン］「勝つ（変化形）」，この区別はどうすればいいでしょうか。原則は，f ［f フ］は無声音，v ［v ヴ］は f の弱い有声音，w ［v ヴ］は両唇を接近させて出す音ということです。とくに南部では v ［ッv］ははっきりと有声音なので，f ［フ f］との区別が明確で，w ［ヴv］は英語の w に近いのです。一方，北部では一般に摩擦音の有声が弱く，zand ［ザント zant］「砂」は「サント」，画家の Van Gogh ［ヴァン ほほ vɑn ɣɔx］「ヴァン・ゴッホ」は「ファン・ホホ」と聞こえます。そのため，v ［ッv］は f ［フf］とあいまいで，w ［ヴv］は v ［ッv］に似ています。

　　南 Fin ［フィン fɪn］⇔vin ［ヴィン vɪn］⇔win ［うぃン vɪn］～［うぃン wɪn］
　　北 Fin ［フィン fɪn］～vin ［フィン fɪn］⇔win ［ヴィン vɪn］

　南部では3者が円満に住み分けているのに，北部では w ［ヴv］が v ［ッv］に侵入し，v ［ッv］が f ［フ f］に接近して，ほぼ2者の区別なのです（隣接する西フリジア語は極端な北部型です）。w は半母音なので，音節内の位置によって v ［ッv］に近づくことがあるのです。北部でも v ［ッv］は母音の間では有声っぽいので，この本では南部型の有声のカナ発音で示しています。でも，うまく区別できなかったら，北部型でいいのです。

　よく見てみると，南部は英語型，北部はドイツ語型に近いのですね。
　　南 Fin ［フィン fɪn］⇔vader ［ヴァーデる vá.dər］⇔wijn ［ヴェイン vɛin］～［うェイン wɛin］
　　英 Finn ［fin］～father ［fɑ́:ðər］⇔wine ［wain］
　　北 Fin ［フィン fɪn］～vader ［ファーデる fá.dər］⇔wijn ［ヴェイン vɛin］
　　ド Finne ［フィネ fínə］～Vater ［ファーター fá:tɐ］⇔ Wein ［ヴァイン vain］

11課　お世話になって恐縮です
Les elf — Dank u voor uw moeite!

この課で学ぶこと　語順(3)―疑問文(直接疑問文)，疑問詞，
　　　　　　　　　erの用法(2)―代名詞のer と「R代名詞」，
　　　　　　　　　感嘆文

Tjitske：Hoe be′valt u deze woning?
チツケ：この住まいはいかがですか。

Me′vrouw Ota：Fan′tastisch! We zijn er heel te′vreden mee. Hartelijk dank voor uw moeite!
太田夫人：すてきですね。とても満足です。お世話になって恐縮です（＝あなたのご苦労に心から感謝します）。

Masami：Zijn er ook winkels hier in de buurt?
正美：この近くにお店はありますか。

T：Ja′zeker, heel wat. Er is ook een supermarkt. We zijn hier wel in een buitenwijk, maar naar het winkelcentrum is het niet zo ver.
チツケ：ええ，もちろん，たくさんありますよ。スーパーもあります。ここは町のはずれですが，商店街まではそんなに遠くありません。

O：Wat leuk!
太田夫人：それはよかった（＝なんてすてきなんでしょう）。

M：Wat is de naam van die supermarkt?
正美：そのスーパーの名前は何といいますか。

T：Albert Heijn.

11課　お世話になって恐縮です

チツケ：アルベルト・ヘインです。

O：Wie is dat?
太田夫人：それはだれですか。

T：Nee, dat is niet de naam van een per'soon. Het is de naam van de winkel.
チツケ：いえ，それは人の名前ではありません。店の名前です。

単語

deze［デーゼ dé.zə］「この」(英 *this*), fan'tastisch［ファンタスティス fɑntásti.s］「すてきな」(英 *fantastic*), te'vreden［テッれーデ(ン) təvré.də(n)］「満足した (er...mee それに)」, de moeite［ムーイテ mú.itə］「苦労」, winkels［ヴィンケルス víŋkəls］□複数□→de winkel「店」, hier in de buurt［ビューるト byːrt］「この近所に」, ja'zeker［ヤーゼーケる ja.zé.kər］「ええ，もちろん」, heel wat「たくさん」, de super・markt［スューぺるマるクト sýːpərmɑrkt］「スーパーマーケット」(英 *supermarket*), de buiten・wijk［バイテ(ン)ヴェイク bǿytə(n)vɛik］「郊外」(buiten「外に」+de wijk「区域」), het winkelcentrum［ヴィンケルセントりゅム víŋkəlsɛntrʏm］「商店街，ショッピングセンター」(het centrum「中心，センター」(英 *center*)), de per'soon［ぺるソーン pɛrsó.n］「人」(英 *person*)

文法の要点

1．語順 (3)―疑問文 (直接疑問文)

話題 (=X)	定動詞(第2位)	[...[X]...新情報]
Ze₁	heet	[＿＿₁ Roos].
		「彼女はロース(女名)といいます」
Hoe₁	heet	[ze ＿＿₁?]「彼女は何ていう名前なの」
	Heet	[ze Roos?]「彼女はロースっていうの？」

―115―

疑問詞つきの「選択疑問文」は，主文の直接疑問文では疑問詞を文頭，定動詞を第2位に置きます。「はい/いいえ」で答える「決定疑問文」は定動詞で始めます。英語の *do* のようなものは使いません。

聞き取れなかったときには，疑問詞を文中に残して問い返します。
　　Ze heet Roos.—Ze heet *hoe*?「彼女はロースっていうのよ」「彼女は何ていうんだって」
「…ではないのですね」には，平叙文に niet waar や of niet (soms) をつけます。くだけた会話では間投詞の hè［ヘ hɛ］も使います（4課「語法と表現」）。
　　Je ligt zeker lekker zo onder de dekens, *of niet soms*?「そうやって毛布にくるまってるのは気持ちいいんじゃないの」
　　Je komt toch ook, *hè*?「君もいっしょに来るんだろう」

2. 疑問詞

(a) wie「だれ」，wat「何」

複数形や目的語でも無変化です。
　　Wie {is/zijn} dat?「それはだれ｛単数/複数｝ですか」
　　(*Aan*) *wie* geef je het caˈdeautje?「だれにプレゼントをあげるの」
　　Van wie komt de brief?—Van Erik.「手紙はだれから来たの」「エーリク（男名）からよ」((f)の用例参照)
　　Wat doet uw man?「ご主人は何をなさっていますか」
　　Wat is uw beˈroep?「ご職業は何ですか」

(b) van wie「だれのもの」; wie z'n［ゼン zən］「だれの」（話し言葉）/wiens「だれの」（書き言葉）
　　Van wie is dit woordenboek?「この辞書はだれのですか」
　　{*Wie z'n/Wiens*} woordenboek is dit?「これはだれの辞書ですか」

明らかに女性または複数のときには，wie d'r［デㇽ dər］「だれの」（話し言葉）/wier「だれの」（書き言葉）を使うこともあります。

11課　お世話になって恐縮です

(c) wat voor (een)「どんな」, wat voor één「どんなもの」
種類や性質をたずねます。eenは可算名詞でも省くことがあります。
Wat voor (een) ro'man is het?「それはどんな小説ですか」
Wat voor hobby's heb je?「君はどんな趣味（複数形）があるの」
Wat voor weer wordt het van'daag?「今日はどんな天気になるの」
Ik lees een interes'sante ro'man.—Wat voor één?「ぼくはおもしろい小説を読んでるんだ」「どんなの？」

*wat*は「*voor (een)*＋名詞」を残して分離できます。
Wat is het voor (een) ro'man?「それはどんな小説ですか」
Wat heb je voor hobby's?「君はどんな趣味があるの」

行為者を示す主語や間接目的語では分離できません。
Wat voor stu'denten lezen zo'n ro'man?「どんな学生がそんな小説を読むんだろう」(**Wat lezen voor stu'denten zo'n ro'man?*は不可)
Wat voor kinderen stuur je een kaartje?「君はどんな子供に葉書を送るの」(**Wat stuur je voor kinderen een kaartje?*は不可)

☞ 南部では複数形や不可算名詞にも *een* をつけることがあります（「語法と表現」）。
Wat voor een hobby's heb je?「君はどんな趣味（複数形）があるの」
Wat voor een weer wordt het van'daag?「今日はどんな天気（不可算名詞）になるの」

(d) welk（中性単数）/welke（中性単数以外）「どの，どれ」
決まった数の選択肢から選ぶときにおもに使います。
Welke bus rijdt naar Drachten?「どのバスがドラハテンに行きますか」
In welk van deze drie huizen woont hij?「彼はこの３軒の家のどれに住んでいるのですか」

(e) wan'neer［ヴぁネーる *vɑné:r*］「いつ」, waar'om［ヴぁーろㇺ *vɑ:rɔ́m*］「なぜ」, hoe「どのように」, hoe'veel「どれだけ」（数量）, hoe'lang「どれだけ」（時間）
Wan'neer landen we op Schip'hol?「スヒプホル空港にいつ着陸しますか」
Waar'om leer je Nederlands?「君はどうしてオランダ語を習ってる

Hoe be′valt het u in Nederland?「オランダはいかがですか（＝どのように気に入っていますか）」

Hoe oud is de jongen?「男の子はいくつですか」

Hoe′veel kost het onge′veer?「だいたいいくらですか」（wat も可）

Hoe′veel tijd hebben we?「私たちはどのくらい時間がありますか」

Hoe′lang blijf je nog in Gent?「君はあとどれだけヘントにいるの」

(f) waar「どこで」, waar(…)van′daan「どこから」, waar(…){heen/naar′toe}「どこへ」

　waar は分離し，van′daan, heen/naar′toe は文の後ろに残ります。

Waar zijn de toi′letten?「トイレはどこですか」

Waar ga je {*heen/naar′toe*}?—Naar huis.「どこへ行くの」「家だよ」

Waar komt deze brief *van′daan*?—Uit België.「この手紙はどこから来たの」「ベルギーからだよ」((a)の用例参照)

3. er の用法（2）―代名詞の er と「R 代名詞」

(a) 代名詞の er

　この er は「それ」の意味で，物事を示す代名詞が前置詞と結びついたときに使います（英 *therefore*「それゆえ」の *there*- に相当）。単複や性・数の区別はありません。前置詞は er の後に来るので，語順的には後置詞です。人には「前置詞＋人称代名詞」を使います（話し言葉では人にも er を使うことがあります）。er は定動詞の直後に置き，前置詞と分離しますが，隣接するときは１語で続けて書きます。

① 人：「前置詞＋人称代名詞」

Tina wacht nog *op haar vriend*.「ティーナ（女名）はまだ恋人を待っている」

→Ze wacht nog *op hem*.「彼女はまだ彼を待っている」

② 物事：「代名詞の er(…)前置詞」

Tina wacht nog *op zijn brief*.「ティーナはまだ彼の手紙を待っている」

→Ze wacht *er* nog *op*.「彼女はまだそれを待っている」

11課　お世話になって恐縮です

met「…と・で」/tot「…まで」は (er…) mee/(er…) toe に変わります。
Ik schrijf *met een balpen*.「私ボールペンで書きます」
→Ik schrijf *er¦mee*.「私はそれで書きます」
次のerは特殊で，前置詞句の中の代名詞に対応しますが，「そこ」と訳せます。
　　er(…){naar¦toe/heen}「そこへ」(←naar＋名詞句「…へ」)
　　er(…)van¦daan「そこから」(←{van/uit}＋名詞句「…から」)
　　Ton gaat nooit *naar de cursus*.「トンはけっして講習に行かない」
→Hij gaat *er* nooit {*naar¦toe/heen*}.「彼はけっしてそこへ行かない」
De jongen komt net {*uit school/van het postkantoor*}.「男の子はちょうど {学校から/郵便局から} 帰ってくる」
→Hij komt *er* net *van¦daan*.「彼はちょうどそこから帰ってくる」
「形容詞＋前置詞句」/「前置詞句＋形容詞」は「er(…)形容詞＋前置詞」となりますが，形容詞化した過去分詞(24課2)のときには，「er(…)形容詞＋前置詞」/「er(…)前置詞＋形容詞」の両方の語順が許されます。
　　Ik ben {niet *zeker van mijn antwoord/van mijn antwoord* niet *zeker*}.「私は自分の答に自信がない」
→Ik ben *er* niet *zeker van*.「私はそれに自信がない」
　　Ik ben {niet *over¦tuigd van zijn ge¦lijk/van zijn ge¦lijk* niet *over¦tuigd*}.「私は彼の正しさに（＝彼が正しいとは）納得していない」
→Ik ben {*er* niet *over¦tuigd van/er* niet *van over¦tuigd*}.「私はそれに納得していない」(over¦tuigd「納得している(形容詞化した過去分詞)」

(b) R 代名詞

① {daar/hier/waar}(…)前置詞
　　erを含む「R副詞」(10課3(a))も代名詞としても使い，「R代名詞」といいます。
　　daar「それ，あれ」(…)前置詞 (←dat/die) ⇔daar「そこ，あそこ」
　　hier「これ」(…)前置詞 (←dit/deze) ⇔hier「ここ」
　　waar「何」(…)前置詞 (←wat/welk(e)) ⇔waar「どこ」
　　Wat vindt u *hiervan*?「あなたはこれについてどう思いますか」(*van dit は不可)
　　Waar praten jullie *over*?「君たちは何について話しているの」(*Over

wat praten jullie？は不可)
er は既知の名詞句を指示・強調せずに受けます。無アクセントで，主文の文頭（前域）では使えないので，daar「それ，あれ」で代用します。
Daar ben ik niet zeker *van*.「それには私は確信がない」（*Er…van は不可）

② {ergens/nergens/over'al}（…）前置詞
前半部分が r で終わるこの三つの語も「R 代名詞」ですが，対応する「前置詞＋不定代名詞」も可能です。
Ze kijken {*ergens naar / naar iets*}.「彼らは何かを見ている」
Je weet {*nergens van / van niets*}.「君は何もわかってない」
この三つは前置詞と 1 語で続けて書きません。
Sander denkt {*over'al aan / aan alles*}.「サンデル（男名）はすべてのことを考えている」
Over'al denkt Sander *aan*.「すべてのことをサンデルは考えている」
（*Over'al aan* denkt Sander. は不可）

③「名詞句（＝話題），daar… 前置詞」
話題となる主文の文頭（前域）の名詞は，daar で受けて前置詞につなぐのが原則です。ただし，話し言葉では daar を入れないこともあります。
Vi'oolmuziek, *daar* houd ik niet *van*.「ヴァイオリン音楽は私は好きではない」（houden「好きだ（van …が）」）
Vi'oolmuziek houd ik niet *van*.「同上」（話し言葉）

④「R 代名詞」が使えない前置詞（29，30 課）
二次的に派生した前置詞のいくつかがそうです。
ge'durende/tijdens「…の間に」，ondanks「…にもかかわらず」，sedert/sinds「…以来」，van'wege/wegens「…の理由で」，volgens「…によれば」
次の語は全体で 1 語の副詞として固定しています。
sinds'dien「それ以来」，des・ondanks「それにもかかわらず」，des・wege「その理由で」

(c) **分離しないもの：時間・論理の副詞**
意味的に動詞との結びつきが弱い前置詞句では，「R 代名詞」は分離しません。時間の副詞や論理の副詞（25 課「語彙をふやそう」，28 課 2）がそうで，

11課　お世話になって恐縮です

1語として固定しています（アクセントはdaar-と後半部のどちらかにありますが，ふつう後半部が目立つので，後半部にある場合だけを示します）。

daar'bij「そのさいに」, daar'door「それによって」, daar•en'tegen「それにたいして」(←tegen), daar'na「その後で」, daar'om「それゆえに」, daar'op「その次に」, daar'voor「その前に」

Na het ont'bijt ga ik naar mijn werk.「朝食後，私は仕事に行く」
→*Daar'na* ga ik naar mijn werk.「その後で私は仕事に行く」(**Daar* ga ik naar mijn werk *na.* は不可)

語法と表現

Wat leuk!「なんてすてきなんでしょう」―感嘆文

感嘆文にはwatを使い，語順は疑問文と同じです（英語との違いに注意）。「wat (…) {形容詞/名詞句}」はよく分離します。「wat een+名詞」は不可算名詞や複数形でも不定冠詞eenをよく伴います (2 (c))。

Wat leuk je te ont'moeten!「よろしく（＝君に会えて，なんてすばらしいことか）」

Wat heb je daar *een mooie bloemen*!「君はなんてきれいな花 (bloemen 複数形，9課1) を持ってるんだ」

Wat is 't toch *druk* op de weg! *Wat een fietsen en auto's*!「なんて道が混んでるんだ。なんという自転車 (fietsen 複数形) や車 (auto's 複数形) だ」

Wat een regen, hè!「なんていう雨 (regen 不可算名詞) だろうね」

Wat heb ik ge'slapen!「なんと寝ちまったもんだ（現在完了形21課）」

「hoe（英*how*）+形容詞」「welk+een+可算名詞」もありますが，古めかしい感じがします。従属文 (18課) による次の表現もあります。

Koud dat het daar was!「あそこの寒かったこと」
Lummel {dat/die} je bent!「おめえはとれえなあ」

ことばと文化：Amster'dam, Amstel'veen, Amstelbier―rとl

オランダの政治 (de poli'tiek) の中心はデン・ハーハ (Den Haag, 正式

名's-Graven/hage)，アムステルダム（Amster/dam）は首都（de hoofd•stad），その南に隣接するアムステルヴェーン（Amstel/veen）は，日本人のビジネスマン家族が多く住むモダンで緑豊かなベッドタウンです。

　私たちはlとrの区別が苦手ですが，それにしてもAmster-とAmstel-はなぜ違うのでしょう。じつは，Amstel/veenはAmstel「アムステル川」＋veen「泥炭地」の合成語で，Amster/damはAmstelredam「アムステル川沿いの住民（Amstelre-）＋堤防（-dam）」のlが脱落した語形なのです。

　rは本来，舌先をふるわせる発音でした。was［ヴァス vɑs］（英 was）とwaren［ヴァーれ(ン) váːrə(n)］（英 were）がそれを物語っています。つまり，舌先で出すsが同じく舌先で出すrと入れ替わったのです。ところが，18世紀にフランス語の上品な「のどひと（口蓋垂）のr」がヨーロッパの上層階級を風靡し，オランダ語，ドイツ語，デンマーク語に広がりました。皮肉なことに，今ではかつての「舌先のr」が模範的とされるのです。rは直前の子音をひっくり返すいたずらもしました（音位転換）。drie⇔dertig/derdeは英語でも three⇔thirty/third ですが，オランダ語のrはもっといたずら者で，英 press/Christmas は pers/Kerstmis です。vers「新鮮な」（英 fresh）は後代の外来語 fris「はつらつとした」とは違う意味で定着しました。

　アムステルダムは旧市街を北に貫通するアムステル川と中央駅の北側を西に流れるエイ川（het IJ）の二つの川の交差点として発達しました。伝説によると，二人のフリジア人が犬を連れてアムステル川の岸辺に降り立ったのがこの町の起源だそうです。古くはフリジア人はフランドルの海岸まで，北海沿岸を股にかけて活躍していたのです。この町が文献に登場するのは1275年，都市権は1300年頃に獲得し，1428年にはブルゴーニュ公（de hertog van Bour/gondië）の傘下に入ります。1585年にスペイン軍によってアントワープ（Antwerpen）が陥落すると，富裕な商人や知識人が流入し，経済文化の中心がこの町に移りました。80年に及ぶスペインからの独立戦争に勝利し，黄金の17世紀の繁栄を享受することになったのです。

　Amster/damに行ったら，Amstelbier「アムステルビール」といううまいビールを飲みながら，この町の歴史と「lが元祖」という事実を実感してみてください。

12課　7時間の時差
Les twaalf − Zeven uur tijdsverschil

この課で学ぶこと　命令形と命令文，指示代名詞(2)，
　　　　　　　　　非人称の表現，時刻と時間，月の名前

Wouter：Kijk, dit is een platte/grond van Amstel/veen.
ヴァウテル：ほら，これがアムステルヴェーンの地図ですよ。

Me/vrouw Ota：Waar zijn we nu?
太田夫人：私たちは今，どこにいるのかしら。

W：We zijn hier—tegen/over het postkantoor.
ヴァウテル：私たちはここです—郵便局の向かいです。

Masami：Trouwens, hoe laat is het?
正美：ところで，何時かしら。

O：Half twaalf... O nee, dat is Ja/panse tijd. Nou, ik heb geen i/dee.
太田夫人：11時半…，いや，それは日本時間ね。うーん，わからないわ。

M：Ik ge/loof, half zeven 's avonds. Klopt dat?
正美：夕方の6時半だと思うけど。そうかしら。

W：Ja, pre/cies. Er is een tijdsverschil van zeven uur tussen Nederland en Ja/pan.
ヴァウテル：ええ，そうです。オランダと日本では7時間の時差があります。

M：Ik dacht, acht uur, mis/schien.
正美：たしか8時間だと思ったけど。

W：In de winter wel, maar van eind maart tot eind sep/tember hebben we in Eu/ropa zomertijd. In het voorjaar zetten we de klok een uur voor/uit en in het najaar achter/uit.

ヴァウテル：冬はそうですが，3月末から9月末までヨーロッパは夏時間なので。春になると時計を1時間進めて，秋には戻すんです。

単語

kijk［ケイ_ク_ kɛik］「ほら，ごらん」(kijken「見る」)，de platte/grond［_プラ_ _テぁろント_ plɑtəɣrɔ́nt］「(市街) 地図」(de kaart「(一般に) 地図」(英 *chart*)，nu［ニュー ny.］「今」(英 *now*)，tegen/over［テーヘ(ン)_オーヴェる_ te.ɣə(n)- ó.vər］「…の向かい側に」，het post・kantoor［_ポストカントーる_ pɔ́stkɑntoːr］「郵便局」(de post「郵便 (物・局)」+het kan/toor「事務所」)，trouwens［_トらウ(ヮ)エ(ン)ス_ trɔ́u(w)ə(n)s］「ところで」，hoe laat［ラート lɑ.t］「何時」(laat「遅い」(英 *late*))，het uur［ユーる yːr］「…時」(英 *hour*)，de tijd［テイト tɛit］「時間」，'s avonds［_サーヴォンツ_ sɑ́.vɔnts］「晩に」(de avond「晩」)，dat klopt［_クロプト_ klɔpt］「そのとおりだ」(kloppen「(ドアを)ノックする」，pre/cies［_プれスィース_ prəsíːs］「まさに」(英 *precise*)，het tijds- verschil［_テイフェるスひル_ tɛitsfərsxɪl］「時差」(het ver/schil［_ヴェるスひル_ vərsxíl］「相違」)，tussen［_テュセ(ン)_ tÝsə(n)］「…の間に」(英 *between*)，dacht［_ダはト_ dɑxt］□過去□ (20課) →denken「考える」(英 *think*)，het eind［エイント ɛint］「終わり」(英 *end*)，de maart［マーるト mɑːrt］「3月」(英 *March*)，tot［トト tɔt］「…まで」，de sep/tember［_セプテンべる_ sɛptɛ́mbər］「9月」，de zomertijd［_ゾーメるテイト_ zó.mərtɛit］「夏時間」(英 *summer time*)，voor/uit|zetten［_ヴォーるアイト_セテ(ン) voːrœ́ytsɛtə(n)］「(時計を)進ませる (分離動詞，19課)」(voor/uit［_ヴォーるアイト_ voːrœ́yt］「前へ」+zetten［_ゼテ(ン)_ zɛ́tə(n)］「据える，セットする」(英 *set*))，achter/uit|zetten「(時計を)遅らせる (分離動詞，19課)」(achter/uit［_アはテるアイト_ ɑxtərœ́yt］「後ろへ」)

12課　7時間の時差

文法の要点
1. 命令形と命令文
(a) 命令形による命令文

　命令文は命令形で始めます。親称 (jij/jullie) は不定詞語幹と同じ，敬称 (u) は「不定詞語幹 -t＋u」です。「！」の使用は自由。alstu′blieft/a(l)sje′blief(t)「どうぞ，どうか」（2課「語法と表現」）は英語の *please* と違って，文頭には置きません。

　　不定詞 zeggen「言う」
　→命令形　親称 zeg「言いなさい，言え」（jij/jullie にたいして）
　　　　　　敬称 zegt u「言いなさい，言ってください」（u にたいして）

　　Wek me *alsje′blieft* morgen′ochtend om zes uur.「明日の朝は6時に起こしてね」(wekken「起こす」)
　　Be′stelt u een taxi, *alstu′blieft*.「タクシーを呼んでください」(be′stellen「注文する」)」

禁止には後ろに niet を置きます。英語の *do* にあたるものは使いません。
　　Ga *niet* weg !「行かないで」（親称，gaan「行く」）
　　Gaat u *niet* weg !「行かないでください」（敬称）
次の2語は例外的な語形です。
　　komen [コーメ(ン) kó.mə(n)]「来る」
　　→親称 kom [コム kɔm], 敬称 komt [コムト kɔmt] u
　　zijn「…である」→親称：単数 wees/複数 wezen, 敬称 weest u
話法の副詞（10課「語法と表現」）を使えば微妙なニュアンスを表現できます。jij/jullie を添えて強調することもあります。
　　Kom maar ge′woon bij mij.「いいからうちに来なさいよ」
　　Wezen jullie eens stil.「ちょっとあんたたち，静かにしてよ」
　　Eet jij maar wat meer groente.「もっと野菜を食べなさいよ」(eten「食べる」)
　　Haal jij eens even mijn tas.「ちょっとカバン，取ってきて」(halen「取ってくる」)

― 125 ―

話し言葉では3人称代名詞複数形 ze を添えて，相手を励ますニュアンスを加えることがあります。
 Slaap *ze*!「ゆっくり眠ってね」(slapen「眠る」)
 Werk *ze*!「楽しく仕事をしてね」(werken「働く」)

(b) **不定詞と2人称現在形による命令文**
 不定詞による命令文は注意書きで多用します。不定詞は文末です。
 Annelies, *wakker worden*. Het is half acht.「アネリース（女名），起きなさい。7時半よ」
 Voor ge|bruik *schudden*「使用前に振ること」
 Niet roken「禁煙」 Duwen「押」/Trekken「引」
2人称現在形でも命令の意味は表現できます。
 Dan *vraagt u* het nog een keer.「それからもう一度聞いてください」
比較的稀ですが，過去分詞（24課2）による命令の表現もあります。
 Op|gelet!「注意しなさい」(←op|letten「注意する（分離動詞19課2）」

2. 指示代名詞（2）

(a) deze/dit「この，これ」, die/dat「あの，その；あれ，それ」
 （限定用法・独立用法）

 両性：単数 {deze/die} fiets「自転車」 複数 {deze/die} fietsen
 中性：単数 {*dit/dat*} boek「本」 複数 {deze/die} boeken

 Par|don, is *deze plaats* vrij?「失礼ですが，この席はあいてますか」
 Hebt u *dit* in een andere kleur?「これはほかの色のはありますか」
 Tomaten, *die* lust ik niet.「トマトね，それは好きじゃない」
hier「ここ」/daar「あそこ，そこ」を後ろに添えることもあります。
 {*deze* jongen *hier* / *die* jongen *daar*}「{この/あの}男の子」
 Die tand hier doet pijn.「この歯が痛いんです」
 De mensen hier hebben andere ge|woontes.「ここの人たちには別の習慣がある」（定冠詞＋名詞＋hier）
独立用法の dat は万能指示詞で，指で指せればどこにあるものでもよく，

文全体や一部も指し，名詞複数形にも使えます（書き言葉では dit も可）。

Wat is *dat*?—*Dat* is een Nederlands-Ja/pans woordenboek.「｛これ/それ/あれ｝は何？」「蘭和辞典だよ」

Is hij ziek?—*Dat* weet ik niet.「彼，病気？」「それは知らない」

Hoe/veel haltes zijn *dat*?「それは停車駅をいくつ過ぎたところですか」

(b) 3人称代名詞と指示代名詞

3人称代名詞は人・物事ともに die/dat（話し言葉），deze/dit（書き言葉）で代用できます(4課1(c), 5課1(b))。こうすれば物事を hij で受ける必要はなく，はっきり指せます。アクセントを置いて発音しましょう。

Is de kamer nog te huur?—Ja, ｛*hij/die*｝ is nog te huur.「この部屋はまだ借りられますか」「ええ，それはまだ借りられます」

名詞句の一部を受けるときには die/dat しか使えません。

Onze tele/visie is oud, maar [*die van Geert*] is nieuw.「私たちのテレビは古いが，ヘールト（男名）のは新しい」(*hij van Geert は不可)

主語など既知の名詞句は3人称代名詞で受け，新情報の名詞句は指示代名詞 die/dat（書き言葉 deze/dit）で指して区別することがあります。

Leo belt de dokter op.「レーオ（男名）は医者に電話する (belt...op)」

—*Hij* gaat nog de/zelfde dag naar het spreekuur.「レーオはその日のうちに診察を受けに行く」

—*Die* komt nog de/zelfde dag.「医者はその日のうちに往診に来る」

語法と表現

非人称表現いろいろ

(a) 天気

Het regent.「雨が降っている」　　*Het* sneeuwt.「雪が降っている」

Het dondert.「雷が鳴っている」　*Het* stormt.「嵐だ」

｛*Het*/De wind｝ waait hard.「風が強く吹いている」

参考　Er is minder wind.「風は強くない」

Het ｛is/wordt/blijft｝｛mooi/slecht｝ weer.「｛いい/悪い｝天気｛だ/になる/が続く｝」

Het is {licht/zwaar} be'wolkt.「{やや/とても} 曇っている」
Het is koud buiten.「外は寒い」
Het is erg heet van'daag.「今日はとても暑い」
Ik heb *het* koud.「私は寒い」
Doe het raam alsje'blieft open, ik heb *het* warm.「窓をあけてちょうだい。暑いので」

(b) 状況・慣用句

In de keuken lekt *het*.「台所が（＝台所では）水漏れする」
Is *het* nog ver naar het sta'tion?「駅にはまだ遠いですか」
Hoe staat *het* er'mee?「それはどうなってるの」
We hebben *het* druk.「私たちは忙しい」
Ik heb *het* moeilijk de laatste tijd.「私は最近，困っている」

時刻と時間

(a)「何時何分です」

　日常会話では 12 時間表示で,「's＋名詞 -s」(20 課「語彙をふやそう」) で昼夜を区別します。24 時間表示は交通機関など，公的な場面で使います。「置き時計，掛け時計」は de klok, 腕時計は het hor'loge［ホるロージェ hɔrlóːʒə］です。

　　acht uur 's morgens「朝の 8 時」　twaalf uur 's middags「昼の 12 時」
　　zeven uur 's avonds「晩の 7 時」　twaalf uur 's nachts「夜の 12 時」
「何時何分」は，日常会話では uur をつけず，数字だけを並べます。
　　6:15　kwart over zes「6 時 15 分過ぎ」　　6:30　half zeven「6 時半」
　　6:45　kwart voor zeven「7 時 15 分前」
　　6:20　tien voor half zeven「6 時 20 分過ぎ（＝6 時半 10 分前）」
　　6:35　vijf over half zeven「6 時 35 分過ぎ（＝6 時半 5 分過ぎ）」
　　Hoe laat is het?—Het is *bijna half vijf*.「何時ですか」「だいたい 4 時半です」

(b)「何時に…する」(前置詞句)

12課　7時間の時差

om twee uur「2時に」, {omstreeks/rond} drie uur「3時ころに」, om een uur of vier「4時ころに」, tegen vijf uur「5時近くに」, kort na zes uur「6時すぎに」

De kinderen komen *pre'cies om twaalf uur* uit school.「子供たちは12時きっかりに学校から帰って来る」

(c)「…時間かかる」など

uur「…時間」, kwar'tier「15分」, keer「…回」は単位の表現だと複数形になりません (9課「語法と表現」)。

twee uur「2時間」, drie kwar'tier「45分」, om het uur「1時間ごとに」, vier keer {in het/per} uur「1時間に4回」
zes {mi'nuten/se'conden}「6{分/秒}」(mi'nuut「分」/se'conde「秒」)
De fietstocht duurt nog {*een half uur/ander'half uur*}.「サイクリングはまだ約{30分/1時間半}続きます」
Ik moet *over onge'veer een kwar'tiertje* weg.「私は15分ほどしたら、おいとましなくてはいけません」(kwar'tiertje 指小形, 7課2)

不定の時間表現では複数形の語尾をつけます。

uren・lang「何時間も」, dagen・lang「何日も」, weken・lang「何週間も」, maanden・lang「何カ月も」, jaren・lang「何年も」
In Noord-'Nederland regent het al *dagenlang*.「オランダ北部ではもう何日も雨が降っている」

☞ half zeven「6時半」は文字盤で納得

　　half zeven はなぜ「7時半」ではないのでしょう。答えは文字盤にあります。時計をデコレーションケーキにたとえて12等分すると、「6時半」では短い針は7番目のショートケーキの上にあるわけです。「昼の12時半」は half één 's middags で、*half dertien* と言わないのも、文字盤の数字は12までだからです。デジタル時計の現代でも、アナログ時計の伝統は言語形式にしぶとく生きているのです。

　　それでは、6:25 を vijf voor half zeven「6時半5分前」と言うのはなぜでしょう。それは、オランダ語では30分単位で考えているからです。時計を上下に2分して、上半分 (15分前から15分過ぎまで。じっさいには20分前から20分過ぎまでがふつう) は 'A uur'「A時」, 下半分 (残りの部分) は 'half [A+1]'「A時半」の領域なのです。私たちに「6時25分すぎ」が自然なのは、1時間単位で考えているからです。英語の発想とも異なるわけです。

語彙をふやそう
月 (de maand) の名前
すべて両性名詞 (de-名詞) です。

1月　janu'ari (jan.) ［ヤニュ(ヅ)アーリ jɑny.(v)á:ri.］
2月　febru'ari (feb.) ［フェブリゅ(ヅ)アーリ fe.bry.(v)á:ri.］
3月　maart (mrt.) ［マーるト ma:rt］
4月　a'pril (apr.) ［アプりル a.prÍl］
5月　mei ［メイ mɛi］
6月　juni ［ユーニ jý.ni.］
7月　juli ［ユーリ jý.li.］
8月　au'gustus (aug.) ［アウひゅストゥス ɔuɣýstʏs］
9月　sep'tember (sept.) ［セプテムべる sɛptɛ́mbər］
10月　ok'tober (okt.) ［オクトーべる ɔktó.bər］
11月　no'vember (nov.) ［ノヴェムべる no.vɛ́mbər］
12月　de'cember (dec.) ［デセムべる de.sɛ́mbər］

in janu'ari「1月に」, be'gin febru'ari「2月初め」, eind a'pril「4月末」, {half/medio} maart「3月半ば」, van'af juni「6月から」, tot juli「7月まで」, {deze/van de} maand「今月」, {volgende/aan'staande (第1音節にアクセントも可)/komende} maand「来月」, {vorige/ver'leden/af|gelopen} maand「先月」, over twee maanden「2ヵ月先」, drie maanden ge'leden「3ヵ月前」, vier keer {per/in de} maand「月に4回」(keer は単数形)

ことばと文化：Ik chi'nees.「私は中華料理を食べる」

アムステルダムの繁華街には漢字の看板が目立ちます。よく見ると,「北京酒楼」などと書いてあり, 中華料理店であることがわかります。
どんな小さな町でもお目にかかるのが Chi'nees-Indisch Restau'rant「中国ーインドネシア・レストラン」で, chi'nezen「中華料理を食べる」という動

詞もあるくらいです。「日本料理を食べる」は残念ながら，Ja/pans eten (Ik eet Ja/pans.「私は日本料理を食べる」) と 2 語でしか言えません。Indisch は「インドの」ではなくて，1950 年まで「インドネシアの」の意味だった名残りです。かつてオランダはインドネシアを「東インド」(Oost-/Indië) と呼び，「東インド会社」(Ver/enigde Oost-/Indische Compag/nie [kɔmpɑɲi. コㇺパニー] 1602—1799) を設立して，アジアとの交易を行なっていたのです。「インド」は India，「インドの」は Indiaas です。

　中華料理店は本国出身の人たちがまかなっていて，とっても本格的です。たいていテイク・アウト (mee|nemen) もできます。料理が冷めないように熱い鉄板の上にのせ，フォーク (de vork) やスプーン (de lepel) を添えた取り皿をつけてくれるのも心憎い気配りです。メニューにある de bami [バーミ bá.mi.]「ヌードル」，de nasi [nɑ́si. ナスィ]「ライス」はインドネシア語で，de bami goreng [ほーれンッグ ɣó.rɛŋ] は焼きソバ，de nasi goreng はチャーハンです。nasi だけでもチャーハンのことが多いので，「ライス」は witte rijst「白いご飯」と注文するほうが確実です (たいていパサパサしていますが)。ちなみに，私はフカヒレのスープ (de haaievinne・soep) に野菜炒め (de tjap/tjoi [チャプチョイ cɑpcɔ́i]) かエビ (de gar/naal) を使った料理が定番です。甘いピーナツ・ソースをのせたインドネシア風の肉の串焼き「サテー」(de sa/té) も，少しくどい気もしますが，ゴージャスです。食前酒にはたいてい大きなえびせん (de kroepoek [ㇰるーㇷ゚ㇰ krú.pu.k]) がつくので，パリパリやりながら料理を待ちます。ただし，くれぐれも注文しすぎないように。1 人前は日本の感覚で約 2 人前に相当するので，小柄な女性なら 2 人でも十分。数々の皿に盛られた料理をライスに添えたレイスターフェル (de rijst・tafel) は，力強くバシバシ食べる料理の代表です。

　ヴェトナム料理店もよく見かけます。市場の屋台で揚げてくれるアツアツの春巻き (de loempia [ルーㇺピ(ィ)ア lú.mpi.(j)a.]) も，独特の香辛料がきいていてたいへん美味であります。

練習4　肉屋で
Oefening vier—Bij de slager

次の会話文を和訳し，下線部に適当な表現を入れましょう．

Me/vrouw Ota：_____（あそこのお肉），is dat varkensvlees of rundvlees？

Slager：Rundvlees.

O：_____（その一切れ（dat stuk）はどのくらい重い（zwaar zijn）ですか）

S：Dat weegt pre/cies een kilo.

O：Doet u me _____（それを400グラム）。En nog _____（300グラム）rundergehakt graag．

S：Dat wordt _____（6.5ユーロ）．Be/dankt. En de kassabon. Prettig weekend.

O：Dank u. Voor u het/zelfde.

単語：het vlees［ッレーㇲ vle.s］「肉」，het varkens・vlees［ヴァるケ（ン）ㇲフレーㇲ várkə(n)sfle.s］「豚肉」（het varken「豚」），het rund・vlees［りュントフレーㇲ rýntfle.s］「牛肉」（het rund「牛」），de kilo［キーロ kí.lo.］「キロ」，weegt［ヴェーㇶト ve.xt］□現在□→wegen「…の重さがある；量る」（英weigh），doet［ドゥート du.t］□命令□→doen「与える；する」，het gram［ふらㇺ ɣrɑm］「グラム」，het runder・gehakt［りュンデるヘハクト rýndərɣəhɑkt］「牛肉のひき肉」（het ge/hakt「ひき肉」），de kassa・bon［カサボン kása.bɔn］「レシート」（de kassa「レジ」+de bon「レシート」）

【解答】

太田夫人：あそこのお肉ね（dat vlees daar），あれは豚肉，それとも牛肉？

肉屋：牛肉だよ。

太田夫人：その一切れの重さはどれくらいかしら（Hoe zwaar is dat stuk？）。

練習 4　肉屋で

肉屋：ちょうど 1 キロだね。

太田夫人：それを 400 グラム（daar vierhonderd gram van「＝その 400 グラム」）ちょうだい。それに牛のひき肉を 300 グラム（driehonderd gram）ね。

肉屋：6.50 ユーロ（zes euro vijftig ; € 6,50）になるね。毎度ありっ。それにレシートだよ。よい週末を。

太田夫人：どうも。そちらこそ（＝あなたにとっても同じことを）。

☞ 肉で苦労するのは厚すぎることです。Wilt u het zo dun mogelijk snijden？「それをできるだけ薄く（zo dun mogelijk ［モーヘレッ mó.ɣələk］）切って（snijden）いただけますか（Wilt u）」と頼みましょう。そのかわり，ハム（de ham）は芸術的なまでの薄さです。

フローニンゲン（Groningen）の中華料理店

13課　営業時間とコープ・アーヴォント
Les dertien — Openingstijden en koopavond

この課で学ぶこと　話法と使役の助動詞，開閉の表現

Me'vrouw Ota：Tot wan'neer zijn de winkels open？
太田夫人：店はいつまで開いてますか。

Wouter：Van'daag zijn ze tot negen uur open. Het is koopavond. Anders gaan ze meestal al om zes uur dicht.
ヴァウテル：今日は9時まで開いてますよ。コープ・アーヴォントですから。それ以外は，たいてい6時でもう閉店です。

Tjitske：In Nederland zijn de winkels op zondag en op maandag-'morgen ge'sloten. Sommige winkels zijn ook tussen de middag een uur dicht.
チツケ：オランダではお店は日曜と月曜の午前中はお休みです。お昼休みに1時間閉店する店もあるんですよ。

O：Dat is onge'lofelijk. Want bij ons in Ja'pan is sluitingstijd haast onbe'kend.
太田夫人：信じられませんね。日本（の私たちのところ）では，営業時間の制限はほとんどありませんから（＝知られていないので）。

Masami：Waar ligt die supermarkt？
正美：そのスーパーはどこにあるんですか。

W：Al'leen maar een paar mi'nuten lopen van hier.
ヴァンテル：ここから歩いてほんの数分です。

13課　営業時間とコープ・アーヴォント

O：Kunt u ons de weg wijzen？
太田夫人：道を教えていただけませんか（＝教えていただけますか）。

W：Ja, na/tuurlijk. Ik zal het u wijzen.
ヴァウテル：ええ，もちろん。ご案内しますよ。

単語

openings・tijden［オーペニングステイデ(ン) ó.pənɪŋstɛidə(n)］□複数□「営業時間」(de opening「開始」), de koop・avond［コープアーヴォント kó.pa.vɔnt］「コープ・アーヴォント（営業時間を延長する特定の曜日の晩）」(de koop「購入」＋de avond「晩」), open［オーペ(ン) ó.pə(n)］「開いている」, anders［アンデるス ándərs］「そうでなければ」(英 *otherwise*), meest・al［メーストアル mé.stɑl］「たいてい」, gaan…dicht□現在□→dicht|gaan［ディﾌﾄ はーン díxtxa.n］「閉まる」(dicht「閉まっている」), de zondag［ゾンダッ zɔ́ndɑx］「日曜日」(英 *Sunday*), de maandag/morgen［マーンダはモるへ(ン) ma.ndɑxmɔ́rɣə(n)］「月曜日の朝」(de maandag「月曜日」(英 *Monday*)), tussen de middag「昼食時に」(tussen［トュセ(ン) týsə(n)］「…の間に」(英 *between*)), on・ge/lofelijk［オンヘローフェレㇰ ɔŋɣəló.fələk］「信じられない」(ge/loven「信じる」(英 *believe*)), de sluitings・tijd［スライティングステイト slœytɪŋstɛit］「店の終業時間」(de sluiting「閉店, 閉鎖」), haast［ハースト ha.st］「ほとんど」, on・be/kend［オンベケント ɔmbəkɛ́nt］「知られていない」(be/kend「知られている」), al/leen maar「…だけ」, lopen［ローペ(ン) ló.pə(n)］「歩く」, kunt［キュント kʏnt］□現在□→kunnen「…できる」(英 *can*), de weg［ヴェﾍ vɛx］「道」(英 *way*), wijzen［ヴェイゼ(ン) vɛizə(n)］「示す」, na/tuurlijk［ナテューるレㇰ na.tý:rlək］「もちろん」(英 *naturally*), zal［ザル zɑl］□現在□→zullen「…するつもりだ」(英 *shall*)

文法の要点

1. 話法の助動詞

発言内容に主観的ないろどりを添える手段が「話法」です。3人称単数で -t

がつかず，単数形と複数形の語幹が違ったりします（20課で学ぶ強変化動詞の過去形と同じ）。英語と違って，不定詞や過去分詞（zullen を除く）もあり，不定詞は文末に置きます（枠構造，15課2）。

  話題 定動詞 ［主語 副詞 目的語］ 不定詞
  Koos₁ *speelt* ［＿₁ goed vi/ool］．
  「コース（男名）はヴァイオリンを上手にひく」
  Koos₁ *kan* ［＿₁ goed vi/ool］ *spelen*．
  「コースはヴァイオリンが上手にひける」（kunnen「…できる（能力）」）
個々の話法の助動詞の意味と用法を過去形とともに学びましょう。

(a) kunnen［キュネ（ン）kýnə(n)］（{kan/kun} jij；**過去分詞** ge/kund）
 「…できる（能力・可能），…してもいい（許可），…してくれませんか
 （2人称主語疑問文・依頼），…かもしれない（推量）」（英 *can*）

	現在形	過去形		現在形	過去形
ik/hij	kan	kon	wij/jullie	kunnen	konden
jij/u	kan/kunt	kon	u	kan/kunt	kon

 （kunt は kan よりもあらたまった感じ。jij/u のどちらも可）

 Kan ik u even helpen?「お手伝いしましょうか」（mag も可）
 Kunt u me even helpen?「手伝っていただけませんか」
 Je *kan beter* de tram nemen.「君は市電に乗ったほうがいい」（英 *had better*）
 Het *kan* zijn. Ik weet het niet zeker.「かもね。よく知らないけど」
 Je/roen *kan* wel eens niet *kunnen* komen.「イェルーン（男名）はちょっと来られないかもしれない」

(b) moeten［ムーテ（ン）mú.tə(n)］（moet jij；**過去分詞** ge/moeten）
 「…する必要がある（必要），…せざるをえない（必然），…しないほうがいい（否定文で助言），…にちがいない（強い推定）」（英 *must*）

	現在形	過去形		現在形	過去形
ik/jij/hij	moet	moest	wij/jullie/zij	moeten	moesten
u	moet	moest	u	moet	moest

13課　営業時間とコープ・アーヴォント

U *moet* een paar dagen in bed blijven.「あなたは二，三日寝ていなくてはいけません」
Jullie *moeten niet* zo zeuren.「あなたたちはそんなに愚痴を言うものではありませんよ」
Sifra *moet* rijk zijn.「シフラ（女名）は金持ちにちがいない」
nodig hebben「（…を）必要とする」という表現もあります。
Ik *heb* dit ge/neesmiddel *nodig*.「私はこの薬が必要です」

(c) mogen［モーヘ(ン) mó.ɣə(n)］(mag［マは mɑx］jij；**過去分詞** ge/mogen (ge/moogd/ge/mocht))「…してもいい（許可），…してはいけない（否定・禁止），…かもしれないが（譲歩），…することがあったら（mocht 偶発）」（英 *may*）

	現在形	過去形		現在形	過去形
ik/jij/hij	mag	mocht	wij/jullie/zij	mogen	mochten
u	mag	mocht	u	mag	mocht

Mag ik je even wat vragen?「ちょっと聞いてもいい？」(kan も可)
U *mag* twee uur *niets* eten.「2時間は何も食べてはいけませんよ」
Piet *mag dan* intelli/gent zijn, ijverig is hij niet.「ピートは頭は良いかもしれないが，勤勉ではない」(dan とともに)
Mocht je in de buurt zijn, kom dan eens langs.「近くに来たら寄ってね」(「Mocht …不定詞」で仮定の意味)

(d) willen［ウィレ(ン) vílə(n)］(wil jij；**過去分詞** ge/wild)「…したい（願望），…してくれませんか（2人称主語疑問文，依頼）」（英 *want to*, *will*）

	現在形	過去形		現在形	過去形
ik/hij	wil	wou/wilde	wij/jullie/zij	willen	wilden
jij/u	wil/wilt	wou/wilde	u	wil/wilt	wou/wilde

(wilt/wilde は wil/wou よりもあらたまった感じ。jij/u のどちらも可)

Wat *wilt* u drinken?「お飲み物は何にしますか（＝何が飲みたいか）」
Wilt u een beetje langzamer spreken, alstu/blieft?「もう少しゆっく

り（langzamer 比較級）話していただけませんか」(kunt も可)
過去形 wou/wilde は婉曲な表現です（英 *would like to*）。
　Ik *wou* u *graag* iets vragen.「お聞きしたいことがあるのですが」

(e) zullen ［ズュレ(ン) zŷlə(n)］（{zal/zul} jij；過去分詞なし）
「推量，未来，意志・約束（1人称主語など），勧誘・申し出（1人称複数主語など），勧告・命令（2人称主語など）；噂（zou）など」(英 *shall/will*)

	現在形	過去形		現在形	過去形
ik/hij	zal	zou	wij/jullie/zij	zullen	zouden
jij/u	zal/zult	zou	u	zal/zult	zou

（zult は zal よりもあらたまった感じ。jij/u のどちらも可）

状況に応じたニュアンスを自由に表わし，未来の意味もその一部です。
　Dat *zal wel* een ver'gissing zijn.「それは誤解だろう」(wel とともに)
　Het *zal* koud worden.「寒くなるでしょう」
　Ik *zal* u door|verbinden.「おつなぎいたします（電話で）」
　Zullen we ergens koffie drinken?「どこかでお茶でも飲まない？」
　Zullen we u het ont'bijt op de kamer brengen?「朝食はお部屋におもちいたしましょうか」
zullen は不定詞でも使います（過去分詞はありません）。
　Arend be'looft haar te *zullen* helpen.「アーレント（男名）は彼女を手伝うつもりだと約束する」(te-不定詞句，16課2)

(f) zou の用法
「zou …話法の助動詞(＝不定詞)＋不定詞」で婉曲な表現になります。
　Ik *zou graag* me'vrouw De Jong *willen* spreken.「デ・ヨングさんに面会したいのですが」(英 *would like to*)
　Zou ik u iets *mogen* vragen?「おたずねしてもよろしいですか」
　Je *zou* eens wat minder *moeten* roken.「タバコはちょっと控えたら」
　Zou u me mis'schien *kunnen* helpen?「お手伝いしていただけないでしょうか」
zou は非現実の仮定や噂の意味でも使います。

13課　営業時間とコープ・アーヴォント

Bij mooi weer *zou* hij mis/schien komen. 「天気がよければ, 彼は来るかもしれない」
Er *zouden* twee over/levenden zijn. 「生存者が二人いるらしい」

2. その他の表現
(a) 不定詞を伴わない表現

「行く」「する」「もらう」などの意味の基本的な動詞の場合には，英語とは違って，はっきり理解できれば不定詞は不要です（推量「…だろう，かもしれない，にちがいない」の意味では不定詞は必要）。

Ik *wil* graag twee kilo appels. 「リンゴを2キロください（＝ほしい）」
Waar *moet* het vuilnis naar/toe? 「ゴミはどこに捨てますか（＝どこに行くべきか）」
Dat *kan* he/laas niet. 「お気の毒ですが，それは無理です」
Mag dat? 「それはいいんですか」

mogen は「…が好きだ」という意味にもなります。willen は従属文（18課1）を伴うこともあります。

Ik *mag* geen vis. 「魚は嫌いです」
Ik *wil dat* we de po/litie er/bij halen. 「私は警察を呼んだほうがいいと思います」(dat- 従属文)

(b) hoeven ［フーヴェ(ン) hú.və(n)］「…しなくていい（否定＋te-不定詞）」

moeten の否定の代用として多用し，変化は規則的で，不定詞を伴わない用法もあります。

Je *hoeft niet te* snoepen, maar je *moet* goed eten. 「お菓子は食べなくてもいいけれど，食事はちゃんと取らなくてはいけません」
Ik *hoef geen* des/sert. 「デザートはいりません」
Dat *hoeft niet*. 「それは必要ではありません」

(c) {mogen/moeten/hoeven}＋van＋許可・命令する人

Ik *mag* morgen naar huis *van de dokter*. 「私は医者から明日，帰宅を許されています」

Ina *moet van de dokter* een bril dragen.「イーナ(女名)は医者からメガネをかける必要があると言われている」

Van mij hoeft u niet te komen.「私はあなたが来なくてもいいです」

3. 使役の助動詞

話法の助動詞と同じように，不定詞は文末に置きます（枠構造，15課2）。

(a) laten：使役「…させる」と許容「…のままにする」

Ik wil graag mijn haar *laten knippen*.「髪を切っていただきたい（＝切らせたい）のです」(使役)

We *laten* hem *spelen*. Daar/door wordt hij rustiger.「私たちは彼を遊ばせておきます。それでおとなしく(rustiger 比較級)なるので」(許容)

laten weten「知らせる」, laten zien「見せる」, laten horen「聞いて知らせる」は１語のようなもので，目的語に aan「…に」がついたりします。

Ik zal het (*aan*) *je laten weten*.「君にそれを知らせるよ」

laten の命令形は勧誘や自分自身に言い聞かせる納得・奮起の意味でも使います。

Laat me eens kijken.「ちょっと見せてください」(使役)

Laten we gaan.「行こうよ」(勧誘, *Laat ons* gaan. は書き言葉)

Laat ik maar zwijgen.「まあ，黙っておくとするか」(納得・奮起)

(b) doen：強い使役（直接使役）

doen は意味的に不定詞と結びつきが強く，複合動詞のようなまとまりをつくります。いかめしい感じもしますが，南部ではふつうです。次の表現は北部でもよく見かけます。

doen denken「思い出させる」, doen be/seffen「意識させる」, doen ver/langen「欲求を喚起する」, doen schrikken「こわがらせる」

Willem *doet* me *denken* aan mijn broer.「私はヴィレム(男名)を見ると兄・弟のことを思い出す（＝強く思い出させる）」

13課　営業時間とコープ・アーヴォント

語法と表現
doen/laten の他の用法

doen/laten は使役の助動詞以外でも使います。laten は「放置する」の意味です。doen の意味は「する，与える，入れる」など多様です。

Laat maar, het is niet be/langrijk.「ほっとけ。たいしたことじゃない」
Je *doet* eerst Engels en dan com/puterles.「最初に英語，それからコンピューターの勉強をするんですよ」
Doe me maar een sherry.「シェリー酒をちょうだいよ」
Dan *doe* ik snel de kinderen in bad en in bed.「それから私は素早く子供たちをお風呂に入れて寝かせます（＝ベッドに入れる）」
{Mijn hor/loge/De douche/Het licht} *doet het* niet.「腕時計が動かない/シャワーが出ない/明かりがつかない」

「doen＋不定詞」で「…をする」という表現にもなります。

Voetballen doe ik heel graag.「サッカーをするのは私は大好きだ」

「銀行は開いていますか」「何時に開きますか」―開閉の表現

① {open/ge/opend} zijn「開いている」, {dicht/ge/sloten} zijn「閉まっている」
Is de bank nog *open*？―Nee, hij *is* al ge/sloten.「銀行はまだ開いていますか」「いいえ，もう閉まっています」
② open|gaan/openen「開く」, dicht|gaan/sluiten「閉まる」
Wan/neer *gaat* het mu/seum *dicht*？「博物館はいつ閉まりますか」
Het nieuwe warenhuis *opent* morgen.「新しいデパートは明日開店です」
De deuren *sluiten* auto/matisch.「ドアは自動的に閉まります」
③ open|doen/open|maken/openen「開ける」, dicht|doen/dicht|maken/sluiten「閉める」
Wilt u uw koffer *openen*？「トランクを開けてくれますか」
Mag ik het raam *dicht|doen*？「窓を閉めてもいいですか」

ことばと文化：買い物をするには

　オランダの商店は以前は午後6時にいっせいに閉店でした。最近ではドイツや北欧スカンジナヴィア諸国と似て法律（de wet）が改正され，閉店時間を延長するスーパーも多く，買物（bood・schappen〔複数〕）が便利（handig）になりました。それでも個人商店の多くは6時で終わりです。月曜の午前中（maandag voor/middag）と日曜（de zondag）は完全閉店です。レストランや居酒屋（de kroeg），駅の売店（de ki/osk）くらいしかやっておらず，閑散としています。コンビニもなく，自動販売機（de auto/maat）も引っ込めてしまいます。せっかくの休みなのに買い物ができないのは欲求不満（de frust/ratie）がたまりそうですが，人々は窓越しに陳列された商品に熱心に見入って，品定めをしています。ちなみに，個人の商店は品定めをしてから入り，店員に断わって商品に触れるのが礼儀で，勝手に触ってはいけません。店を出るときもあいさつを忘れずに。その点，デパートは気が楽ですが，あまり発達していません。

　日曜に休むのはキリスト教（het christen・dom）の伝統に由来します。少々の不便は我慢して，労働条件（arbeids・voorwaarden〔複数〕）と人間的な暮らし（het menselijke leven）を大切にしているのです。ヨーロッパではこれがふつうで，人間の欲望に一定のブレーキをかけていると言えます。アメリカ式の生活パターンに慣れた私たちも見習うべきではないでしょうか。

　この点，ベルギーは以前からわりと自由（vrij）で，日曜にブリュージュ（Brugge「ブリュヘ」）に行ってもおみやげ（het souve/nir）は買えますよ。ちなみに，博物館や美術館はふつう月曜が閉館日です。

　コープ・アーヴォント（de koop・avond）とは「買物（koop）の晩（avond）」のことで，週1回，町によって違いますが，たいてい木曜の晩（donderdag-/avond）に営業時間を9時頃まで延長（ver/lengen）する制度です。お祭り（het feest）の夜のように，遅くまで人通りでにぎわいます。

　オランダはチェーン店が発達しています。味気ないとも言えますが，手軽で便利です。スーパーはアルベルト・ヘイン（Albert Heijn），衣料品はヘーマ（Hema），日用雑貨はブロケル（Blokker），デパートはヴローム＆ドレースマン（Vroom & Dreesman）といった具合です。デ・スレヘテ（De Slegte）では古本のほかに，新品の書籍の一部も驚くほど安価で入手できます。

14課　外事警察で
Les veertien — Bij de vreemdelingenpolitie

この課で学ぶこと　不定詞を伴う助動詞，形容詞(2)―語形変化，(3)―目的語・冠飾句，「オランダ語・オランダ人の先生」

Ambtenaar : Zo, me/vrouw eh… Michiyo Ota, wat is uw land van herkomst, eh, waar komt u van/daan?
職員：さて，えー… 太田三千代さん，出身国はどこ（＝何）ですか，えー，どこのご出身ですか。

Me/vrouw Ota : Wat zegt u?
太田夫人：何ですって（＝何とおっしゃっているのですか）。

A : Uit welk land komt u?
職員：どの国のご出身ですか（＝どの国から来ているのですか）。

O : Uit Ja/pan. En mijn dochter ook.
太田夫人：日本です（＝日本からです）。娘もそうです。

A : Bent u voor de eerste keer in Nederland?
職員：オランダは初めてですか（＝初めてオランダにいるのですか）。

O : Ja, ik ben voor het eerst hier.
太田夫人：ええ，初めてです（＝私は初めてここにいます）。

A : En dan, me/vrouw eh… Masami Ota, wat gaat u stu/deren in Leiden?
職員：それでは，えー… 太田正美さん，レイデン大学で何を学ぶつもりですか。

Masami: Kunstgeschiedenis. Ik heb veel be/langstelling voor de Neder-
landse en Vlaamse schilderkunst.
正美：美術史です。オランダとフランドルの絵画にとても興味がありまして。

A: Vindt u Nederlands een moeilijke taal?
職員：オランダ語はむずかしい言葉だと思いますか。

M: Ja/wel. Er be/staat een groot ver/schil tussen het Nederlands en het
Ja/pans.
正美：ええ。オランダ語と日本語の間には大きな違いがありますから。

単語

de vreemdelingen・politie［ヴれーームデリンゲ(ン)ポリー(ト)スィー vré.mdəlıŋə(n)-po.li.(t)si.］「外事警察」(de vreemdeling「よそ者，在留外国人」⇔de buiten-lander「外国人」), de ambtenaar［ア_ムテナーる ámtəna:r］「職員，役人」, het land［ラント lɑnt］「国」, de her・komst［へるコムスト hɛ́rkɔmst］「出身」, voor de eerste keer/voor het eerst「初めて」, de be/lang・stelling［ベラングステリング bəláŋstɛlıŋ］「興味(voor …にたいする)」, de schilder・kunst［スひルデるキュンスト sxíldərkʏnst］「絵画［芸術］」(schilderen「絵をかく」), moeilijk［ムーイレック mú.ilək］「むずかしい」, be/staat □現在□→be/staan「存在する」

☞ オランダで暮らす場合には，日本大使館 (de ambas/sade「大使館」) への在留届けのほかに，市役所 (het stad/huis) などで住民登録 (het be/volkings・register) と，外事警察で外国人登録をします。住民票の写し (het uit・treksel) は引っ越しなどで必要になることもあります。

文法の要点

1. 不定詞を伴う助動詞

話法・使役の助動詞以外にも，不定詞を伴う助動詞があります。

14課　外事警察で

(a) gaan＋不定詞「もうすぐ…する，…しはじめる」(近接未来・開始)
「zullen＋不定詞」よりも一般的な近い未来の表現です (英 be going to)。
　　Ik *ga* dit boek met/een *lezen*.「ぼくはこの本をすぐに読むつもりだ」
　　Wan/neer *ga* je je huiswerk *maken*?「いつになったら宿題をやるんだ」
zullen とは意味が違い，いっしょに使うこともできます。
　　Gaat het morgen *sneeuwen*?「明日は（天気予報では）雪が降るの？」
　　⇔*Zal* het morgen *sneeuwen*?「明日は雪が降るんだろうか」
　　Hoe/veel *zal* het *gaan kosten*?「それはいくらになるのだろうか」
「gaan＋不定詞」は開始の意味で不定詞や過去形（20課）でも使えます。
　　Ik moest met/een *gaan werken*.「私はすぐに働きはじめなければなりませんでした」
　　Ank *ging* het boek *lezen*.「アンク（女名）はその本を読みはじめた（ging 過去形）」

(b) {gaan/komen}＋不定詞「…しに{行く/来る}」，blijven＋不定詞「…したままでいる」
　(a) の gaan や「komen＋te-不定詞」（16課1(b)）との区別に注意。
　　We *gaan* boodschappen *doen*.「私たちは買い物に行きます」
　　Ik *kom* je *helpen*.「私は君を手伝いに行くからね」
　　Ik wil dit werk graag *blijven doen*.「私はこの仕事をやり続けたい」
「komen＋不定詞」は「…しながら来る」の意味にもなります。
　　Joost *komt* heel hard *aan|lopen*.「ヨースト（男名）はとても早く走って来る」(aan|lopen「走り寄る」，分離動詞19課2)

(c) zijn＋不定詞「…しに出かけている」(話し言葉)
移動した結果，不在であることを表わす話し言葉的な表現です。
　　Vader *is vissen*.「父は釣りに出かけて留守です」
次の三つの表現を比べてみましょう。
　　Tilly *is* van/middag *zwemmen*.「ティリー（女名）は今日の午後，泳ぎに出かけて留守にしています」
　　Tilly *gaat* van/middag *zwemmen*.「ティリーは今日の午後，{泳ぎに行きます/泳ぐ予定です}」

Tilly *is aan het zwemmen.*「ティリーは泳いでいるところです」

(d) 知覚の助動詞 zien/horen/voelen「…が（＝目的語）…するのが {見える/聞こえる/感じられる}」（英 *see/hear/feel*）

「目的語＋不定詞」を伴い，視覚・聴覚・触覚によって生理的にじかに知覚するという意味で使います。

Ik *zie* het gor'dijn *be'wegen.*「私にはカーテンが動くのが見える」
We *horen* iemand *zingen.*「私たちはだれかの歌声が聞こえる」
Ik *voel* de aarde *beven.*「地震のような気がする（＝地面が震えているのを感じる）」

vinden「…が…だという気がする」（英 *find*）は不定詞を伴う点で知覚の助動詞に似ています。

Ik *vind* de koffie niet *smaken.*「コーヒーがおいしくない気がする」

認識の意味では従属文（18課）を伴います。直接，見たり聞いたりするではなく，考えたり噂に聞いて知るという意味です。

Zie je wel [dat het zo is]?「それがそうだってこと，わかる？」
Ik *hoor* [dat Joep pi'ano speelt].「私はユープ（男名）がピアノをひくという噂を聞いている」

2. 形容詞（2）―語形変化：限定用法

形容詞には「叙述用法」（山高シ）と「副詞用法」（高クソビユル）のほかに，名詞を修飾する「限定用法」（高キ山）と名詞的に使う「独立用法」（高キ［モノ］）があります。後者の二つは語尾を伴って変化します。

(a) 語尾 -e の有無

無冠詞または不定の意味の限定詞を伴う中性単数形を除いて，語尾 -e をつけます。不定の意味の限定詞とは，6〜11課で習った次の語です。

een/geen/ieder/elk/zo'n/menig/enig/veel/weinig/zulk/wat/welk/ge'noeg（以下では不定冠詞 een で示します）

14課　外事警察で

	単数	複数
両性	een oud*e* kerk「古い教会」	oud*e* kerken
	{de/onze/deze} oud*e* kerk	{de/onze/deze} oud*e* kerken
	「{その/私たちの/この} 古い教会」	
	vers*e* melk「新鮮な牛乳」	
	{de/onze/deze} vers*e* melk	
	「{その/私たちの/この} 新鮮な牛乳」	
中性	een oud huis「古い家」	oud*e* huizen
	{het/ons/dit} oud*e* huis	{de/onze/deze} oud*e* huizen
	「{その/私たちの/この} 古い家」	
	vers vlees「新鮮な肉」	
	{het/ons/dit} vers*e* vlees	
	「{その/私たちの/この} 新鮮な肉」	

発音やつづりが規則的に変わるものに注意。
　　h*oo*g「高い」→h*o*ge　　ve*r*「遠い」→ve*rr*e
f/s が v/z と交替する語としない語があります。
　　lie*f*「いとしい」→lie*v*e　　pre′cie*s*「正確な」→pre′cie*z*e
　　⇔do*f*「にぶい」→do*ff*e　　vers「新鮮な」→ver*s*e
外来語につく -sch [ㅅ s] は -e がついても -sche [セ sə] の発音です。
　　typisch [ティーピㅅ tí.pi.s]「典型的な」
　　→typische [ティーピセ tí.pi.sə]

(b) 語尾 -e がつかない形容詞

① -en [エ(ン) ə(n)] で終わる素材の意味の形容詞，過去分詞，eigen「自分の」, open「開いた」など
　het *houten* huis「木の家」(het hout「木材」)
　ge′*vonden* voorwerpen「落とし物」(vinden「見つける」の過去分詞)
　op *eigen* ver′antwoording「自分の責任で」
　-en で終わる素材の意味の形容詞は叙述用法では使わず，独立用法(後出)でも -s をつけません。
　Het huis is *van hout*.「その家は木でできている」(*houten は不可)

iets *van hout*「何か木製のもの」(*iets houtens は不可)
② 母音で終わる外来語，rechter「右の」/linker「左の」
  de *prima* kwali'teit「すばらしい品質」
  dat *linker* boek daar「あそこの左にある本」
③ 前半が序数詞を含む複合語
  de *tweede'hands* auto「中古車」(tweede「第2の」)
  地名につく -er「…の」は無変化で一部の名称に限られます。ふつうは -s (オランダ語的な地名) や -isch (おもに外国名) に語尾 -e をつけます。
  E'dammer kaas「エダムチーズ」(E'dammer「エダム (E'dam) の」)
  de *Amster'damse* po'litie「アムステルダム警察」(Amster'dams「アムステルダム (Amster'dam) の」)
  de *A'rabische* Zee「アラビア海」(A'rabisch「アラビア (A'rabië) の」)

(c) **語尾 -e をつけない用法**

「形容詞＋名詞」で1語の複合語に相当する場合で，人の職業や業績評価，出身地，公式名称，専門用語などがそうです。
    een *groot* man「偉人」⇔ een *grote* man「背の高い男」
    de *be'handelend* arts「主治医」 het *open'baar* ver'voer「公共交通」
    het *Delfts* aardewerk「デルフト焼き」
    het *zelf'standig* naamwoord「名詞（単数形）」
ただし，複数形ではふつう語尾 -e をつけます。
    grote mannen「偉人たち；背の高い男たち（複数形）」
    de *zelf'standig(e)* naamwoorden「名詞（複数形）」
分かち書きせず，完全な1語になっているものもあります。
    klein・geld「小銭」 groot・vader「祖父」
    linker'hand「左手」（第1音節にアクセントも可）

3. 形容詞 (2)―語形変化：独立用法

(a) **語尾 -e/-en**

名詞的に使う用法で，代用する名詞の性・数に一致して限定用法の語尾を伴います（英語の *an old one* の *one* に相当するものは不要です）。

14課　外事警察で

　　{een oud/het oud*e*} huis「古い家」→{een oud/het oud*e*}「古いもの」
　　(de) oud*e* huizen「同上（複数形）」→ (de) oud*e*「同上（複数形）」
　ただし，人の意味の複数形では語尾 -en をつけます。
　　(de) oud*e* mensen「高齢の人々」→ (de) oud*en*「高齢者」
　名詞 ouders「両親（複数形）」との違いに注意。なお，-en で終わる過去分詞（24課2）は限定用法では無変化ですが，独立用法では -e をつけます。
　　het ge/lezen boek「読まれた本」→ het ge/lezen*e*「読まれたもの」(lezen「読む」)
　　vol/wassen mensen「成人した人々」→ vol/wassen*en*「成人（複数形）」(wassen「成長する」)

(b) **語尾 -s**

　不定の物事の表現です（英 *something new*「何か新しいもの」)。
　　{iets/niets/veel/wat/wat voor/ge/noeg/weinig}＋形容詞 -s
　　Het is *niets* {bij/zonder*s*/ernstig*s*}.「{特別なこと/たいしたこと}ではありません」
　-s/-sch で終わる形容詞には発音の都合で -s をつけません。
　　iets komisch「何かおかしなこと」(komisch「おかしい」)

4. 形容詞（3）—目的語・冠飾句

(a) **形容詞の目的語**

　形容詞には前置詞句または名詞句を目的語として伴うものがあり，語によって決まっています(7課1(d))。語順はどちらかといえば，「前置詞句＋形容詞」よりも「形容詞＋前置詞句」がふつうです。一方，「名詞句＋形容詞」は可能ですが，「形容詞＋名詞」は無理です。

① 「形容詞＋前置詞句」/「前置詞句＋名詞句」
　We zijn *be/reid tot samenwerking*.「私たちは協力する用意があります」
　(We zijn *tot samenwerking be/reid*. よりもふつう)

② 名詞句＋形容詞
　Het is {*de moeite* niet *waard*/niet *de moeite waard*}.「それは苦労のかいがない」(*Het is niet *waard de moeite*. は不可)

(b) 冠飾句

　名詞句を修飾する形容詞句は，長くても，英語と違って名詞に後置せず，前に置きます。これを冠飾句といいます。形容詞は最後に置いて，修飾する名詞に隣接させます。書き言葉でよく使います（17課2(c)）。

　　dit [erg van haar ouders *af׀hankelijke*] meisje「このとても親に甘えている（＝依存している）女の子」

語法と表現
「オランダ語・オランダ人の先生」

　英語の *a Dutch teacher* はあいまいですが，オランダ語では ① een *Nederlandse* leraar「オランダ人教師」，② een leraar *Nederlands*「オランダ語教師」のように，語順で区別します。

　　Me׀neer Kato is *een Ja׀panse leraar Nederlands*.「加藤さんは日本人のオランダ語の先生です」

　　een cursus Nederlands voor buitenlanders「外国人のためのオランダ語の講習」

　　Hij wordt *pro׀fessor moderne ge׀schiedenis*.「彼は近現代史の教授になります」

　①の Nederlandse「オランダ語の」は語尾 -e がついた形容詞ですが，②の Nederlands「オランダ語」は名詞で，英語の *a teacher of Dutch* の *of* がない表現に対応します。ほかにも英語の *of* を欠く表現があります。

　　een kopje koffie「コーヒー1杯」（英 *a cup of coffee*），een doosje lucifers「マッチ1箱」，een groep jongens「男の子の集団」，een lijst namen「名簿（＝名前のリスト）」

　　Een klein jaar Nederlands is toch niet zo veel.「1年足らずのオランダ語(学習)ではたいしたことないよ」

ことばと文化：ニシン，コロッケ，日本食

　アムステルダムの風物詩に，屋台に並ぶニシン（de haring）の半身の塩漬けがあります。生もの感覚で新鮮です。尾っぽを持って空を仰ぎ，一気にや

14課　外事警察で

るのが由緒ある食べかたです。音をたててソバをすするのと同じで，恥ずべきことではありません。でも，私はこっそり家にもちかえり，切り身にしてワサビ醤油に刺し身感覚でいただくのが好きです。春が旬ですが，ほとんど年中食べられます。Uitjes er/bij?「タマネギはかけるかい」と聞かれて，Ja, graag. と言うと，てんこ盛りにされるので，私はいつも Nee, zonder.「いえ，なしでお願い」です。カレイ（de schol），タラ（de kabel/jauw），サバ（de ma/kreel）の切り身（het fi/let［フィレー fi.lé.］）からウナギのくん製（de ge/rookte paling）まで豪快に売っていて，見事に揚げてくれます。

　チーズ（de kaas）の屋台には，jong「新しい」，be/legen「熟成した」，oud「古い」に大別されるタイヤのようなかたまりが並んでいます。せっけんをナイフでけずり落とすようなものから，糸で簡単に切り分けられるものまで，さまざまです。oude kaas「古いチーズ」にはものすごい匂いがしたり，口に合わないものがあるので，jonge kaas「新しいチーズ」が無難です。自動販売機で買える俵の形をした暖かいコロッケ（de kro/ket）もユニークです。ヨーロッパ最高のアイスクリーム（het ijsje）もあれば，独身男性も生活への勇気がわいてきます。でも，伝統的なオランダ料理は野菜とジャガイモをごった煮にしたスタムポト（de stamp•pot），それに牛肉を混ぜたヒュツポト（de huts•pot），手軽なパンケーキ（de panne•koek），ハムかチーズと目玉焼きをパンにのせただけのアイトスメイテル（de uit•smijter），重厚なえんどう豆のスープ（de erwten•soep）など，あまりに素朴なものばかりです。

　日本食（Ja/panse levens•middelen［複数］）もある程度，売っています（te koop）。スーパーに寿司のパック詰めが山積みになっているのを見ると，なんだか胸が熱くなってきますね。醤油（de soja）もあります。近所のお宅にお呼ばれしても，おかきやえびせんを出してくれたりします。アジア食品の店では日本で食べるのに近い米（de rijst）も手に入ります。気に入った米がないときには，de pap•rijst（おかゆ（de pap）用の米）を選びましょう。ねばりけがあり（kleverig），何とか我慢できます。東南アジアや中国の食料品も豊富なので，試して（proeven「試食する」）みましょう。もっとも，店員が知識不足のこともあり，パンパンにふくれた味噌の袋が並べてあるのを見て，これはもうだめですよと教えてあげたこともあります。賞味期限を上乗せしたラベル（het eti/ket）を貼ったりしていても，このさい許してあげましょう。

15課　デパートで
Les vijftien — In het warenhuis

この課で学ぶこと　形容詞(4)—比較級と最上級，語順(4)—主文の枠構造と動詞群，色彩を表わす形容詞

Ver/koper：Me/vrouw, mag ik u helpen?
店員：奥様，何にいたしましょうか（＝お手伝いしてもいいですか）。

Me/vrouw Ota：Ja. Ik zoek een wollen jas.
太田夫人：ええ。ウールのコートを探してるんですが。

V：Welke maat heeft u, me/vrouw?
店員：どちらのサイズをお召しですか。

O：Dat weet ik niet pre/cies.
太田夫人：よく分からないんです。

V：Nou, hoe vindt u deze? Dit is een lekkere warme jas van wol en niet zo duur.
店員：では，こちらはいかがですか（＝どう思いますか）。とても暖かいウールのコートですし，それほどお高くありませんよ。

O：Rood, dat staat me niet. Boven/dien is hij te groot, vind ik. Heeft u deze ook in een andere kleur en een maat kleiner?
太田夫人：赤ねえ，それは私には似合わないわ。それに，大きすぎる気がするし。ほかの色で，ひとつサイズが小さいのはありません?

V：Ik pak een kleinere voor u. Zoiets, me/vrouw? Deze is mooier dan de andere. Wilt u hem passen?

15課　デパートで

店員：もっと小さいのを［あなたに］お持ちします。このようなものはいかがでしょう。これはそちらの（＝別のもの）よりきれいですよ。お試しなさいますか。

O：Tja, hij is nog een beetje te groot. Mis/schien die donkerblauwe daar. Ja, die is het mooist. … O, enig. Hij zit prima. Vindt u hem niet leuk staan？

太田夫人：あら、まだちょっと大きすぎるわね。もしかして、あそこの紺のはどうかしら。ああ、あれが一番きれいだわ。…まあ、すてき（＝唯一の）。ぴったりじゃない。よく似合ってると思いません？

V：Ja/wel, me/vrouw, maar die is voor kinderen.
店員：ええ、奥様、ただ、それは子供用でございます。

単語

het waren・huis［ヴぁーれ（ン）ハイｽ vá:rə(n)hœys］「デパート」(waren□複数□「商品、品物」)、ver/koper［ヴぇるコーぺる vərkó.pər］「店員」(ver/kopen「売る」⇔kopen「買う」)、helpen［ヘルペ（ン）hɛlpə(n)］「手伝う」（英 help)、zoek［ズーｸ zu.k］□現在□→zoeken「探す」、wollen［ヴぉレ（ン）vɔlə(n)］「羊毛の」（英 woolen)、de jas［ヤｽ jɑs］「コート」、de maat［マーｔ ma.t］「寸法」、de wol［ヴぉル vɔl］「羊毛」（英 wool)、duur［デューる dy:r］「高価な」、rood［ろーｔ ro.t］「赤い」（英 red)、boven/dien［ボーヴぇ（ン）ディーン bo.və(n)dí.n］「そのうえ」、groot［ふろーｔ ɣro.t］「大きい」、de kleur［ｸれーる klø:r］「色」（英 color)、pak［パｯ pɑk］□現在□→pakken「つかむ、取る」、mooier［モーイぇる mó.jər］□比較級□/mooist［モーイｽト mo.ist］□最上級□→mooi「美しい」、passen［パセ（ン）pásə(n)］「試着する」、donkerblauw［ドンケるブラウ dɔnkərblɑu］「紺色の」

☞ オランダ人は大柄なので、私たちには衣料品の買い物が大変です。サイズの表示も違います。クリーニング店は de wasse/rij, de stome/rij（ドライクリーニング店）、コインランドリーは de wasse/rette です。

文法の要点
1. 形容詞（4）―比較級と最上級
(a) 語形変化
① 比較級 -er，最上級 -st
　　h*oo*g「高い」―h*o*ger―h*oo*gst　　　lie*f*「いとしい」―lie*v*er―lie*f*st
　　pre′cie*s*「正確な」―pre′cie*z*er―pre′cie*s*t（-s →-st）
　　typisch「典型的な」―typischer―typischt（-sch →-scht）
　　-r で終わるものは比較級で -der をつけます。
　　donker「暗い」―donker*d*er―donkerst

② 比較級「meer＋原級」，最上級「meest＋原級」
　　-en で終わる形容詞化した過去分詞（比較級，最上級），-e/-st などで終わる語（最上級）に限られます。
　　ver′sleten「すり切れた」―*meer* ver′sleten―*meest* ver′sleten
　　so′lide「安定した」―so′lider―*meest* so′lide
　　英語と違って，多音節語ではほとんど使いません。
　　interes′sant「おもしろい」―interes′sant*er*―interes′sant*st*

③ 不規則な変化（形容詞以外の語を含む）
　　goed「良い」―beter［ベーテ₃ bê.tər］―best
　　graag「好んで」―liever「むしろ」―liefst
　　veel「多い」―meer―meest
　　weinig「わずかな」―minder―minst

④ 独立した別の語
　　vroeger「以前(の)」　　later「その後(の)」　　laatst「最近(の)」

(b) 原級による表現
① {even(-zo)/net zo}＋原級＋als A「A と同じくらい…だ」
　　Je bent *net zo groot als* ik.「君は私とちょうど背の高さが同じだ」
　　Wij zijn *even oud*.「私たちは同年だ」
② te＋原級「あまりに…だ」
　　Die sokken zijn (*veel*) *te klein*.「その靴下は（あまりに）小さすぎる」
　　Uw bloeddruk is (*wat/iets/een beetje*) *te hoog*.「あなたの血圧は（少

し）高すぎます」
③ zo＋原級＋mogelijk「できるだけ…」
　Zo snel mogelijk, alstu'blieft！「できるだけ早くお願いします」

(c) **比較級による表現**
① 比較級（＋dan A）「(Aより)…だ」
　Dit appa'raat werkt (*veel*) *beter dan* het vorige.「この器械は前のよりも（ずっと）性能がいい」
　Ik hoor slecht. Kunt u (*wat/iets/een beetje*) *harder* spreken？「よく聞こえません。（もう少し）大きな声で話していただけますか」
　Deze woonkamer is *meer lang dan breed*.「この居間は広いというより横長だ」（形容詞相互の比較）
② minder（英 *less*）＋原級＋dan「…より…でない」
　Een ezel is *minder groot dan* een paard.「ロバは馬より大きくない」
③ hoe＋比較級…{hoe/des te meer}＋比較級「…するほど…だ」
　「hoe＋比較級」以下は従属文（18課）の語順で，定動詞が文末に来ます。「des te＋比較級」以下は従属文と主文の語順が両方可能です。
　Hoe langer ik haar ken, *hoe meer* ik van haar houd.「彼女と長く知り合いになればなるほど，私は彼女を好きになる」
　Hoe langer ik haar ken, *des te meer* {ik van haar *houd*/*houd* ik van haar}.「同上」

(d) **最上級による表現**
限定用法と独立用法では原級と同じ語尾をつけます。
　　de *intelli'gentste* leerling「最優秀の学生」（限定用法）
　　Van alle leerlingen is Maarten *de intelli'gentste*.「生徒全員中，マールテン(男名)が最優秀者だ」（独立用法，de intelli'gentste [leerling]）
叙述用法と副詞用法は「het＋最上級(-e)」です。-e はおもに話し言葉。性・数とは無関係に het を使います。
　　Van alle leerlingen is Maarten *het intelli'gentst*(*e*).「生徒全員中，マールテンが最優秀だ」（叙述用法）
　　Hoe kom ik *het best*(*e*) naar het centrum？「町の中心にはどうしたら

いちばんうまく行けますか」(副詞用法)

同一名詞句の異なる条件での比較は「het＋最上級(-e)」だけです。

    Onze tuin is in mei *het mooist*(*e*).「うちの庭は5月がいちばんきれいです」(*de mooiste は不可)

集合全体を構成する2者の比較にも最上級の独立用法を使います。

    Jan is *de jongste* van de twee broers.「ヤン(男名)は2人の兄弟のうちで年長です」

「op＋所有代名詞(弱形)＋最上級」(きわめて…)は叙述用法と副詞用法で使う話し言葉的な表現です。人以外の意味では z'n［ゼンzən］も使えます。「aller-最上級」も程度の意味を強めます。

    De tulpen zijn nu *op {hun/z'n} mooist*.「チューリップは今がいちばんきれいだ」

    op z'n vroegst「早くとも」   op z'n laatst「遅くとも」

    het *aller*nood*'*zakelijk*ste*「必要不可欠なもの」

絶対比較級「かなり…」と絶対最上級「きわめて…」の使用は限定されています。次の表現はその例です。

    de *jongere* gene*'*ratie「若い世代」

    Beste Karel「親愛なるカーレル(男名)」(手紙の冒頭で呼びかけ)

    een *hoogst* origi*'*neel boek「きわめて独創的な本」

2. 語順(4)―主文の枠構造と動詞群

不定詞を伴う助動詞を考慮して，主文の語順の仕組みを説明します。

主文には話題を置く文頭の「前域」に続いて，定動詞を置く2番目の「左枠」と，定動詞に支配された不定詞(または過去分詞)などを置く文末の「右枠」という2本の大黒柱があります。その間を「中域」といい，「主語―副詞―目的語/補語」を新情報が後ろに来るように並べます。これを「枠構造」といい，オランダ語の語順のエッセンスです。並列接続詞は前域のさらに前に来ます。

```
          前域   左枠   ［中域                              ］ 右枠
                話題   定動詞 ［              ………新情報    ］ 不定詞
          En    ik    wil   ［    graag met me'neer Krol een afspraak］ maken.
                そして 私は   たい ［    好んで クロルさんと      面会の約束を   ］ し
```

15課　デパートで

「それで，私はクロルさんと面会の約束をしたいのです」
決定疑問文は前域を欠き，疑問詞疑問文は疑問詞を前域に置きます。

```
　　　前域　　　左枠　　［中域　　　　　　　　　　　　　］　右枠
　　　話題　　　定動詞　［　　　　　　　………新情報］　不定詞
　　　　　　　　Wilt　　［u　　met me/neer Krol een afspraak］ maken?
　　　　　たいのですか［あなた　クロルさんと　　面会の約束を　　］ し
```
「あなたはクロルさんと面会の約束をなさりたいのですか」
```
　　　［Met wie]₁ wilt　　　［u　　　　　___₁ een afspraak］ maken?
　　　　だれと　　たいのですか［あなた　　　　面会の約束を　　］ し
```
「あなたはどなたと面会の約束をなさりたいのですか」

今度は動詞の位置に注目しましょう。動詞は主語を定めなければ，人称変化しない不定詞になり，文は不定詞で終わる「不定詞句」になります。不定詞句では日本語のように動詞が最後に来るのです。

```
　　　［中域　　　　　　　　　　　　　］　右枠
　　　[____ met me/neer Krol een afspraak］ maken
　　　［　クロルさんと　　　面会の約束を　］ する
```
「クロルさんと面会の約束をする（こと）」（主語のない不定詞句）

主語を ik「私」に定めると，不定詞 maken「する」が人称変化して maak となり，左枠に来ます（右枠は空欄になります）。主文は不定詞を主語に応じて変化させて左枠に置き，話題となる要素を文頭に出してつくるのです。

```
　　　前域　左枠　　［中域　　　　　　　　　　　　　　　］　右枠
　　　話題　定動詞　［　　　　　　　　………新情報］　不定詞
　　　Ik₂　maak₁　［___₂ met me/neer Krol een afspraak］ ___₁.
　　　私は　する　　［　クロルさんと　　　面会の約束を　　］
```
「私はクロルさんと面会の約束をします」

「クロルさんを」という前置詞句を文頭（＝前域）に出しても，定動詞が2番目に来るのは，枠構造があるからです。

```
　　　前域　　　　　　　　左枠　　［中域　　　　　　　　　］　右枠
　　　話題　　　　　　　　定動詞　［　　　　　………新情報］　不定詞
　　　[Met me/neer Krol]₂ maak₁ ［ik ___₂ een afspraak ］ ___₁.
　　　クロルさんと　　　　する　　［私は　面会の約束を　　］
```
「クロルさんと私は面会の約束をします」

(a) **枠越え**

　前置詞句や副詞は右枠を越えて外に出ることがあり,「枠越え」と言います。「枠越え」する理由は,①強く発音して強調する,②補足的につけ足す,③中域が長いときに外に出して文体的にスリムにするなどさまざまです。「枠越え」した位置を「後域」と言います。主語や目的語・補語の名詞句は「枠越え」できません。動詞にしっかり支配されていて,逃げられないのです。一般にオランダ語ではドイツ語よりも頻繁に「枠越え」が起こります（以下の図では定動詞の移動の表示は省略します）。

```
         前域     左枠 ［中域                          ］ 右枠   後域
         Ik₁     wil  ［___₁ graag ___₂ een afspraak  ］ maken  met me'neer Krol₂.
         私は    たい ［      好んで     面会の約束を    ］ し    クロルさんと (前置詞句)
        *Ik₁     wil  ［___₁ graag met me'neer Krol ___₂］ maken een afspraak₂.
         私は    たい ［      好んで クロルさんと       ］ し    面会の約束を (名詞句：不可)
```
「私はクロルさんと面会の約束をしたいのです」

　前置詞句でも動詞ととくに意味的に結びつきが強いものは,「枠越え」できません。慣用句, zijn「いる」/wonen「住む」とともに用いる位置成分「…に/で」, gaan「行く」/vliegen「飛ぶ」とともに用いる方向成分「…へ」などがそうです。

　　Je₁ moet ［___₁ hem op zijn kop］ geven.
　*Je₁ moet ［___₁ hem ___₂］ geven ［op zijn kop］₂. (不可)
「君は彼を叱る必要がある」（慣用句：iemand op zijn kop geven「…を叱る（＝頭の上に (op zijn kop) 与える (geven)）」）

　　Ik₁ zal ［___₁ morgen op mijn kan'toor］ zijn.
　*Ik₁ zal ［___₁ morgen ___₂］ zijn ［op mijn kan'toor］₂. (不可)
「私は明日,事務所にいるつもりです」（zijn「いる」の位置成分）

　　Ik₁ wil ［___₁ deze zomer naar Brugge］ gaan.
　*Ik₁ wil ［___₁ deze zomer ___₂］ gaan ［naar Brugge］₂. (不可)
「私は今年の夏,ブリュージュへ行きたい」（gaan「行く」の方向成分）

(b) **動詞群の語順**

　不定詞（または過去分詞）が重なると,「動詞群」をつくります。オランダ語の動詞群は日本語とは逆に,助動詞（＝不定詞や過去分詞を支配するもの）

を前に置きます。助動詞を後ろに置くのはやや稀で，話法の助動詞のように不定詞を支配する助動詞では避けたほうが無難です（18課1(a)，26課2）。以下の用例ではこの語順は割愛します。

  een afspraak *willen maken*「面会の約束をしたい（こと）」
  面会の約束を   たい し
  een afspraak *maken willen*「同上」（やや稀）
  面会の約束を   し たい

 不定詞が3つ以上の場合でも前に重ねていきます。

  naar de voetbalwedstrijd *kijken*「サッカーの試合を見る」
  サッカーの試合を   見る（kijken「見る（naar…を）」）
  naar de voetbalwedstrijd *gaan kijken*「サッカーの試合を見に行く」
  サッカーの試合を   行く 見に
  naar de voetbalwedstrijd *willen gaan kijken*「サッカーの試合を見に行きたい」
  サッカーの試合を   たい 行き 見に

 主文をつくると，次のようになります。

前域 左枠 [中域   ] 右枠
Ik ₂ *kijk* ₁ [＿＿ ₂ naar de voetbalwedstrijd] ＿＿ ₁ .
「私はサッカーの試合を見る（kijk）」
Ik ₂ *ga* ₁ [＿＿ ₂ naar de voetbalwedstrijd] ＿＿ ₁ *kijken*.
「私はサッカーの試合を見に（kijken）行く（ga）」
Ik ₂ *wil* ₁ [＿＿ ₂ graag naar de voetbalwedstrijd] ＿＿ ₁ *gaan kijken*.
「私はサッカーの試合を見に（kijken）行き（gaan）たい（wil）」
Ik ₂ *zou* ₁ [＿＿ ₂ graag naar de voetbalwedstrijd] ＿＿ ₁ *willen gaan kijken*.
「私はサッカーの試合を見に（kijken）行き（gaan）たい（willen）のだが（zou）」

語彙をふやそう

色彩を表わす形容詞

  rood「赤い」, blauw「青い」, geel「黄色い」, wit「白い」, zwart「黒い」, bruin「茶色い」, groen「緑色の」, grijs「灰色の」, paars「紫の」, oranje「オレンジ色の」
 それぞれ中性名詞としても使います。

het rood「赤」　　het {geel/wit} van een ei「{卵黄/卵白}」
形容詞を派生する接尾辞は3課2(c)参照。

ことばと文化：15万人の「村」，700人の「都市」

　ヨーロッパの旅の魅力は，古くて小さな町の狭い路地をゆっくりと歩きつくすことにあると思います。大都市は味気ないものです。博物館・美術館めぐりと高級ブランド品の買い物が一段落したら，田舎に出てみましょう。遠くの木立の間に教会の塔と古風な家並みが見えてきたら，旅行案内になくても，思いきって足をとめてみたいものです。

　「都市」は de stad ですが，かならずしも日本の「市」に対応しません。ヨーロッパ史で重要な役割を演じた stad は歴史的な概念であり，古い時代に都市権 (het stads・recht) を獲得した町だけを指します。人口が多くても，近年に発達した町はただの het dorp「村」ですし，いくら少なくても，かつて stad だったものは今でもそうです。ですから，王家の宮殿と博物館を兼ねた「エト・ロー宮殿」(Pa'leis Het Loo) を有し，洗練された高級住宅街が広がる人口約15万人のアーペルドールン (Apeldoorn) は，stad ではなく，ただの「村」です。一方，フリースラント (Friesland) を訪れる旅行者必見の絵のように愛らしい町スローテン (Sloten, 西フリジア語名 Sleat「スレアト」) は，1250年に都市権を獲得したので，住民700人弱といえども立派な stad なのです。

　小さな町にもある観光案内所では，地図やガイド，絵葉書，民芸品などを売っています。名所を写真に収めた絵葉書はその町でしか買えませんから，手軽な思い出づくりに最適です。ホテルの予約や旅行の手配，各種チケットの販売もしてくれます。観光案内所は，オランダでは de V.V.V.［ヴェーヴェーヴェー ve.ve.vé.］(＝Ver'eniging voor Vreemdelingen・verkeer)，ベルギーでは de Dienst Toe'risme と呼び分けます。気軽に訪れてみましょう。

練習 5　駅で
Oefening vijf—Op het sta'tion

次の会話文を和訳し，下線部に適当な表現を入れましょう。また，数字の部分をオランダ語で言ってみましょう。

Masami : Groningen alstu'blieft.
Loket'tist : Enkele reis of re'tour ?
M : Re'tour. _____ kost dat ?
L : Een ogenblikje. Dat kost € 38.
M : _____ gaat de volgende trein daarnaar'toe ?
L : Over een kwar'tier.
M : Van _____ ver'trekt de trein ?
L : Spoor 3A. U moet in Amersfoort over|stappen.
M : _____ .
L : Tot uw dienst.

単語：enkele reis「片道」, de re'tour［れトゥーる rətúːr］「往復」(英 *return*), kost□現在□→kosten「(…の値段が)する」(英 *cost*), volgend［ヴォルヘント vɔ́l-yənt］「次の」, daar・naar'toe［ダーるナーるトゥー daːrnaːrtúː］「そこへ」, de trein［トれィン trɛin］「電車」(英 *train*), het spoor［スポーる spoːr］「…番線，レール」, ver'trekt□現在□→ver'trekken［ヴェるトれケ(ン) vərtrɛ́kə(n)］「出発する」, over|stappen［オーヴェるスタペ(ン) ó.vərstɑpə(n)］「乗り換える」

【解答】

正美：フローニンゲンまでお願いします。
係員：片道ですか，往復ですか。
正美：往復です。おいくらですか (Hoe'veel または Wat)。
係員：ちょっとお待ちくださいね。38 ユーロ (achtendertig euro) です。
正美：今度そこへ向かう電車はいつ (Hoe laat または Wan'neer) 出ますか。
係員：15 分過ぎです。

正美：その電車は何番線（welk spoor）から発車しますか。
係員：3 (drie) A 番線です。アーメルスフォールトで乗り換えてください。
正美：ありがとうございます（Dank u (wel). または Be'dankt.）。
係員：どういたしまして。

レイデン（Leiden）の観光案内所（VVV）と中央駅

16課　電話の会話
Les zestien — Een tele/foongesprek

この課で学ぶこと　te-不定詞(句)を伴う助動詞・他動詞と語順(5), 文頭の要素(話題)の省略,「行く, 来る」, 曜日と週

Masami：Met Ota.
正美：もしもし, 太田です。

Tjitske：Hoi, Masami. Met Tjitske.
チツケ：もしもし, 正美さん。チツケよ。

M：Hoi. Ge/zellig.
正美：あら, これはどうも（＝楽しいわ）。

T：Ja. Een tijd ge/leden, hè. Nou, hoe is het? Alles goed thuis?
チツケ：ええ。しばらく（＝少し前）よね。それで, どう？お宅は？

M：Ja, prima. Met jullie ook?
正美：おかげさまで（＝最高よ）。あなたたちも？

T：Ja hoor. Zeg, Masami. Komen jullie morgen/middag om drie uur bij ons koffie drinken?
チツケ：うん。それでね, 正美さん。明日の午後3時にうちにお茶に来ない？

M：Ja, leuk. Waar wonen jullie?
正美：ええ, いいわね。どこに住んでるの。

T：We wonen in de Middeldorpstraat 5 (＝vijf), drie hoog. Kunnen

jullie de weg vinden?
チツケ：ミデルドルプ・ストラート（＝通り）5番の4階（＝3つ（drie）［階段（trappen）を］高く（hoog）上る）に住んでるのよ。道，わかる？

M：Ja, ik hoop het te kunnen vinden.
正美：ええ，わかると思うわ（＝それを見つけられることを希望する）。

T：Pas op! In Nederland is de eerste ver/dieping niet de laagste. Die noemen we hier be/gane grond.
チツケ：気をつけてね，オランダでは1階は一番下の階じゃないのよ。それはここでは「ベハーネ・フロント」って言うの。

M：Ja, dat weet ik. Be/dankt voor de uitnodiging.
正美：ええ，それは知ってるわ。ご招待，どうもありがとう。

T：Doe de groeten aan je moeder.
チツケ：お母様によろしく（＝あいさつを（de groeten）与えてね（doe））。

M：Zal ik doen. Tot morgen dan.
正美：わかったわ（＝私は［そう］します）。じゃあ，明日ね（＝明日まで）。

単語

この課からは不規則な語形などを除いて，動詞現在形は不定詞，名詞複数形・指小形はもとの単数形，形容詞比較級・最上級は原級に直して示します。
met「（電話で自分の名前につけて）もしもし…です」，het tele/foon・gesprek ［テレフォーンヘスプれク te.le.fóːn.ɣəsprɛk］「電話の会話」(de tele/foon「電話」＋ het ge/sprek「会話」), hoi ［ホイ hɔi］「やあ」, ge/zellig ［ヘゼラは ɣəzɛ́lək］「快適な」, een tijd ge/leden ［ヘレーデ(ン) ɣəlé.də(n)］「少し前」, thuis ［タイス tœys］「家で」, hoog ［ホーほ hoːx］「高い」(英 *high*), hopen「希望する」(英 *hope*), juist ［ヤイスト jœyst］「正しい」(英 *just*), op|passen ［オパセ(ン) ɔ́pɑsə(n)］「注意する」(分離動詞, 19課2), laag ［ラーは lɑːx］「低い」

— 164 —

(英 *low*)，noemen［ヌーメ(ﾝ) nú.mə(n)］「名づける，(…と) 呼ぶ」(英 *name*)，de uit・nodiging［アイﾄノーデひﾝｸﾞ œytno.dəɣɪŋ］「招待」，de groet［ふるーﾄ ɣru.t］「あいさつ」(英 *greet*)

☞ 電話の会話は「met＋自分の名前」で始めます。郵便・電話・電報は PTT，電話帳は Gouden gids，公衆電話は PTT Telecom が目印です。

文法の要点
1. te-不定詞を伴う助動詞
　不定詞を伴う以外に，te-不定詞を伴う助動詞もあります。話法と時間的経過を表わすものに分かれ，やはり枠構造をつくります。

(a) **話法を表わすもの**
　　dienen/be/horen/horen「…するべきだ」，weten「…を心得ている」，durven「…する勇気がある」(英 *dare*)，schijnen/lijken「(たぶん)…らしい」，blijken「(明らかに)…のようだ」
　　Je *be/hoort* op tijd *te zijn*.「時間は守るべきです」
　　Hij *weet* het *te vinden*.「彼はそれをちゃんと見つけられる」
　　Theo *durft* het risico niet *te nemen*.「テーオ(男名)は危険を冒す勇気がない」
　　Teun *schijnt* rijk *te zijn*.「テーン(男名)は金持ちらしい」
　　De rekening *lijkt* me niet *te kloppen*.「勘定が合っていないような気がします」
　　Frits *blijkt* be/trouwbaar *te zijn*.「フリツ(男名)は信用できそうだ」

(b) **時間的経過の意味を表わすもの**
　　komen「(主語の意志とは無関係に)…になる」(比較：komen＋不定詞「…しに来る」，14 課 1 (b))，plegen「…する習慣がある」，{staan/zitten/liggen/lopen/hangen}＋te-不定詞「…している」(6 課「語法と表現」(b))
　　Door de gladheid *komt* men *te vallen*.「滑りやすくて転んでしまう」
　　Bart *pleegt* iedere dag een ge/dicht *te maken*.「バルト(男名)は毎日，詩を作る習慣がある」

2. te-不定詞句を伴う他動詞

　te-不定詞を伴う助動詞は「助動詞＋te-不定詞」という動詞群をつくります。一方,「他動詞＋te-不定詞句」のように,「副詞＋目的語＋動詞」を含むte-不定詞句全体を目的語とする他動詞があります。たとえば,「…に…を(＝名詞句) 命令する」という他動詞 be′velen は,「…に […をするように] (＝te-不定詞句) 命令する」とも使うわけです。少し細かく言うと, 語順や te の有無にかんして次の三つのタイプに分かれます。

① be′velen/ge′bieden「命令する」, ver′bieden「禁止する」, ver′klaren「表明する」, vragen「頼む」など
　te-不定詞句全体を目的語として伴う純然たる他動詞です。
　　De dokter *be′veelt* haar ［in bed *te blijven*］.「医者は彼女に寝ているように命令する」
　　Nol *ver′klaart* ［de firma *te zullen ver′laten*］.「ノル(男名)は会社を離れるつもりだと明言している」

② be′sluiten「決心する」, be′weren「主張する」, denken「(…しようと) 考える」, hopen「希望する」, pro′beren「試みる」, ver′geten「忘れる」, wensen「願う」, weigeren「拒む」, zeggen「(…すると) 言う」; be′loven「約束する」, dreigen「脅す」, be′ginnen「始める」, op|houden「やめる」など
　te-不定詞を伴う助動詞としての性格をあわせもつ他動詞です。
　　Ik *hoop* ［u gauw weer *te zien*］.「私はあなたと早く再会できることを願っています」
　　Karin *zegt* ［veel geld op de bank *te hebben*］.「カーリン(女名)は銀行にたくさんお金を持っていると言っている」
　次の例では te-不定詞を伴う助動詞に近づきます。
　　Het *be′looft* een goed wijnjaar *te worden*.「ワインの当たり年になりそうだ」(助動詞＋te-不定詞)
　　⇔Ik *be′loof* je ［morgen op tijd *te zijn*］.「私は君に明日, 時間を守ると約束する」(他動詞＋te-不定詞句)
　　De dijk *dreigt te breken*.「堤防が決壊するおそれがある」

Het be|gint donker te worden.「暗くなってきた（＝なり始める）」

③ leren「学ぶ，教える」, helpen「助ける」
te-不定詞も te のない不定詞も使えます。
　　De leraar *leert* de kinderen *zwemmen*.「教師は子供たちに水泳を教える」(te は「学校で教える」の意味では省く傾向があります)
　　⇔Zijn moeder *leert* hem stil *te luisteren*.「彼の母親は彼に黙って聞くことを教える」
　　Ik ben blij u te *leren kennen*.「お知り合いになれて嬉しく思います（＝はじめまして）」(leren kennen「知り合いになる」)
　　Mirjam helpt hem zijn kamer {*op te ruimen*/*opruimen*}.「ミリヤム（女名）は彼に彼の部屋をかたづける手伝いをする」(op|ruimen「かたづける」，分離動詞，19課2)

3. 語順（5）―助動詞・他動詞と te-不定詞の語順

1の te-不定詞を伴う助動詞には動詞群の語順に強い制限があり，「助動詞＋te-不定詞」の語順に限られます。

前域	左枠	中域	[右枠	]
Dat	zou	je toch	[*dienen te weten*].	
		なのだが	[べきだ　知っている	]

「君はそれを［知っているべき］なのだが」

2の te-不定詞句を伴う他動詞では，目的語である te-不定詞句全体が「枠越え」(15課2(a)) して右枠の外に出ます。2①の動詞が典型的な例です。

前域	左枠	中域	右枠	[後域	]
Ik	zal	hem ___₁	*vragen*	[*tot zeven uur te wachten*]₁.	
	つもりだ		頼む	[7時まで　　待つように	]

「私は彼に［7時まで待つように］頼むつもりです」

一方，2②③の動詞には助動詞的な性格もあります。たとえば pro|beren「試みる」は他動詞的（［…を…することを］試みる）に使うと不定詞句が枠越えしますが，助動詞的（…を［…してみる］）に使うと右枠で動詞群をつくるのです。

前域	左枠	中域	右枠	[後域	]
Ik	zal	₁	*pro'beren*	[*deze tekst te ver'talen*]₁	.
	つもりだ		試みる	[このテキストを 翻訳することを]	

「私は[[このテキストを翻訳することを]試みる]つもりです」(他動詞的―枠越え)

前域	左枠	中域	[右枠	]
Ik	zal	deze tekst	[*pro'beren te ver'talen*]	.
	つもりだ	このテキストを	[てみる　翻訳し]	

「私はこのテキストを[[翻訳し]てみる]つもりです」(助動詞的―動詞群)

2 ③の動詞は他動詞的に使って不定詞句が枠越えすれば te をつけ, 助動詞的に使って右枠で動詞群をつくれば te はつけません。

前域	左枠	中域		右枠	[後域	]
	Kunt	u me	₁	*helpen*	[*mijn koffer te dragen*]₁	?
	Kunt	u me mijn koffer	*helpen dragen*?			

「トランクを運ぶのを手伝っていただけますか」

ただし, 全体で熟語になっているものは「te-不定詞＋助動詞」です。
　Ik zal het nooit *te weten komen*.「私はけっしてそれを知ることはないだろう」([te weten] komen「[わかるように] なる」)
　Saskia zal wel nog veel *te doen hebben*.「サスキア(女名)はまだたくさんやることがあるだろう」([te doen] hebben「[やることが] ある」)

受動の意味の「te-不定詞＋zijn」(23 課 2 (f)) や進行形の表現「aan het＋不定詞＋zijn」(6 課「語法と表現(a)」) でも zijn は後ろです (26 課 2 (b))。
　次の例で te-不定詞が regenen の前にあるのは, gaan regenen「雨が降りだす」に te がついているからです。
　Het schijnt *te* [*gaan regenen*].「雨になりそうだ」

語法と表現
文頭の要素(話題)の省略

オランダ語では日本語と違って, 主語や目的語は原則として省略できません。ただし, 文脈で明らかにわかる話題(トピック)になっているときには,

16課　電話の会話

口頭の簡単な受け答えではよく省略します。省略できる話題は文頭の要素 (Ø) で，文は定動詞で始まります。

　Nou, denk er/aan de volgende keer.—Ø Zal ik doen.「じゃあ，この次は忘れないでね」「そうするよ（＝[それを（dat）]私はするつもりだ）」
　Neemt u me niet kwalijk.—Ø Geeft niet.「申し訳ありません」「かまいませんよ（＝[それは（dat）]与えない（geeft niet））」
　Zilveruitjes? Ø Nooit van ge/hoord.「シャロット（＝小さなタマネギ状の野菜）?（[それ]については（[daar]…van））聞いたことないね（代名詞の er, 11課3；現在完了形，21課1）」

gaan/komen と「行く」「来る」

相手のところに「行く」ときは，Ik kom. です。Ik ga. だと，相手のいないところに行ってしまうことになります。この gaan は「去る」の意味です。「来る，着く」と komen は接近・到着，「行く，去る」と gaan は出発・離脱の意味で共通なのですが，相手の居場所が明確だと，そこに視点を移して komen を使うのが日本語と違います（英 go, come も同様）。Hoe kom ik daar?「そこにはどうやって行くのですか」では出発ではなく，目的地に到着することに関心があるので，komen を使います。場所の表現にも注意。

　　Komen jullie van/avond *hier*?「君たちは今晩，ここに来る?」
　　Ik *ga naar een* {*vriend/con/cert*}.「私は｛友人のところ／コンサート｝に行きます」
　　Kom je morgen *bij ons* eten?「明日，うちへ食事に来ない?」
　　Ik *ga naar huis*.「私は家に帰ります」
　　Hoe laat *ga* je 's ochtends *van huis*?「君は朝，何時に家を出るの」
　　Ik *kom* om zeven uur *thuis*.「私は7時に帰宅します（＝家に着く）」
　　Ik ben *thuis*.「私は家にいます」

「バスが来た」などの確認の表現には現在形を使います。

　　Daar *komt* mijn bus.「（あそこに私が乗る）バスが来た」

語彙をふやそう

曜日と週

　すべて両性名詞（de-名詞）で，矢印の右は「…にはいつも」の意味です。's [ｽ s] は次の単語と続けて発音します。's の有無に注意。

週	week [ヴェーク ve.k]→wekelijks [ヴェーケレｸｽ vé.kələks]	
日曜日	zondag [ゾンダは zɔ́ndɑx]→('s) zondags [ソンダはｽ sɔ́ndɑxs]	
月曜日	maandag [マーンダは má.ndɑx]→'s maandags	
	[ｽマーンダはｽ smá.ndɑxs]	
火曜日	dinsdag [ディンｽダは dínzdɑx]→dinsdags	
水曜日	woensdag [ヴーンｽダは vú.nzdɑx]→'s woensdags	
	[ｽヴーンｽダはｽ svú.nzdɑxs]	
木曜日	donderdag [ドンデるダは dɔ́ndərdɑx]→donderdags	
金曜日	vrijdag [ｯﾌﾚイダは vrɛ́idɑx]→vrijdags	
土曜日	zaterdag [ザーテるダは zá.tərdɑx]→('s) zaterdags	
	[サーテるダはｽ sá.tərdɑxs]	

　「's＋d」「's＋vr」は発音しにくいので 's が脱落し，「's＋z」は同化（2課）の結果，[ｽ s] と発音します。
　「op＋複数形」も「('s)＋…-s」とほぼ同じ意味で使えます。
　　op zaterdagen＝('s) zaterdags「土曜日にはいつも」
　「…曜日に」は「op＋単数形」でかまいません。
　　Ga je *op zaterdag* naar school ?「君は土曜日に学校へ行くの？」
　曜日以外の名詞(複数形)や複合語(単数形)には「op＋名詞」を使います。
　　op {feestdagen/werkdagen}「{祝日/ウイークデー} にはいつも」
　　op vrijdag/avond「金曜日の晩に（はいつも）」
　特定の曜日や指示・不定代名詞がついた表現では前置詞を省きます。
　　Zullen we *vrijdag* naar een con'cert gaan ?「今度の金曜日にコンサートに行こうか？」
　　Ik ga *elke dinsdag* zwemmen.「私は毎週火曜日に水泳に行く」
　次の表現もあります。前置詞のないものはそのまま副詞的に使います。

16課　電話の会話

{deze/van de} week「今週」, {volgende/aan/staande/komende} week「来週」, {vorige/ver/leden/af|gelopen} week「先週」, in het weekend「週末に」(weekeinde も可, 以下省略), {dit/volgend/komend} weekend「今週の週末に」, {vorig/af|gelopen} weekend「先週の週末に」, over een week「1週間後」, twee weken ge/leden「2週間前」, {volgende/vorige} week donderdag「{来週/先週}の木曜日に」, drie keer {per/in de} week「週に3回」(keer は単数形), {be/gin/eind} volgende week「来週の{初めに/終わりに}」

ことばと文化：オランダ12州ひとめぐり（1）

　古い時代の地図には，当時のネーデルラントは右向きに牙をむくライオンの姿で描かれています。個性あふれるオランダ12州をご紹介しましょう。

　たてがみにあたるのが，19世紀まで一つの州だった北ホラント州（Noord-/Holland）と南ホラント州（Zuid-/Holland）です。大部分が海面下で，首都アムステルダム（Amster/dam 約70万人），ハールレム（Haarlem 約15万人），世界最大の貿易港都市ロッテルダム（Rotter/dam 約60万人），政治の中心地デン・ハーハ（Den Haag 約44万人）で囲まれた首都圏（de Rand・stad Holland）はオランダの心臓です。アルクマール（Alkmaar 約9万人）やゴーダ（Gouda「ハウダ」約7万人）のチーズ市，チューリップの公園ケーケンホフ（Keukenhof），陶器で有名な古都デルフト（Delft 約9万人），最古の大学町レイデン（Leiden 約12万人），19基の風車（de molen）が並ぶ干拓地キンデルデイク（Kinderdijk），オランダの明治村ザーンセ・スハンス（Zaanse Schans），オランダ中の名所旧跡を25分の1に縮小したマドローダム（Maduro/dam）など，魅力満載の地方です。

　西隣のユトレヒト州（Utrecht「ユートレヘト」）の州都ユトレヒト（約24万人）は「オランダのへそ」と言われる交通の要所です。1579年の「ユトレヒト同盟」（Unie van Utrecht）で名高く，オラニエ公ヴィレム1世（Willem van Oranje 1533―84）の指揮で北部7州が団結してスペイン軍に対抗し，国の礎を築きました。

　ギザギザの形をしたゼーラント州（Zeeland）は，名前のとおり海（de zee）との闘いが激しく，「デルタ計画」（Deltaplan）の成功以前は孤立した地方で

した。市庁舎の美しい州都ミデルブルフ（Middelburg 約4万人）や堂々たる水門の町ジーリクセー（Zierikzee 約1万人）のほかに，保養地としても人気があります。

　北ブラーバント州（Noord-/Brabant）でやっと海面下から脱出です。ブレダー（Bre/da 約13万人）は商工業の中心。州都セルトーヘンボス（'s-Her-togen/bosch 約13万人）の聖ヤン大聖堂（Sint-Janskathedraal）はオランダ屈指の宗教建築で，画家のボス（Hieronymus Bosch 1450—1516頃）もこの町の出身です。

　海抜321メートルの「最高峰」地点を有する南東部のリンブルフ州（Lim-burg）は，ドイツとベルギーに接する政治文化の十字路です。州都マーストリヒト（Maas/tricht 約12万人）はマース川（de Maas）の渡し場（ラテン語 Mosae Trajectum）として古代ローマ人が築いた美しい古都で，聖セルヴァース教会（St.-Ser/vaasbasiliek）などの歴史遺産や洗練された雰囲気にあふれています。中世オランダ文学の創始者としてドイツと本家元祖を争う詩人ヘンドリク・ヴァン・ヴェルデケ（Hendrik van Veldeke 1140—1200頃）もこの地方の出身。白壁の村トルン（Thorn 約2,600人）もお忘れなく。

ザーンセ・スハンス（Zaanse Schans）の野外博物館

17課　レストランで
Les zeventien — In een restau'rant

この課で学ぶこと　不定詞，te-不定詞，om...te-不定詞，
　　　　　　　　「立っている，立ちあがる，立てる」

Masami : Zullen we hier gaan zitten?
正美：ここにすわりましょうか。

Tjitske : O'kee. Wat neem je?
チツケ：そうね。何にする？

M : Ik heb wel zin in iets warms. Hebben ze hier een dagschotel?
正美：暖かいのがいいわ。ここは日替わりメニューはあるのかしら。

T : Even vragen. Ober, mogen we be'stellen?
チツケ：聞いてみましょうか。すみません，注文してもいいですか。

Ober : Ik kom zo bij u. ...Ja, zegt u het maar.
ウェーター：ただ今，まいります。… はい，何にいたしますか（＝それを言ってください）。

M : Hebt u een dagschotel?
正美：日替わりメニューはありますか。

O : Ja'zeker, varkenshaas met frites en sla.
ウェーター：はい，ポークのテンダーロインステーキにフライドポテトとサラダ添えでございます。

M : Dat neem ik graag. En om te be'ginnen neem ik nog ge'rookte

zalm.
正美：私はそれにします。それから初めにスモークサーモンをいただきます。

T：Voor mij ge′bakken zeetong met ge′kookte aardappelen en verse erwten, alstu′blieft. En ook een kippensoep, graag.
チツケ：私はヒラメのグリルにボイルドポテトと（新鮮な）エンドウを添えたのをお願いします。それに，チキンスープも。

O：Wat wilt u drinken？
ウェーター：お飲み物は何にいたしますか。

M：Een glas rode wijn, alstu′blieft.
正美：グラスワインの赤をお願いします。

T：Voor mij een alcoholvrij bier.
チツケ：私はノンアルコールのビール。

O：Nog een vruchtentaartje met slagroom als des′sert？
ウェーター：デザートにフルーツタルトの生クリーム添えはいかがでしょう。

M/T：Nee, dank u, geen toetjes.
チツケ/正美：いえ，デザートはけっこうです。

O：Komt in orde, dames.
ウェーター：かしこまりました（＝それは（Het 省略）うまくいきます）。

単語

het restau′rant［れｽトらﾝ rɛsto.rã］「レストラン」, gaan zitten「すわる」, nemen［ネーメ(ｿ) né.mə(n)］「取る」, zin［ズｨﾝ zɪn］hebben「…がほしい (in …が)」(de zin「気持ち」), de dag·schotel［ダはｽほーテﾙ dáxsxo.təl］

17課　レストランで

「日替わりメニュー」(de schotel「深皿，料理」), de ober [オーベる ó.bər]「ウェーター」, be/stellen [ベｽテレ(ン) bəstɛ́lə(n)]「注文する」, de varkens•haas [ヴぁルケ(ン)ｽハーｽ vɑ́rkə(n)sha.s]「豚の腰肉」(de haas「ヒレ肉」), frites [ｯフリーﾄ fri.t] □複数□「フライドポテト」, de sla [ｽラー sla.]「レタス；サラダ」(英 *salad*), ge/rookte [へローｸテ ɣəró.ktə] zalm [ザルﾑ zɑlm]「スモークサーモン」(ge/rookt「燻製の」+ de zalm「鮭」(英 *salmon*), ge/bakken [へバケ(ン) ɣəbɑ́kə(n)] zee•tong [ゼートﾝｸ zé.tɔŋ]「ヒラメのグリル」(ge/bakken「焼いた」+ de zee•tong「ヒラメ」), ge/kookte [へコーｸテ ɣəkó.ktə] aardappelen [アーるﾄアペレ(ン) á.rtɑpələ(n)] □複数□「ボイルドポテト」(ge/kookt「煮た」+ de aard•appel「ジャガイモ」), vers [ヴェるｓ vɛrs]「新鮮な」(英 *fresh*), de erwt [エるﾄ ɛrt]「エンドウ豆」, de kippen•soep [キペ(ン)スーﾌ kípə(n)su.p]「チキンスープ」(de kip「鶏肉」+ de soep「スープ」(英 *soup*)), alcohol•vrij [アルコホルｳれイ ɑ́lko.hɔlvrɛi]「ノン・アルコールの」(de alcohol「アルコール」+ vrij「…のない」(英 *free*)), het bier [ビーる bi:r]「ビール」(英 *beer*), het vruchten•taartje [ｯりゅフテ(ン)ターるチェ vrýxtə(n)ta:rcə]「フルーツタルト」(de vrucht [ｯりゅフﾄ vrʏxt]「果物」, 英 *fruit*), de slag•room [ｽラはローﾑ sláxro.m]「生クリーム」(de room「クリーム」), het des'sert [デセるﾄ dɛsɛ́rt]「デザート」, het toetje [トｯーチェ tú.cə]「デザート」, in orde komen「うまくいく」(de orde [オるデ ɔ́rdə]「秩序」(英 *order*))

文法の要点

1. 不定詞の名詞用法「…すること」

　不定詞は主語・目的語・補語として名詞的に使えます。
　　Is *roken* hier ver/boden?「ここは喫煙（英 *smoking*）は禁止ですか」
　英語と違って動名詞 -ing がないので，不定詞を使うのです。オランダ語の -ing は動作名詞を導く接尾辞です。
　　de wisseling「交換，両替」(wisselen「交換する」)
　　de aardbeving「地震」(aarde「地面」, beven「震える」)
　目的語や副詞句などを伴って不定詞句全体を名詞的にも使えます。
　　Het is *een uur fietsen*.「自転車で1時間（＝1時間の自転車走行）です」

Een nieuwe taal leren be/tekent *veel nieuwe woorden leren*.「新しい言葉を学ぶことはたくさん新しい単語を学ぶことを意味する」
Zwemmen leren, dat vind ik moeilijk.「水泳を習うこと，それは私はむずかしいと思う」

不定詞は前置詞の目的語としても使えます。ふつう定冠詞がつきますが，つかないこともあり，微妙です。

Ik ben moe *van het schrijven*.「私は書きもので疲れた」

Neemt u een ta/blet *voor het slapen gaan*.「就寝前に１錠服用してください」

Zijn angst blijkt uit zijn ma/nier *van lopen*.「彼の不安は歩き方でわかる」

Na twee keer wassen wordt de kleur lichter.「２回洗うと，色が薄くなります」

"bij＋[het＋不定詞＋van＋目的語]"は「…を…するときに」の意味です。

Kunt u mij helpen *de band te ver/wisselen*?「タイヤを交換するのをお手伝いただけますか」

⇔Kunt u mij helpen *bij het ver/wisselen van de band*?「タイヤを交換するときにお手伝いいただけますか」

Nederlands leren is moeilijk.「オランダ語を学ぶのはむずかしい」

⇔Wat vindt u het moeilijkste *bij het leren van het Nederlands*?「オランダ語の学習で何が一番むずかしいと思いますか」

不定詞と同形の中性名詞に注意。eten「食べ物，食事」，drinken「飲み物」，leven「生命，生活」など。

Het eten is te zout.「食事が塩辛すぎます」

2. te-不定詞句の用法

(a) 形容詞… te-不定詞「…して〜だ」

Ik ben *blij* [dat *te horen*].「私はそれを聞いてうれしい」

(b) {iets/wat} te-不定詞「何か…するもの」

Kan ik nog [*iets te eten*] krijgen?「まだ何か食べるもの，もらえる？」

(c) 冠飾句：'冠詞… te-不定詞＋名詞'（書き言葉）
　受動の可能・必然の意味「…されるべき〜，…され得る〜」の意味です（14課4(b)，23課2(f)）。
　　　Dit　zijn　[de　[door de leerlingen *te* maken] opgaven].
　　　これは　です　[定冠詞　[によって 生徒たち　　　　なされるべき] 課題(複数形)
　　　「これは生徒たちによってなされるべき課題です」
　　　Dat　is　　[een　[moeilijk *te* voor/zien] pro/bleem].
　　　それは　だ　[不定冠詞[困難に　　予想され得る　　] 問題　　　　]
　　　「それは予想困難な問題だ」

(d) 「前置詞＋te-不定詞句」の用法
　時間や論理関係の意味の副詞句として使います（om は3(a)で学びます）。
　　　door「…することによって」, ten/einde（書き言葉）「…するために」, zonder「…することなしに」, na「…した後で」, al/vorens「…する前に」, in plaats van「…するかわりに」
　　　[*Door* hard *te werken*] kan je voor het e/xamen slagen.「一生けんめい勉強すれば（＝することで），試験に合格できる」
　　　Maarten ver/laat de kamer [*zonder* afscheid *te nemen*].「マールテン（男名）は別れのあいさつをせずに部屋を出ていく」
　　　[*In plaats van te werken*] luiert Anja de hele dag.「仕事をするかわりに，アニヤ(女名)は一日中のらくらしている」

3.「om…te-不定詞」の用法

　om の用法は複雑です。(a)の om は2(d)と同様に前置詞で，意味がはっきりしていますが，(b)(c)の om は te-不定詞句を導く文法的なはたらきをしているだけで，具体的な意味は表わしません。(b)では om の有無が微妙です。
(a) **副詞句を導く om**
① 目的「…するために」
　　Mattie werkt hier al/leen maar [*om* geld *te* ver/dienen].「マティー（女名）はお金をかせぐためだけにここで働いている」
② 結末「結局…になって」

Sicco gaat weg ［*om* niet terug *te* komen］.「シコ（男名）は行ったきり，二度と戻って来ない」
③ 断わり書きの意味の慣用句「…にあたって，…すると」
［*Om* je de waarheid *te* zeggen］ heb ik het hier erg naar mijn zin.「君に本音を言うと，ぼくはここがとても気に入ってるんだ」
④ te＋形容詞＋［om…te-不定詞］「…するためにはあまりに～だ」
Ik ben *te* moe ［*om te* werken］.「私は疲れて果てて働けない（＝働くためにはあまりに疲れている）」

(b) **主語・目的語・名詞修飾語を導く om**
　te-不定詞句を主語・目的語や名詞修飾語として導入します。om の使用には揺れがあり，話し言葉では om をつけ，書き言葉ではつけない傾向があります。②には te-不定詞句を伴う他動詞（16課2）も含まれます。
① 主語
om の使用は任意です。
Het is moeilijk ［(*om*) Nederlands *te* leren］.「オランダ語を習うのはむずかしい」（英語の「*it…to*-不定詞」構文）
② 動詞・形容詞などの述語の目的語
om の使用は任意です。
Bent u be′reid ［(*om*) de kosten *te* dragen］?「費用を負担する準備はありますか」(be′reid zijn「…する用意がある」)
Ik *ben van plan* ［(*om*) voor een week een auto *te* huren］.「私は1週間，レンタカーを借りるつもりです」(van plan zijn「…する計画だ」)
om をつけると，不定詞句の初めがはっきりします。
Ik be′loof je ［(*om*) een brief *te* schrijven］.「私は［手紙を書くと］君に約束する」(be′loven「約束する」)
⇔Ik be′loof ［(*om*) je een brief *te* schrijven］.「私は［君に手紙を書くと］約束する」
ただし，主観的な態度を表わす③④の動詞では om は使えません。
③「発言・認識」の意味の動詞
om は使えません。be′richten「報告する」, mee|delen/mede|delen「伝える」, ver′klaren「明言する」, zeggen「言う」; ge′loven/menen「…と思う」,

vrezen「…と心配する」
Moeder zegt [vroeg thuis *te zullen zijn*].「母は早く家に戻るつもりだと言っている」
④「判断」の意味の動詞
　om は使えません。schijnen/lijken「…らしい」，hoeven「…する必要がある」，durven「あえて…する」
　Gerda schijnt [arm *te zijn*].「ヘルダ(女名)は貧しいようだ」
⑤ 名詞の内容を補足する修飾句
　om の使用は任意です。
　Ik heb he'laas geen [ge'legenheid [(*om*) u te ont'moeten]].「残念ながらお会いする機会がありません」
　Sandra's [be'sluit [(*om*) hem niet meer *te bellen*]] kwetst hem diep.「もう彼に電話しないというサンドラ(女名)の決心が彼を深く傷つける」
　発言・認識，判断の意味の動詞から派生した名詞では om は使いません。
　Zijn [mededeling [*niet mee te willen gaan*]] ver'raste ons.「いっしょに行きたくないという彼の伝言は私たちを驚かせた」

(c) その他の om が必要な用法
　主語や被修飾名詞が「不定詞（＋前置詞)」の目的語にあたる点に注意。
① 形容詞への添加
　Dat poppetje is aardig [*om* naar *te kijken*].「あの人形は見てかわいい」
　(kijken「見る（naar …を)」)
② zijn「…である」の補語
　Deze prijs is [*om* van *te schrikken*].「この値段は恐ろしい（＝恐れるべきだ）」(schrikken「ぎょっとする（van …に)」)
　Dat is [*om* wan'hopig van *te worden*].「それには絶望的な気持ちになる」(wan'hopig worden「絶望的になる（van …で)」)
③ 名詞修飾
　Het is [een prijs [*om van te schrikken*]].「それは恐ろしい値段だ」
　Dat is [geen boek [*om te lezen*]].「それは読むべき本ではない」

語法と表現
「立っている，立ちあがる，立てる」

staan「立っている」⇔gaan staan「立ちあがる」⇔stellen/zetten「立てる」
zitten「すわっている」⇔gaan zitten「すわる」⇔zetten「すえる」
liggen「横になっている」⇔gaan liggen「横になる」⇔leggen「置く」

次の用例で使いかたを学びましょう。

Wilt u daar *gaan staan*?「そこに立っていただけますか」
Berna *gaat* op een bank *liggen*.「ベルナ（女名）はベンチに横になる」

gaan のかわりに komen も使います。

Mag ik bij u *komen zitten*?「あなたのそばにすわってもいいですか」
Fred *komt* naast haar *staan*.「フレト（男名）は彼女の横に来て立つ」

「起床する」は op|staan（分離動詞，19 課 2，英 *stand up*）です。

Morgen *sta* ik om zes uur *op*.「明日，私は 6 時に起きる」

staan「（物理的に）立っている，…の状態にある」に対応するのは，zetten「（物理的に）立てる，…の状態にする」（英 *set*）と stellen「（抽象的に）…の状態にする，表わす」です。

Vader *zet* de boeken in de kast. Ze *staan* mooi in de kast.「父は本を書棚に立てる。本はきれいに書棚に並んでいる」
Wat *staat* die radio weer hard! *Zet* hem eens wat zachter.「そのラジオはまたなんてうるさいの。もうちょっと音を小さくしてよ」
Ze *stellen* de ma/chine buiten be/drijf.「彼らは機械を止める」（buiten be/drijf stellen「運転・営業を中止する」）
Ik wil u graag een vraag *stellen*.「あなたに頼みがあるのですが」

zetten は「（コーヒーなどを）準備する」の意味でも使います。

Sjaak staat in de keuken en *zet koffie*.「シャーク（男名）は台所で（＝台所に立って）コーヒーを入れている」

ことばと文化：レストランと喫茶店

ヨーロッパのレストラン（het restau/rant）はゆっくり食事を楽しむところです。メニュー（de/het me/nu）も時間をかけて目を通します。席に着くと

17課　レストランで

　同時に,「ご注文は？」などとせかされることはありません。店内には高価な調度品が惜しみなく配置され, ゴージャスなテーブルクロスにナプキンがしつらえてあって, あなただけのためにろうそくを灯してくれます。でも, なかなか食事が出てこなくて, いらいらするのも事実です。地元の客は悠然と会話を楽しんでいますが, 東洋からの多忙な旅行者には迷惑な話。昼はファーストフードの店で, 軽くブローチェ (het broodje, 小型の細長いパンにおかずをはさんだサンドイッチ) ですませましょう。オランダ人の昼食は, あの体格からするとじつに簡素です。ちゃんとした食事は一日一回で十分, レストランはその日のハイライトと理解することです。食後にかならず聞かれるのが, Heeft het ge/smaakt?「お味はいかがでしたか」です。Ja, uit/ste-kend!「ええ, すてきでしたよ」とか, Het was heel lekker, dank u.「とってもおいしかったですよ。どうも」と軽く受け流せばいいのです。ある時, たまには気のきいたことを言ってやろうと思って,「肉の焼きかたが足りなかったですネ」と言ったら, 中からシェフが出てきたのにはまいりました。

　困るのは喫茶店 (het ca/fé) です。中世の街角を歩き疲れた後に, 広場 (het plein) に面した喫茶店に腰をおろして, 教会や市庁舎を眺めながら風に吹かれてビールを一杯やるときほど, ヨーロッパにいる幸せを感じる瞬間はありません。オランダ語圏の人々は屋外にすわるのが大好きです。多少暑くても寒くても, せっかく気のきいたインテリアの店でも, 外へ出たがります。ところが, なかなかウエイトレス (de ser/veerster) がやって来ません。こちらから出向いても, Kunt u even blijven zitten?「席で待っていてくださいませんか」とそっけない返事。勘定 (de rekening) をすませようと思っても, テーブルで直接, 支払う仕組みです (つまり, レジがないのです)。担当のテーブルが決まっているので, やたらに声をかけてもだめです。注文の品を持ってきたときに, 払っておけばよかったのに。でも, こういう場面でやたらにあせったりするのは下品な田舎者の象徴なので, 絶対にやめてください。10分待ちましょう。釣銭をさりげなくテーブルに残して, にこやかに次の町に旅立てば, あなたはもうヨーロッパ通なのです。

18課　ご宿泊のお客様へ
Les achttien — Ge'achte gast

この課で学ぶこと　語順(6)—従属文の枠構造と「枠越え」,
　　　　　　　　　　条件文と譲歩文

Ge'achte gast
ご宿泊のお客様へ

Hartelijk welkom in Ho'tel Belfort.
ホテル・ベルフォルトにようこそいらっしゃいました。

We zullen ons best doen uw ver'blijf zo prettig mogelijk te laten ver'lopen.
私どもはお客様にできるだけ快適にお過ごしいただけるよう（＝滞在をできるだけ快適に経過させるように），最善をお尽しいたします。

De ont'bijttijden zijn van zeven uur tot half tien.
ご朝食は7時から9時半まででございます。

Wij zullen uw kamer drie keer per week van schoon linnengoed voor'zien.
週に3度，お部屋に清潔なリネンをお持ちいたします。

Wilt u dat we vaker komen of heeft u iets nodig, laat u ons dat dan even weten.
より頻繁に伺うことをお望みか，または何か必要なものがございましたら，お申しつけくださいませ。

Wij bieden u de mogelijkheid om uw kleding te laten wassen.

18課　ご宿泊のお客様へ

お召し物のクリーニングもお受けいたしております（＝あなたの衣服を洗濯させることも可能です）。

Wan'neer u te wassen kleding voor elf uur af|geeft bij de re'ceptie, zorgen wij er'voor dat u het 's avonds in uw kamer re'tour heeft.
クリーニングをお望みの（＝クリーニングされるべき）お召し物を11時前にフロントまでお持ちいただければ、晩にはお部屋にお戻しするようにいたします（＝あなたがそれを部屋で返却を受けるように心掛けます）。

Voor het ver'zenden van een fax kunt u bij de re'ceptie te'recht.
ファックスをご送信のさいには、フロントにてお受けいたします（＝あなたはフロントでうまく行きます）。

U kunt ook via de re'ceptie een taxi be'stellen.
フロントを通じてタクシーを予約する（＝注文する）こともおできになります。

Wij advi'seren u een taxi ten'minste één uur van te'voren te be'stellen om te'leurstellingen te voor'komen.
ご不都合が生じませんように（＝失望を予防するために）、タクシーは少なくとも1時間前にご予約いただくことをお勧めいたします。

Wij wensen u een prettig ver'blijf.
快適なご滞在となりますよう、お祈り申し上げます（＝願っています）。

単語

ge'acht ［ヘアはト ɣəáxt］「（手紙の冒頭で遠慮が必要な相手の名前につけて）拝啓；尊敬すべき」（achten「尊敬する」の形容詞化した過去分詞）, het ver'blijf ［ヴェるブレイフ vərblɛif］「滞在」, ver'lopen ［ヴェるローペ(ン) vərló.-pə(n)］「経過する」, ont'bijt・tijden ［オントベイテイデ(ン) ɔntbɛitɛidə(n)］□複数□「朝食の時間」（het ont'bijt「朝食」), schoon ［スほーン sxo.n］「清潔な」, het linnen・goed ［リネ(ン)ふート lɪnə(ŋ)ɣu.t］「リネン（シーツ, 枕カバ

— 183 —

ー，タオルなど）」（英 *linen*），voor/zien［ヴォーるズィーン voːrzí.n］「（…に）供給する（met …を）」，vaak［ヴァーク va.k］「頻繁な」，nodig［ノーダは nóː.dəx］hebben「必要とする」，de mogelijk•heid［モーヘレックヘイト móː.ɣələkhɛit］「可能性」，de kleding［クレーディング kléː.dɪŋ］「衣服」（英 *clothes*），wassen［ヴぁセ(ン) vásə(n)］「洗う」（英 *wash*），af|geven［アフヘーヴェ(ン) áfxeː.və(n)］「預ける」，de re/ceptie［れセプスィー rəsɛ́psi.］「フロント」（英 *reception*），zorgen［ゾるヘ(ン) zɔ́rɣə(n)］「配慮する（voor …に）」，ver/zenden［ヴぇるゼンデ(ン) vərzɛ́ndə(n)］「送付する」（英 *send* (*off*)），de fax［ファクス faks］「ファクス」，te/recht［テれヘト tərɛxt］「適切に」，de taxi［タクスィ táksi.］「タクシー」，via［ヴィーア ví.a］「…を通じて」，advi/seren［アトフィゼーれ(ン) ɑtfizéːrə(n)］「助言する」（英 *advise*），ten/minste［テミンステ təmínstə］「少なくとも」，van te/voren［テヴォーれ(ン) təvóːrə(n)］「前もって」，de te/leur•stelling［テロゥーるステリング təlǿːrstɛlɪŋ］「失望」，voor/komen［ヴォーるコーメ(ン) voːrkóːmə(n)］「防ぐ」

文法の要点

1. 語順（6）ー従属文の枠構造

　次の例では①の denk ik と ik denk は主文に軽く添えるだけですが，②の ik denk は dat 以下の文を目的語として従え，定動詞が文末にあります。この②のように，他の文の一部になっている文を「従属文」といいます。

① *Dat is een goed i/dee*, denk ik.「それはいい考えだと思うよ」
　Ik denk, *daar klopt iets niet*.「それでは何か合わないと思いますが」
② Ik denk niet *dat Eva vi/ool speelt*.「私はエーヴァ（女名）がヴァイオリンをひくとは思わない」

[主文	]	[従属文		]
		[左枠	[中域	] 右枠]
		[従属接続詞		定動詞]
[Ik denk niet]		[*dat*	[Eva vi/ool	*speelt*].
[私は 思わ ない]		[とは	[エーヴァが ヴァイオリンを	ひく]

　従属文は dat「…と（いうこと）」などの従属接続詞（28課1）のほかに，間接疑問文の疑問詞（19課1）や関係詞（27課）で導きます。この3者は左

18課　ご宿泊のお客様へ

枠にあり，右枠にある文末の定動詞と枠構造をつくります。

(a) 動詞群の語順

① 「定動詞（＝助動詞）＋不定詞」（やや稀：「不定詞＋定動詞（＝助動詞）」）
   不定詞を支配する助動詞は不定詞の前に置きます。助動詞を後ろに置く語順はやや稀です（15課2(b), 26課2）。以下の用例ではこの語順は割愛します。

```
                    [従属接続詞]           [定動詞＋不定詞]]
[Ik denk niet] [dat        ] [Eva  vi/ool] [kan    spelen]].
[私は 思わ ない] [とは       ] [エーヴァが ヴァイオリンを] [ことができる ひく   ]]
                    [従属接続詞]           [不定詞＋定動詞]]
[Ik denk niet] [dat        ] [Eva  vi/ool] [spelen  kan]].(やや稀)
```
「私はエーヴァがヴァイオリンをひくことができるとは思わない」

② 「定動詞（＝助動詞）＋te-不定詞」
   te-不定詞を支配する助動詞では助動詞を後ろに置く語順は不自然です。

```
                    [従属接続詞]           [定動詞＋te-不定詞]]
[Ik vind]      [dat        ] [je   dat   ] [be/hoort te weten]].
[私は 思う ]    [と          ] [君は それを ] [べきだ    知っている ]]
```
「私は君はそれを知っておくべきだと思う」

(b) 主文の枠構造との関連

じつは，主文の枠構造（15課2）も従属文に関連づけて理解できます。

① 従属文：　　　[左枠　　　 [中域　　　　] [右枠　　　　　]]
　　　　　　　　[従属接続詞]   [定動詞＋不定詞]]
Ik denk niet [dat   ] [Eva vi/ool] [kan   spelen]].
「私はエーヴァがヴァイオリンをひくことができるとは思わない」

② 主文：　前域　　左枠　　　[中域　　　　] [右枠　　　　　]
　　　　　Eva $_2$　kan $_1$　[___$_2$ vi/ool] [___$_1$ spelen].
「エーヴァはヴァイオリンをひくことができる」
　　　　　　　　定動詞　　　　　　　　　　　[___ ＋不定詞]
　　　　　　　　Kan $_1$　[Eva vi/ool] [___$_1$ spelen]?
「エーヴァはヴァイオリンをひくことができるの？」

従属文の従属接続詞 dat と主文の定動詞 kan はともに左枠にあるのです。一見，まったく違う従属接続詞と定動詞が同じ位置を占めるのがミソです。両者は左枠のイスを争いますが，従属接続詞のほうがエライので，これがいると（＝従属文），定動詞は右枠に甘んじます。いなくなると（＝主文），定動詞は子分の不定詞を置き去りにして左枠にすわります。これが枠構造です。主文が従属文と異なるのは，主文には前域があり，従属文にはない点です。従属文は主文の前域を除いた部分と同じなのです。

(c) te-不定詞句の枠構造との関連

te-不定詞句も文の一部なので枠構造をつくりますが，主語がなく，意味的に決まる点が違います。te-不定詞は om (17課3) がなくても右枠に置きます。

```
                        [左枠         [中域             ]  右枠        ]
従属文：                従属接続詞                        定動詞
Truus ver'laat ons,     [zonder dat   [ze een woord  ]  zegt       ].
te-不定詞句：           前置詞                            te-不定詞
Truus ver'laat ons,     [zonder       [___ een woord ]  te zeggen  ].
「トリュース(女名)は一言も言わずに私たちのもとを去る」
Jannie pro'beert        [(om)         [___ vi'ool    ]  te spelen  ].
「ヤニー(女名)はヴァイオリンをひこうと試みる」
```

2. 枠越え

(a) 動詞の目的語が従属文の場合

今度は従属文の位置に注目しましょう。目的語が het「それ」という代名詞の文は，次のようになります。

```
      前域  左枠  [中域                    ]  右枠
      Ik    kan   [het              niet]  ge'loven.
```
「私は［それ］が信じられない」

ところが，目的語が従属文のときには，次のようには言えません。

```
      *Ik   kan   [[dat Eva vi'ool speelt] niet]  ge'loven.（不可）
```
「私は［エーヴァがヴァイオリンをひく］とは信じられない」

従属文が中域にあると，お腹が太ってしまうので，後域に「枠越え」(15課

18課　ご宿泊のお客様へ

2 (a)) してスリムにします。文の真ん中に別の文を埋め込むのはよくないのです。

　　　前域　　左枠　［中域　　］　右枠　　　［後域　　　　　　　　　］
　　　Ik　　kan　［＿＿1 niet］　ge/loven　［*dat Eva vi/ool speelt*］1.

少々頭でっかちですが，従属文を前域に置くことはできます。

　　　［前域　　　　　　　　　］　左枠　［中域　　　　］　右枠
　　　［*Dat Eva vi/ool speelt*］1　kan　［ik ＿＿1 niet］　ge/loven.「同上」

事実の評価の意味の動詞では，het を残して「枠越え」します。be/treuren「悔やむ」, waar/deren「評価する」, 形容詞＋vinden「…と思う」など。

　　　前域　　左枠　［中域　　　　］　右枠　　［後域　　　　　　　　］
　　　Nel　　zal　［het 1 wel leuk］　vinden　［*dat Eva vi/ool speelt*］1.
　　　「ネル(女名)はエーヴァがヴァイオリンをひくのをいいと思うだろう」

(b) 前置詞の目的語が従属文の場合

「代名詞の er」を中域に残して「枠越え」します。前置詞は右枠の動詞の直前に置きます。

　　　前域　　左枠　［中域　　　　　］　右枠　［後域　］
　　　Je　　kan　［er1 zeker *van*］　zijn　［*dat Eva vi/ool kan spelen*］1.
　　　「君はエーヴァがヴァイオリンをひけることを確信していい」

　　　(*Je kan [*van* [*dat Eva vi/ool kan spelen*] zeker] zijn. は不可)

「er＋前置詞」を欠く述語もあります。

　　　Chris en Dora zijn het (*er/over*1) eens, [*dat ze uit el/kaar willen gaan*]1.「クリス(男名)とドーラ(女名)は別れることで意見が一致している」

(c) 主語が従属文の場合

中域にある主語はふつう het を残して「枠越え」します(前域の要素を強調する場合には，het を省いてもかまいません)。

　　　［前域　　　　　　］　左枠　中域　右枠　［後域　　　　　　　　　　］
　　　［Een ver/rassing］　moet　(het1)　zijn　［*dat Eva vi/ool speelt*］1.
　　　「エーヴァがヴァイオリンをひくのは驚くべきことに違いない」

前域の主語が「枠越え」すると，het を残して前域を埋めます(意味は同じ)。

　　　　［前域　　　　　］左枠　中域　　　　　　右枠［後域　　　　　］
　　　［*Dat Eva vi′ool speelt*］moet een　ver′rassing zijn.
　　　［*Het*₁　　　　　　］moet een　ver′rassing zijn［*dat Eva vi′ool speelt*］₁.
　schijnen「…らしい」のように主語が未確認の事実を表わす動詞では，従属
文は前域に置けません（blijken「…は明らかだ」ならば可）。
　　　*Het*₁ schijnt［*dat Eva vi′ool speelt*］₁.「エーヴァはヴァイオリンをひ
　くらしい」（*［*Dat Eva vi′ool speelt*］schijnt. は不可）

(d) **te-不定詞句の枠越え**
　従属文の場合と同じです。次の「枠越え」した例で確かめてください。
　　　前域　　左枠［中域　　　　　］右枠　　後域
　　　Freek　zal　［*het*₁ wel beter］vinden　［(*om*) *van′daag*
　　　　　　　　　　　　　　　　　　　　　　　　niet te ver′trekken］₁.
　　「フレーク(男名)は今日は出発しないほうがいいと思うだろう」
　　　Ik　　ben　［*er*₁ graag *toe*］be′reid　［(*om*) *jullie te helpen*］₁.
　　「私は喜んで君たちを手伝う用意がある」
　　　*Het*₁　zal　［wel moeilijk　］zijn　　［(*om*) *Nederlands te leren*］₁.
　　「オランダ語を学ぶことはむずかしいだろう」

3. 条件文と譲歩文

(a) 条件文：als「…ならば」＋従属文
　従属文は主語や目的語以外に副詞的にも使います。従属接続詞 als「…なら
ば」による条件文では従属文は前域を占め，定動詞が続きます。
　　　Ik zal een taxi nemen, [als het laat wordt].
　　「遅くなったら，私はタクシーを拾うつもりです」
　Als het laat wordt を前域に置くと，主文は英語式に ik zal een taxi
nemen の語順ではいけません。定動詞 zal が3番目に来てしまうからです。
　　　［前域　　　　　　　］左枠［中域　　　］右枠
　　　[Als het laat wordt], *zal* 　[ik een taxi]　nemen.「同上」
　「als＋従属文」は副詞 dan「そのときには」で受け直すことがあります。前
域を占めるのは dan で，定動詞 zal が続きます。

18課　ご宿泊のお客様へ

　　　　　　　前域　　左枠　［中域　　　　］　右枠
　　［*Als het laat wordt*]₁, *dan*₁　zal　［ik een taxi］　nemen.「同上」
　als「…ならば」を欠く条件文もあります。定動詞が左枠の als の位置を占めることになり，決定疑問文の語順と同じですが，疑問の意味はありません。話法の助動詞 mocht（←mogen）も使えます。
　　［*Wordt het laat*]₁, (*dan*₁)　neem ik een taxi.「同上」
　　［*Mocht het laat worden*]₁, (*dan*₁)　neem ik een taxi.「同上」

(b) 譲歩文：｛疑問詞… ook/zo…al｝＋従属文「たとえ…だろうと」
　後続する主文の語順はそのままです。譲歩文は前半と後半が内容的にも語順の面でも独立性が強いのです。
　　［従属文　　　　　　　　　］［前域　　左枠　　［中域　　　　］］
　　［*Wat je ook* tegen haar zegt］, ［ze　　ge'looft　［je toch niet］］.
　　「彼女は何を言っても信じてくれない」
　　［*Zo ze al* rijk is　　　　　　］, ［ge'lukkig is　［ze niet　　　］］.
　　「彼女は裕福ではあるが，幸せではない」
　(ook) al を前域に置いた主文で始める譲歩文もできます。やはり定動詞は次に続かず，新たに別の主文を始める語順になります。
　　［(*Ook*) *al* ben ik arm］, ［*ik ben* toch ge'lukkig］.
　　「私はたとえ貧しくとも，幸せだ」

ことばと文化：オランダ 12 州ひとめぐり（2）

　城壁の町アーメルスフォールト（Amersfoort 約 12 万人）を過ぎると，景色は森林地帯に一変します。ヘルデルラント州（Gelderland）の北西部，国立公園ヴェーリュヴェ（Veluwe）は約 4,600 ヘクタールの自然保護区です。クレレル・ミュレル国立美術館（Rijks・museum（または Rijks・mu'seum）Kröller-Müller）はゴッホの作品の宝庫。アーペルドールン（Apeldoorn 約 15 万人）郊外の豪華なエト・ロー（Het Loo）宮殿や，州都アルネム（Arnhem 約 14 万人）の個性的なオランダ野外博物館（Het Nederlands Open'lucht-museum）も必見です。
　エイセル川（de IJssel）を越えて，オーヴェルエイセル州（Over'ijssel）の

州都ズヴォレ（Zwolle 約10万人）の旧市街の入り口で重厚なサセン門（Sassenpoort）を見上げると，低地フランケン（フランク）から低地ザクセン（サクソン）の地に足を踏み入れた感慨に浸ります。エイセル川沿いの古都カンペン（Kampen 約3万人），民族衣装の町スタプホルスト（Staphorst 約1.5万人），運河と緑の村ヒートホールン（Giethoorn 約1万人）などが魅力的です。
　北側に隣接するドレンテ州（Drenthe）は人口密度がもっとも低い田舎です。州都アセン（Assen 約5万人）はモダンな町。古代の巨石墳墓（het hunebed）めぐりに飽きたら，バスの旅に出てみましょう。美しい田園を通って，愛らしい教会が立つ小さな村の中心にもそのつど寄ってくれます。
　大学町として重要なフローニンゲン州（Groningen）の州都フローニンゲン（約17万人）は質実剛健そのもの。ドイツ・東フリースラントへの門，レーア（Leer）に通じる電車も1日数本しかありません。この遠隔地では勉学に励むのみです。なお，同州は天然ガスの発見で脚光を浴びています。
　西フリジア語との二言語使用地域フリースラント州（オ Friesland/西フ Fryslân「フリスローン」）は，州都レーヴァルデン（Leeuwarden/Ljouwert「リャウエト」約9万人）以外にも見どころが豊富です。伝統工芸の町ヒンデローペン（Hindeloopen/Hylpen「ヒルペン」約850人），かつての大学町フラーネケル（Franeker/Frjentsjer「フリエンチェル」約2万人），芸術的な水門の町スネーク（Sneek/Snits「スニツ」約3万人），デルフト焼きと並ぶカラフルな陶器の町マックム（Makkum 約3千人），安価なハルリンゲン（Harlingen/Harns「ハーンス」約1.5万人）やヴォルクム（Workum/Warkum「ヴァルクム」約4千人）の陶器も穴場です。この州は東部の森林地帯と西部の粘土層地帯に分かれます。南西部には湖沼が散在しますが，多くは人々が泥炭を掘って生活を支えた痕跡です。黄金の17世紀もフリースラントの貧しい民には無縁でした。遠浅のヴァデン海（de Wadden・zee）を越えて島にも渡ってみましょう。
　20世紀に旧ザイデル海の海底からよみがえったフレーヴォラント州（Flevoland）は，最後の干拓地の完成による25％の州面積拡大という夢を担っています。州都レーリスタト（Lelystad 約6万人）は都市計画の模範です。

練習 6　ホテルで
Oefening zes—In een ho'tel

次の会話文を和訳し，下線部に適当な表現を入れましょう．

Masami：Hebt u een tweepersoonskamer vrij ?
Ho'telmanager：＿＿＿＿＿（どのくらい長く）wilt u blijven ?
M：Twee nachten.
H：Ja, dat kan. Een tweepersoonskamer met douche en toi'let inclu'sief ont'bijt ＿＿＿＿＿（185 ユーロします）.
M：＿＿＿＿＿（はい，それでけっこう (goed) です）.
H：Dat is voor u ge'boekt. Hier hebt u de sleutel.
M：＿＿＿＿＿（どこですか）de V.V.V. ?
H：Op de Grote Markt. Hier links'af, de brug over en de V.V.V. is aan de rechter'kant.

単語：de　tweepersoons・kamer [トヴェーぺるソーンスカーメる tvé.pɛrso.ns-ka.mər]「二人部屋」, de ho'tel・manager [ホテるメネジェる ho.tɛ́lmɛnɛdʒər]「ホテル経営者」, de douche [ドゥーシ(エ) dú.ʃ(ə)]「シャワー」, het toi'let [トヴァレト tvɑlɛ́t]「トイレ」, inclu'sief [インクりゅズィーフ ɪŋkly.zí.f]「…込みで」, ge'boekt [ヘブークト ɣəbú.kt]［過去分詞］→boeken「予約する」(英 book), de sleutel [スりューテる slǿ.təl]「鍵」, de V.V.V. [ヴェーヴェーヴェー ve.ve.vé.]「観光案内所」, links'af [リンクスアフ lɪŋksáf]「左に」(rechts'af「右に」, ともに第 1 音節にアクセントも可), de brug [ブりゅふ brʏx] over「橋を渡って」, de rechter'kant [れヘテるカント rɛxtərkɑ́nt]「右側」(de linker-'kant「左側」, ともに第 1 音節にアクセントも可)

【解答】

正美：ツインの部屋はあいていますか．
ホテル経営者：どのくらい長く（Hoe lang）お泊まりになりますか．
正美：2 泊です．

ホテル経営者：はい，ございます（＝できます）。シャワーとトイレに朝食つきのツインが185ユーロ（kost € 185（＝honderdvijfentachtig euro））でございます。

太田夫人：はい，それでけっこうです（Ja, dat is goed）。

ホテル経営者：[それはあなたがたのために] お取りいたしました。これが鍵でございます（＝ここにあなたがたは鍵を持っています）。

太田夫人：観光案内所はどこでしょう（Waar is または Waar ligt）。

ホテル経営者：フローテ・マルクト（＝町の中心部にある市場がたつ広場）にございます。ここを左に曲がって，橋を越えれば，観光案内所は右手にあります。

アントワープ（Antwerpen）のギルドハウスでの古楽器演奏

19課　道をたずねる
Les negentien — De weg vragen

この課で学ぶこと　　間接疑問文，分離動詞，非分離動詞，
　　　　　　　　　　抱合動詞，質問と依頼の表現

Masami：Par/don, me/neer, bent u hier be/kend?
正美：すみません。ここらへんをよくご存じですか。

Me/neer van Dijk：Ja hoor.
ヴァン・デイク氏：ええ。

M：Mag ik u iets vragen? Kunt u me zeggen waar het Leidseplein is?
正美：ちょっとおたずねしてもいいでしょうか。レイツェプレイン（＝レイデン広場：アムステルダム旧市街の広場）はどこか教えていただけませんか。

D：Even kijken. U loopt hier recht/door tot de hoek van de straat. Daar gaat u links/af. Bij de stoplichten steekt u over, en dan is het Leidseplein de tweede straat rechts. U kunt het niet missen.
ヴァン・デイク氏：えー，そうですね。ここをまっすぐ通りの角まで行ってください。それから左に曲がります。交差点を横切ると，レイツェプレインは二つ目の通りの右側です。見つからないということはありませんから。

M：Ik kan het niet goed ont/houden. Kunt u het voor me op|schrijven?
正美：よく覚えられません。[それを私のために] 紙に書いていただけませんか（＝いただけますか）。

D：Ja/zeker. ...Zo, alstu/blieft.

ヴァン・デイク氏：いいですよ。…ほら，どうぞ。

M：Is het hier ver van/daan?
正美：ここから遠いですか。

D：Nee, het is niet ver weg. U hoeft de tram niet te nemen.
ヴァン・デイク氏：いえ，そんなに遠くありません。市電には乗らなくてもだいじょうぶですよ。

M：Dank u voor uw infor/matie, me/neer.
正美：教えていただいて（＝情報を），どうもありがとうございます。

D：Niets te danken.
ヴァン・デイク氏：どういたしまして（＝感謝されるべきことではありません）。

単語

vragen［ッらーへ（ン）vrá.ɣə(n)］「たずねる」，be/kend［ベケント bəkɛ́nt］「知られた」，even kijken「えーっと」，recht/door［れヘドーるrɛxdó:r］（第1音節にアクセントも可）「まっすぐ」，de hoek［フークhu.k］「曲がり角」，het stop・licht［ストプリふトstɔ́plɪxt］「交差点」，over|steken［オーヴェるステーケ（ン）ó.vərste.kə(n)］「横切る」，rechts［れヘッrɛxts］「右に」（英 *right*）（links「左に」），missen［ミセ（ン）mísə(n)］「のがす」，ont/houden［オントハウデ（ン）ɔnthóudə(n)］「記憶する」，op|schrijven［オプスふれイヴェ（ン）ɔ́psxrɛivə(n)］「書き記す」，de tram［トれムtrɛm］「路面電車」，de infor-/matie［インフォるマーツィ，(…スィ) ɪnfɔrmá.(t)si.］「情報」

文法の要点
1. 間接疑問文

「はい，いいえ」で答える決定疑問文は of「…かどうか」（英 *if*），疑問詞

19課　道をたずねる

による選択疑問文は疑問詞で従属文を導入し，枠構造をつくります。

```
              [左枠      [中域            ] 右枠        ]
Ik weet niet [of        [ik morgen      ] kan komen ].
```
「私は明日，来られるかどうかわからない」
```
Weet u       [hoe laat  [het            ] is         ]?
```
「何時かご存じですか」
```
Weet u       [waar      [dat pro|gramma over] gaat   ]?
Weet u       [waar|over [dat pro|gramma    ] gaat    ]?（書き言葉）
```
「あなたはその番組は何についてやっているのか知っていますか」

従属文の中の要素を問う疑問文もできます。

　　　*Wat*₁ wilt u [dat we ＿＿₁ doen]?「あなたは私たちが何をするのをお望みですか」

　　　Wie denk je [dat *er* komt]?「君はだれが来ると思う？」（虚辞の er）

2. 分離動詞

　分離動詞とは英語の句動詞（例 *give up*）のように，不変化詞（短い副詞）などの「分離成分」を伴う動詞です。主文定形と命令形(②)以外では分離成分が先行し，動詞と続け書きします(①)。ただし，te-不定詞では分かち書きします(③)。本書では分離成分と動詞の切れ目を「|」で示します。

　op|geven［オプヘーヴェ(ン) ɔpxe.və(n)］「あきらめる」（分離成分 op（英 *up*）+ 動詞 geven ［ヘーヴェ(ン) ɣe.və(n)］「与える」（英 *give*））

　アクセントは op と geven にありますが，op のほうが目立つので，op に置いて示します。不定詞・過去分詞と従属文では，動詞は文末（右枠）の分離成分の後ろに来ます。主文定形と命令形では前（左枠）に出て，分離成分は文末（右枠）に残ります。

① 従属文（現在形）op|geeft, 不定詞 op|geven

```
                  左枠   [中域                ] 右枠
Loesje denkt     [dat   [Bart zijn plan niet ] op|geeft].
```
「ルーシェ（女名）はバルト（男名）が計画をあきらめないと思っている」
```
           前域   左枠   [中域                ] 右枠
           Bart   wil   [zijn plan niet      ] op|geven.
```

— 195 —

「バルトは計画をあきらめたくないと思っている」
② 主文（現在形）geeft...op，命令形 geef...op
    前域 左枠 ［中域   ］ 右枠
    Bart *geeft*₁ ［zijn plan niet ］ *op* ___₁.
「バルトは計画をあきらめない」
        *Geef*₁ ［jouw plan ］ *op* ___₁!
「計画をあきらめてちょうだい」
③ te-不定詞 op te geven（分かち書きに注意）
          左枠 ［中域 ］ 右枠
Loesje vraagt Bart ［(om)］［zijn plan］［*op* te *geven*］］.
「ルーシェはバルトに計画をあきらめるように頼む」

(a) 分離成分の種類と意味

 分離成分は不変化詞のほかに形容詞や名詞の例もあり，雑多です。
  goed|keuren「承認する」(goed「良い」+keuren「検査する」)
  schoon|maken「掃除する」(schoon「清潔な」+maken「する」)
  kennis|maken「知り合いになる」(kennis「知識」+maken「作る」)
  tele|visie|kijken「テレビを見る」(tele|visie「テレビ」+kijken「見る」)
  Ze *kijken* iedere avond *tele|visie*.「彼らは毎晩テレビを見る」
  Dag, me|vrouw. Ik kom even *kennis|maken*.「こんにちは，奥様。ごあいさつに（＝知り合いになるために）うかがいました」
  Zo|iets hoor je niet *goed* te *keuren*.「そういうことは認めるべきではない」
 er|uit|zien［エらイㇳスィーン ərǿytsi.n］「…のように見える」に注意。
  Joop *ziet er* blij *uit*.「ヨープ（男名）はうれしそうだ」
  Hoe *ziet* het *er|uit*?「それはどんなぐあいですか」
 意味は，mee|gaan「ついていく」(mee「いっしょに」+gaan「行く」)のように合成できるものや，bij|dragen「貢献する（tot …に）」(bij「そばに」+dragen「運ぶ」)のようにわかりにくいものがあります。

(b) 助動詞をはさんで分離する場合

 話し言葉では分離成分が助動詞をはさんで，動詞から分離することがあり

ます。
> Ik denk dat Wim {moet *weg|gaan*/*weg* moet *gaan* (話し言葉)}.「私はヴィム(男名)は立ち去らなければならないと思う」
> Zou je het raam {willen *open|doen*/*open* willen *doen* (話し言葉)}?「窓を開けてくれないかしら?」
> Ik hoop er op tijd {te kunnen *aan|komen*/*aan* te kunnen *komen* (話し言葉)}.「私はそこに時間どおりに到着できることを望みます」

完了形(21課)で過去分詞になっても分離することがあります(26課2(d))。
> Ellen zegt dat ze me {heeft *op|gebeld*/*op* heeft ge'*beld* (話し言葉)}.「エレン(女名)は私に電話したと言っている」(op|bellen「電話する」)

つまり、分離動詞はいつも分離しているのであって、くっついて見えるのは正書法のいたずらにすぎないのです。主文定形で動詞が分離成分の前に来るのは語順規則のせいです。本質は英語の句動詞と同じなのです。

話法の助動詞と使うと動詞の部分を省略することもあります(13課2(a))。
> Je *moet* mooie kleren *aan* naar de opera.「オペラにはきれいな服を着て行かなくてはだめよ」(aan|trekken または aan|doen「着る」)

(c) 枠越え

中域の前置詞句や副詞が後域に「枠越え」するのは、分離動詞でも同じです。主語・目的語・補語の名詞句は「枠越え」できません(15課2(a), 18課2)。例. uit|nodigen「招待する」

前域	左枠	[中域	]	右枠	[後域	]
Wilma	*nodigt*	[Robbie voor het feest]		*uit*.		
Wilma	*nodigt*	[Robbie ___₁	]	*uit*	[*voor het feest* ₁].	
					(前置詞句:可)	
*Wilma	*nodigt*	[___₁ voor het feest	]	*uit*	[*Robbie* ₁	].
					(名詞句:不可)	

「ヴィルマ(女名)はロビー(男名)をパーティーに招待する」

3. 非分離動詞

非分離動詞とは無アクセントの接頭辞 be- [ベ bə]/er- [エる ɛr]/ge- [ヘ

ɣə]/her-[ヘぁ hɛr]/ont-[オンᵗ ɔnt]/ver-[ヴェぁ vər] がついた動詞で，分離しません．例．be/doelen「意図する」，be/tekenen「意味する」

 Wat be/doel je?「君はどういうつもりでそんなことを言うのか」
 Wat be/tekent dit woord?「この語はどんな意味なの」

　分離動詞の分離成分である不変化詞と非分離動詞の接頭辞は性質が違います．分離動詞 op|geven「あきらめる」と非分離動詞 ver/geven「許す」の op と ver- は，英 give up, forgive の up と for- のようにまったく別物なのです．aan|be・velen「推薦する」のように接頭辞(be-)のついた分離動詞もあります．

 Wat be/veelt u me aan?「おすすめは何ですか（＝あなたは私に何を推薦しますか）」

(a) 接頭辞の意味

　接頭辞の意味が比較的はっきりしているのは，ont-「離脱」，her-「反復」，ver-「反対，過失」（一部の動詞）です．

 ont/komen「のがれる」⇔komen「来る」
 her/stellen「直す」⇔stellen「立てる，あるべき状態にする」
 ver/kopen「売る」⇔kopen「買う」
 ver/leiden「誘惑する」⇔leiden「導く，案内する」

　その他の接頭辞は意味がうまく特定できません．er- はドイツ語起源の少数の語に限られ，本来のオランダ語では her- が対応します．

 ver/staan「理解する」⇔staan「立っている」
 er/varen「経験する」⇔varen「（水上を）行く，航海する」
 ge/loven「信じる」（英 believe）⇔loven「ほめる」

　もとの動詞がなかったり，接頭辞が重なる語もあります．

 be/ginnen「始める，始まる」（*ginnen はありません，英 begin）
 ver・ont/schuldigen「許す」 be・ge/leiden「同伴する，伴奏する」

(b) be- の用法

① 他動詞化

 We kunnen op die vraag niet antwoorden.「私たちはその問いには答えられません」（自動詞「op…に（答える）」）
 We kunnen uw vraag niet be/antwoorden.「私どもはあなたのご依頼に

おこたえできません」(他動詞)
② 目的語の交替:全体への影響
　　Ik *hang* een schilde/rij aan de wand.「私は壁に絵を一枚掛ける」
　　Ik *be/hang* de wand *met* schilde/rijen.「私は壁一面に絵を掛ける」
③ 微妙な意味の変化
　　Fred *stu/deert* rechten.「フレト(男名)は大学で法律を学んでいる」
　　Deze filo/soof *bestu/deert* Spi/noza.「この哲学者はスピノザ(哲学者1632
　　―1677)を研究している」

(c) **分離成分と接頭辞が同形のもの**
　非分離動詞は分離動詞に比べて抽象的な意味を表わす傾向があります(3課「アクセント」2(b))。以下では第1音節にもアクセント記号をつけます。
　　/onder|gaan「下降する」⇔ onder/gaan「被る」(gaan「行く」)
　　/door|breken「二つに割る・割れる」⇔ door/breken「(慣習・障害などを)打ち破る」(breken「割る・割れる」)
　　/mis|gaan「失敗する,道をまちがえる」(gaan「行く」)⇔ mis/handelen「いじめる」(handelen「行動する」)
　分離成分や接頭辞がついた名詞や形容詞もたくさんあります。
　　de /*bij*drage「貢献」(/*bij*|dragen「貢献する」)
　　het *ge/*luk「幸せ」/*ge/*lukkig「幸せな」(*ge/*lukken「うまくいく」)

4. その他の複合動詞

(a) **抱合動詞Ⅰ:「名詞・形容詞」+「動詞」**
　名詞や形容詞を取り込んだ動詞で、アクセントは前半にあり、非分離です。
　　beeld・houwen「彫刻する」(beeld「像」+houwen「けずる」)
　　stof・zuigen「電気掃除機で掃除する」(stof「ほこり」+zuigen「吸う」)
　　lief・kozen「愛撫する」(lief「いとしい」+kozen「なでる」)
　　Aldo schijnt te *beeldhouwen*.「アルド(男名)は彫刻をやるらしい」
　　Marloes *stofzuigt* de woonkamer.「マルルース(女名)は居間に掃除機をかけている」
　　De moeder *liefkoost* haar kind.「母親は子供を愛撫する」

不定形(不定詞と分詞)でしか使えないものもあります。
　buik・spreken「腹話術で話す」(buik「腹」+spreken「話す」)
　mooi・praten「お世辞をいう」(mooi「美しい」+praten「話す」)
　Hij was aan 't *buikspreken*.「彼は腹話術で話していた」

(b) **抱合動詞 II：「動詞」+「名詞」**

　名詞は身体部位でおもに手段の意味になり，反射的・感情的動作を表わします。たとえば，stamp・voeten は「反射的に足(voet)で踏みつける(stampen)動作をする」という意味です。アクセントは前半にあります。
　stamp・voeten「足踏みする」(stampen「踏みつける」+voet「足」)
　schok・schouderen「肩をすくめる」(schokken「揺する」+schouder「肩」)
　knarse・tanden「歯ぎしりする」(knarsen「きしむ」+tand「歯」)
　Mattie *stampvoet* van ongeduld.「マティー(女名)はじれったくて足踏みする」

(c) **品詞転換：動詞←名詞**

　voetballen「サッカーをする」←voet・bal「サッカー」
　weerlichten「稲妻が光る」←weer・licht「稲妻」
　Doe jij iets aan sport？—Ja, ik *voetbal*.「スポーツは何かやるの？」「うん，サッカーをするよ」

語法と表現

質問と依頼の表現

　日本語では「…教えていただけませんか」と否定疑問文でたずねますが，これは質問ではなく，依頼です。オランダ語では英語と同様，Kunt u me zeggen…？のように，ふつうの疑問文で十分です。Kunt u me niet zeggen…？と言えないこともありませんが，「教えてくれないんですか」というニュアンスにならないように，niet は軽く発音し，相手を促す表情を添えましょう。
　Hoi, Luuk. Kom je *niet* van/avond？—Ja/wel hoor.「やあ，リューク(男名)，今晩，来ないか？」「ああ，もちろんいいよ」

ことばと文化:
「アーンテレッケン」と「フルヘッヘンド」―蘭学事始

　1771年3月4日，前野良沢（りょうたく 1723—1803）・杉田玄白（げんぱく 1733—1817）・中川淳庵（じゅんあん 1739—1786）の3人は，江戸の千住，骨が原刑場で死刑囚の腑分けに立ち会いました。人体内部の臓器の様子が通説とはまったく異なり，良沢と玄白が『ターヘル・アナトミア』と呼んでいたオランダ語の解剖学書（Ontleed/kundige Tafelen，ラテン語原典 Tabulae Anatomicae の翻訳）と完全に一致していたことにショックを受けた3人は，翌日から同書の翻訳にとりかかりました。蘭学の素養があった良沢を中心に249ページの大著を約2年後には脱稿し，他の説も補足して1774年に刊行した漢文体の翻訳が有名『解体新書』です。その苦労は83歳の玄白が往時をしのんでつづった『蘭学事始（らんがくことはじめ）』（1815）に語られています。

　医学に精進していた玄白は，オランダ語を学ぶ必要を感じていました。ところが，良沢に同行して訪問した大通詞（＝通訳）の西善三郎に，「かの辞を習ひて理解するといふは至つて難きこと」といさめられ，あきらめたといいます。そのとき善三郎が引き合いにした例が aan|trekken ［アーンՒれケ(ン) ȧ.ntrɛkə(n)］ という分離動詞です。通詞の家に生まれた自分にこの語の意味が理解できたのは，50歳になってからだ。酒が好きだと言うときに使うが，「アーンとはもともと向かふということ，テレッケンとは引くことなり。その向ひ引くといふは，向ふものを手前へ引き寄するなり。酒好む上戸といふも，向ふの物を手前へ引きたく思ふなり。即ち好むの意なり。また故郷を思ふもかくいふ。これまた故郷を手元へ引きよせたしと思ふ意あればなり」―じつに明快な説明ですね。やめておけと言われても，こんないい先生につけばさぞ上達するだろうと思って，ますます勉強したくなってしまいます。

　蘭和辞典も文法書もなかった時代の偉業には脱帽ですが，有名な逸話に「フルヘッヘンド」があります。鼻についての説明でこの語の意味がどうしてもわからず，手元の蘭仏辞典の用例に「木の枝を断ち去れば，その跡フルヘッヘンドをなし，また庭を掃除すれば，その塵土聚（あつ）まりフルヘッヘンドす」とあったことから，「木の枝を断りたる跡癒ゆれば堆（うづたか）くなり，また掃除して塵土聚まればこれも堆くなるなり。鼻は面中に在りて堆起（たいき）せるものなれば，フルヘッヘンドは堆（ウヅタカシ）といふことなるべし」と解決

したといいます（フランス語はわからないので，オランダ語の用例を頼りに語義を推定したのです）。「その時の嬉しさは，何にたとへんかたもなく，連城の玉をも得し心地せり」——これは ver'heffend, つまり，非分離動詞 ver-'heffen［ヴェるヘフェ(ン) vərhɛfə(n)］「持ち上げる」（英 *heave*, ド *erheben*) の現在分詞 (24 課 1) です。

レーヴェン (Leuven) の市庁舎

アウデナールデ (Oudenaarde) の市庁舎

20課　市電の車内で
Les twintig — In de tram

この課で学ぶこと　動詞の3基本形, 過去形と非現実の表現, 朝昼晩きょうあした

Contro/leur : Dag, me/vrouw. Uw plaatsbewijs, alstu/blieft.
検札係：こんにちは。乗車券を拝見します。

Me/vrouw Ota : Mijn plaatsbewijs？ Neemt u me niet kwalijk, maar wat be/doelt u？
太田夫人：乗車券ですって？申し訳ありませんが, どういうことでしょうか。

C : Mag ik uw kaartje zien？
検札係：切符を見せていただけますか。

O : Kan ik dat niet bij u kopen？
太田夫人：それはここ（＝あなたのところ）では買えないんですか。

C : Nee me/vrouw, u kunt al/leen bij de be/stuurder een strippenkaart kopen.
検札係：いいえ, 運転手のところでしか回数券は買えませんよ。

O : Echt waar？ Dat wist ik niet. Ik ben buitenlander, me/neer. Ik wilde bij het uit|stappen be/talen, en ik had ook haast.
太田夫人：えーっ, 本当ですか。それは知りませんでした。外国人なので。下車するときに払おうと思っていましたし, それに, 急いでいたんです。

C : Zonder kaartje mag u niet rijden, me/vrouw. Anders rijdt u zwart en het gaat u veel geld kosten.

検札係：切符なしに乗車してはいけないんですよ。そうでないと，不正乗車ということになって，たくさんお金がかかることになりますからね。

O：Zwart|rijden！ O, mijn ex/cuus, me/neer. Dat was mijn fout.
太田夫人：不正乗車ですって。申し訳ありません。勘違いだったんです。

C：Goed. Deze keer maak ik voor u een uitzondering. De volgende keer moet u goed op|letten.
検札係：いいでしょう。今回は例外とします。この次からはちゃんと注意してくださいね（＝注意しなければいけません）。

単語

de contro/leur ［コントロレーる kɔntro.lǿːr］「検札係」（英 controller），het plaats・bewijs ［プラーッベヴェイス plá.tsbəvɛis］「乗車券」（＝het kaartje），neemt u me niet kwalijk ［クヴァーレッ kvá.lək］「申し訳ありません」（私を(me) 悪く(kwalijk) 取らないでください(neemt u...niet)」，be/doelen ［ベドゥーレ(ン) bədú.lə(n)］「…のつもりで言う，意図する」，kopen ［コーペ(ン) kó.pə(n)］「買う」，de be/stuurder ［ベステューるデる bəstýːrdər］「運転手」，de strippen・kaart ［ストリペ(ン)カーるト strípə(n)kaːrt］「(バス・市電などに共通の)回数券」，waar ［ヴぁーる ʋaːr］「本当の」，wist ［ヴィスト ʋɪst］〔過去〕→weten「知っている」，wilde ［ヴィルデ ʋíldə］〔過去〕→willen「…したい」，uit|stappen ［アイトスタペ(ン) œytstɑpə(n)］「下車する」，had ［ハット hɑt］〔過去〕→hebben「持っている」，haast ［ハースト ha.st］ hebben「急ぐ」（de haast「急ぎ」（英 haste））, zwart|rijden ［ズヴぁるトれイデ(ン) zʋártrɛidə(n)］「ただ乗りする」，het ex/cuus ［エクスキュース ɛkskýːs］「謝罪」（英 excuse），de ver/gissing ［ヴェるひスィング vərɣísɪŋ］「思い違い」，de uit|zondering ［アイトソンデリング œytsɔndərɪŋ］「例外」，op|letten ［オプレテ(ン) ɔ́plɛtə(n)］「注意する」

☞ 市電やバスに乗るときには，あらかじめ郵便局やキオスクで割安な回数券（de strippen・kaart）を購入しておき，運転手か車内の機械でスタンプを押すことを忘れずに。郊外に出るときには距離に応じて余分に押します。検察官に不正乗車が見つかった

ら, 外国人でもまず許してくれません。

文法の要点
1. 動詞の3基本形と過去形の人称変化
「不定詞―過去形単数―過去分詞」を動詞の3基本形といい, 次のタイプに分かれます(「弱変化」とは変化が弱い, つまり, あまり変化しないという意味,「強変化」とは激しく変化するという意味です)。
① 弱変化動詞: 過去形単数は -d(e)/-t(e), 過去分詞は -d/-t をつける
  ⅰ) 規則動詞(語幹が変化しない): werken「働く」
  ⅱ) 不規則動詞(語幹が変化する): brengen「持ってくる」
② 強変化動詞: 語幹母音を変化させる(母音交替)
    すべて不規則動詞: rijden「(車で)行く」
過去形の人称変化は単数形では無語尾, 複数形では語尾 -(e)n をつけます。ただし, 2人称敬称 u「あなた, あなたがた」は複数形も単数形と同じです。

単数		複数		
ik/jij/hij/u	werkte	wij/jullie/zij	werkten	u werkte
	bracht		brachten	bracht
	reed		reden	reed

(a) 弱変化動詞: 規則動詞
　語幹が変わらない弱変化動詞が規則動詞です。過去形と過去分詞は有声音の後で -de/-d [ト t], 無声音('t kofschip の子音, 2課「同化(a)」)の後で -te/-t をつけます。過去分詞は無アクセントの接頭辞 ge- [ヘ yə] で始めます。

	不定詞	過去形単数/複数	過去分詞
語幹末が有声音:	語幹 -en	語幹 -de/-den	ge- 語幹 -d [ト t]
「遊ぶ」	spelen	speelde/speelden	ge'speeld
語幹末が無声音:	語幹 -en	語幹 -te/-ten	ge- 語幹 -t
「働く」	werken	werkte/werkten	ge'werkt

母音と子音の重ね字や, v/f と z/s の交替に注意(1課1)。

kussen「キスする」—kuste/kusten—ge′kust
reizen [れイゼ(ン) rέizə(n)]「旅行する」—reisde [れイズデ rέizdə]/reisden—ge′reisd [ヘれイスト ɣərέist]
leven [レーヴェ(ン) lé.və(n)]「生きる」—leefde [レーヴデ lé.vdə]/leefden—ge′leefd [ヘレーフト ɣəlé.ft]

語幹末が d/t の動詞は，過去形 d-de(n)/t-te(n)，過去分詞 -d/-t です。
branden「燃える」—brandde [ブらンデ brάndə]/brandden—ge′brand [ヘブらント ɣəbrάnt]
wachten「待つ」—wachtte [ヴァㇵテ vάxtə]/wachtten—ge′wacht

(b) 弱変化動詞：不規則動詞

過去形単数に -e をつけず，語幹が不規則なものが少数あります。
brengen「持ってくる」—bracht [ブらㇵト brɑxt]/brachten—ge′bracht
denken「思う，考える」—dacht [ダㇵト dɑxt]/dachten—ge′dacht
kopen「買う」—kocht [コㇵト kɔxt]/kochten—ge′kocht
zoeken「探す」—zocht [ゾㇵト zɔxt]/zochten—ge′zocht
hebben「もっている」—had/hadden—ge′had [ヘハット ɣəhάt]

次の動詞では強変化動詞の変化形などが混じっています。
lachen「笑う」—lachte/lachten—ge′lachen
vragen「たずねる，頼む」—vroeg/vroegen—ge′vraagd
zeggen「言う」—zei/zeiden—ge′zegd [ヘゼㇶト ɣəzέxt]

(c) 強変化動詞

　語幹母音を変化（＝母音交替）させる動詞です。過去形単数は無語尾で，過去分詞は「ge- 語幹 -(e)n」です。不規則動詞ですが，過去形と過去分詞の語幹母音から便宜的にほぼ 5 クラスに分かれ，不定詞と過去分詞の語幹母音が同じ第 6 クラスが加わります。第 5 クラスでは過去形の語幹母音の長短が単数と複数で異なります（大昔は母音交替は規則的に起こっていました）。

不定詞	過去形単数/複数	過去分詞
①	[エー e.]	[エー e.]
rijden「（車で）行く」	reed/reden	ge′reden
②	[オー o.]	[オー o.]

20課　市電の車内で

  kiezen「選ぶ」   koos/kozen   ge'kozen
  buigen「曲げる，曲がる」 boog/bogen   ge'bogen
  scheren「(…の) ひげをそる」 schoor/schoren   ge'schoren
③   [オ ɔ]   [オ ɔ]
  binden「結ぶ」   bond/bonden   ge'bonden
  zwemmen「泳ぐ」   zwom/zwommen   ge'zwommen
④   [イー i.]   [オ ɔ] など
  helpen「助ける」   hielp/hielpen   ge'holpen
  scheppen「創造する」   schiep/schiepen   ge'schapen
⑤   [ア ɑ]⇔a [アー a.]
  nemen「取る」   nam⇔namen   ge'nomen
             [ナ nɑm]⇔[ナーメ(ン) ná.mə(n)]
  komen「来る」   kwam⇔kwamen   ge'komen
  lezen「読む」   las⇔lazen   ge'lezen
  zitten「すわっている」   zat⇔zaten   ge'zeten
  zien「見る」   zag⇔zagen   ge'zien
⑥ 不定詞と過去分詞の語幹母音が同じ
  laten「…させる，放置する」 liet/lieten   ge'laten
  worden「…になる」   werd/werden   ge'worden
  gaan「行く」   ging/gingen   ge'gaan
  weten「知っている」   wist/wisten   ge'weten
次の二つはどれにも属しません。
  zijn「…で・がある」   was/waren   ge'weest
  doen「する，与える，…させる」 deed/deden   ge'daan

(d) 分離動詞と非分離動詞の 3 基本形

 分離成分や接頭辞を除いてから，変化表で確かめるのがコツです。まず，分離動詞はもとの動詞を変化させてから，分離成分を添えます。
   aan|komen「到着する」—{kwam/kwamen}…aan—aan|gekomen
    ⇔komen「来る」—kwam/kwamen—ge'komen
 非分離動詞の過去分詞には ge- をつけません。
   be・stu'deren「研究する」—be・stu'deerde/be・stu'deerden—*be・stu'deerd*

⇔stu'deren「大学で学ぶ」—stu'deerde/stu'deerden—ge・stu'deerd
ge'bieden「命令する」—ge'bood/ge'boden—ge'boden
⇔bieden「提供する」—bood/boden—ge'boden
抱合動詞や品詞転換による動詞は規則動詞です。
lief・kozen「愛撫する」—lief・koosde/lief・koosden—ge'lief・koosd
stamp・voeten「足踏みする」— stamp・voette/stamp・voetten — ge'stamp・voet
voetballen「サッカーをする」—voetbalde/voetbalden—ge'voetbald
ただし，もとの動詞が強変化だと，抱合動詞は弱変化に変わります。
stof・zuigen「電気掃除機で掃除する」— stof・zuigde/stof・zuigden — ge'stof・zuigd（弱変化）
⇔zuigen「吸う」—zoog/zogen—ge'zogen（強変化）

2. 過去形の用法

(a) 用法：回想・歴史・物語

　過去形は話法の助動詞やzijnなどを除いて，日常会話では意外に使いません。物語や回想のように，現実とは無縁な想像の世界にひたるときに好まれます。延々と伝える場合には現在完了形（21課）で話を始め，過去形に切り替えて描写し，話題の転換に現在完了形をはさみ，現在完了形で終えます。文体の問題とも言えます。新聞では過去形と現在完了形が両方出てきます。

　　Toen ik een kind *was*, *woonde* ik in een klein dorp in Drenthe.「子供だったころ，私はドレンテの小さな村に住んでいました」
　　De Tachtigjarige Oorlog *be'gon* in 1568.「八十年戦争（オランダ独立戦争1568—1648）は1568年に始まった」（be'ginnen「始まる」）

(b) 婉曲と非現実の表現

　これは過去形の重要な用法で，過去の出来事とは無関係です。
　　Ik *wou* deze vlucht annu'leren.「このフライトをキャンセルしたいのですが」（話法の助動詞willen「…したい」13課1(d)）
　　Ik *had* graag een platte'grond van de stad.「町の地図をいただきたいのですが」（hebben「もっている」）

20課　市電の車内で

Hoe *was* de naam?「お名前は何でしたか」(zijn「…である」)
Was alles maar zo een/voudig!「すべてがそんなに簡単だったらなあ」
非現実の条件文では「zou (zullen の過去形)＋不定詞」も使えます。
Als ik rijk *was, kocht* ik een huis.「金持ちならば，私は家を買うのに」
Als ik rijk *was, zou* ik een huis *kopen*.「同上」
Als ik rijk *zou zijn, kocht* ik een huis.「同上」
Als ik rijk *zou zijn, zou* ik een huis *kopen*.「同上」

語彙をふやそう
朝昼晩きょうあした

すべて両性名詞 (de) で，矢印の右は「…に (はいつも)」の意味です。

日・一日	dag	→dagelijks［ダーヘレ_{クス} dá.yələks］
朝	morgen	→'s morgens［_スモ_るヘ(ン)_ス smɔ́ryə(n)s］
	ochtend	→'s ochtends［_{ソほ}テン_ッ, (_{ソほ}テン_ス) sɔ́xtən(t)s］
昼	middag	→'s middags［_スミダ_{はス} smídɑxs］
	(tussen de middag「昼食時に」)	
夕・晩・夜	avond	→'s avonds［サーヴォン_{ッス}, (サーヴォン_ス) sá.vɔn(t)s］
夜・深夜	nacht	→'s nachts［_スナ_{ほッ} snɑxts］
午前中	voor/middag/voor・middag→in de {voor/middag/voor・middag} ＝voor de middag (アクセント -/middag または /voor-，以下同様)	
午後	na/middag/na・middag→in de {na/middag/na・middag}＝na de middag	

's morgens vroeg＝vroeg in de morgen「朝早く」

's avonds laat＝laat in de avond「夜遅く」

以下は副詞なので冠詞はつかず，主語や目的語になれません。Morgen is het zondag.「あしたは日曜日です」では主語の het (英 *it*) が必要です。van-/daag「きょう」などの van- は英語の *today* の前置詞 *to-* にあたり，一番近い時を指します。「こんにち」は van/daag de dag や heden/daags とすれば明

確です。副詞 morgen は「あした」，名詞 de morgen は「朝」です。
van/daag/heden（書き言葉）「きょう」, morgen「あした」, over・morgen/over/morgen「あさって」, gisteren「きのう」, {eer/gisteren/eer・gisteren}「おととい」, van/morgen/van/ochtend「けさ，きょうの午前中」, van/middag「きょうの午後」, van/avond「今晩」, van/nacht「今夜；ゆうべ」, gisteren/morgen / gisteren/ochtend「きのうの朝」, gisteren/avond「きのうの晩」, morgen/ochtend「あしたの朝」(*morgen/morgen は不可), morgen/middag「あしたの昼」, morgen/avond「あしたの晩」, drie dagen ge/leden「3日前」, over vier dagen「4日後」, vijf keer {per dag/daags}「1日に5回」, van/af morgen「あしたから」, tot van/daag「きょうまで」

ことばと文化：フランドル周遊の旅

　童話『フランダースの犬』でおなじみの大港湾都市アントワープ（Antwerpen「アントヴェルペン」約47万人）はフランドル地方の中心です。1585年のスペイン支配でアムステルダムに道を譲るまで大いに繁栄したこの町は，バロック絵画の巨匠ルーベンス（「リューベンス」, Peter Paul Rubens 1577－1640）を生み，ベルギー最大のゴシック建築である聖母マリア大聖堂（Onze-Lieve-Vrouwekerk）などの名所が目白押しです。ダイヤモンド工業でも有名です。カトリックの中心地，威厳あふれるメヘレン（Mechelen 約8万人）や古都リール（Lier 約3万人）もお忘れなく。

　その南西に位置するリンブルフ州（Limburg）にはブラーバント州と同様，オランダにも同名の州があり，歴史的なつながりを感じます。州都ハセルト（Hasselt 約8万人）は有名なジン（de je/never）の産地，南部のトンゲレン（Tongeren 約3万人）はローマ時代に由来するベルギー最古の町です。

　オランダ語圏であるブラーバント州（Brabant）にありながら，フランス語が優勢な二言語使用地域，首都（圏）ブリュッセル（オ Brussel/フ Bruxelles 約97万人）は，ヨーロッパ連合（EU）と北大西洋条約機構（NATO）の本部をかかえるヨーロッパの中心です。中央駅に近いグラン・プラス（オ Grote Markt/フ Grand-Place）はフランスの文豪ヴィクトル・ユーゴーが世界で最も美しいと称えた大広場で，ブルゴーニュ公国の宮廷文化の栄華をしのばせ

ます。15世紀半ばに建てられた美しい市庁舎と1425年創立の大学で有名なレーヴェン（Leuven）にも寄ってみましょう。

　西に接する東フランドル州（Oost-/Vlaanderen）の州都ヘント（Gent 約23万人）は，ベルギーではじめてオランダ語だけで講義を行なった大学を備え，運河沿いには中世以降の壮麗な商館が立ち並び，重厚な聖バーヴォ大聖堂（St.-Baafskathedraal）が旅人を圧倒します。アウデナールデ（Oudenaarde 約3万人）の華麗な市庁舎（16世紀前半）も必見です。

　海岸沿いの西フランドル州（West-/Vlaanderen）は，アントワープ以前の中世最大の港町で，町全体が博物館と絶賛される州都ブリュージュ（Brugge「ブリュヘ」約12万人）を筆頭に，魅惑的な歴史的小都市の宝庫です。第一次大戦の戦禍から見事に再建され，巨大な毛織物会館（de Lakenhalle）が強烈な印象を胸に刻むイーペル（Ieper 約4万人），スペイン情緒をしのばせるマルクト広場がこの上なく美しいヴェールネ（Veurne 約1万人），海辺の高級保養地オーストエンデ（Oost/ende 約7万人）はほんの一部にすぎません。コルトレイク（Kortrijk 約8万人）の旧市街の中心部では，ベルギー全体で25を数えるベヘイン修道院（het be/gijn・hof）を訪れて，中世の修道女の生活をしのびましょう。

　フランス語圏もこれに劣らず魅惑満載です。一般にベルギーの町はオランダよりも繁栄の歴史が古く，高雅な貴族的雰囲気を漂わせています。

コルトレイク（Kortrijk）のベヘイン修道院

21課　アムステルヴェーン，9月10日
Les eenentwintig — Amstel/veen, 10 sep/tember

この課で学ぶこと　現在完了形と過去完了形，完了不定詞

Amstel/veen, 10 sep/tember
アムステルヴェーン，9月10日

Beste me/neer en me/vrouw Alkema,
拝啓　アルケマ御夫妻様

Na onze heerlijke zomervakantie bij u in Makkum zijn wij weer veilig thuis aan|gekomen.
マックムのお宅でのすばらしい夏の休暇の後，私たちは無事，帰宅しました。

Wij willen u nog eens hartelijk be/danken voor uw gastvrijheid.
おもてなしに今一度，心から感謝いたします。

De foto's van de va/kantie zijn nu klaar en wij hebben een hele avond de beelden voor ons ge/zien van de heerlijke mo/menten bij u.
休暇の写真がやっと出来上がり，私たちは一晩中，お宅で過ごしたすばらしい時々の様子を眺めました。

Wij dachten dat het een goed i/dee zou zijn u ook wat afdrukjes te sturen.
私たちは焼き増しをいくつかお送りするのもいい考えかと思いつきました。

Bij dezen zenden wij u de foto's toe.
同じ便にて写真をお送りいたします。

21課　アムステルヴェーン，9月10日

Als u nog geen plannen hebt ge/maakt voor uw kerstvakantie, over/weegt u dan eens naar Amstel/veen te komen.
まだクリスマス休暇のご予定をお決めになっていないようでしたら，アムステルヴェーンにおいでになることをお考えください。

Wij zouden dat erg op prijs stellen en ons huis staat voor u open.
私たちはそれを何よりと思っております（＝高く評価します）ので，拙宅をぜひご利用ください（＝私たちの家はあなたがたのために開いています）。

Met vriendelijke groet,
Ota, Michiyo en Masami
敬具
太田三千代，正美

単語

de zomer•vakantie ［ゾーメるヴァカンスィ，(…ツィ) zó.mərva.kɑn(t)si.］「夏の休暇」(de va/kantie「休暇」)，heer•lijk ［ヘーるレク hé:rlək］「すばらしい」，weer ［ヴぇーる ver］「再び」，veilig ［ヴェイラは vɛ́ilǝx］「安全な」，zijn…aan|gekomen ［アーンヘコーメ(ン) á.ŋɣəko.mə(n)］▢現在完了▢→aan|komen「到着する」，de gastvrij•heid ［はストフれイヘイト ɣástfrɛihɛit］「歓待」，de foto ［フォート fó.to.］「写真」，klaar ［クラーる kla:r］「準備のできた」，het beeld ［ベーるト be.lt］「像」，hebben…ge/zien ［ヘズィーン ɣəzí.n］▢現在完了▢→zien「見る」，het mo/ment ［モメント mo.mɛ́nt］「瞬間，時期」，dachten ［ダはテ(ン) dáxtə(n)］▢過去▢→denken「考える」，de af•druk ［アッドりゅク ávdrʏk］「焼き増し」，sturen ［ステューれ(ン) stý:rə(n)］「送る」，bij dezen「同じ便で」(dezen は deze「これ」の古い変化形，hier/bij in|gesloten「同封して」も可)，toe|zenden ［トゥーゼンデ(ン) tú.zɛndə(n)］「送付する」，het plan ［プラン plan］「計画」，over/wegen ［オーヴェるヴぇーへ(ン) o.vər-vé.ɣə(n)］「熟考する」，de kerst•vakantie ［ケるストファカンスィ，(…ツィ) kɛ́rstfa.kɑn(t)si.］「クリスマス休暇」，op prijs ［プれイス prɛis］stellen「高く評価する」(de prijs「値段」，英 price))，met vriende•lijke groet「敬具

— 213 —

（一般的な手紙の結び）」（met vriendelijke groeten よりもフォーマル）

☞ 手紙の書きかたで注意が必要なのは，「拝啓」と「敬具」の表現です。26課のテキストと練習8〜10を参照してください。公式の手紙では「前略」（Mijne Heren または Ge'achte dames en heren）に続いて，最初に用件を Be'treft:…「…の件に関して」のように示しておくといいでしょう。最も形式的な結びの文句は Hoog'achtend「草々」です。なお，オランダ人は青色が大好きです。手紙や書類も青のボールペンでかまいません。

文法の要点
1. 現在完了形と完了不定詞
(a) 現在完了形：主文
　現在完了形「…した」は現在時制による過去の表現で，「完了の助動詞 hebben/zijn の現在形…過去分詞」です。主文では hebben/zijn（使い分けは後述）の現在形を左枠，過去分詞を右枠に置き，枠構造をつくります。

不定詞		remmen「ブレーキをかける」	landen「着陸する」
単数	ik	heb …ge'remd	ben …ge'land
	jij	hebt …ge'remd	bent …ge'land
	u	hebt/heeft …ge'remd	bent …ge'land
	hij	heeft …ge'remd	is …ge'land
複数	wij/jullie/zij	hebben …ge'remd	zijn …ge'land
	u	hebt/heeft …ge'remd	bent …ge'land

前域	左枠	［中域］	右枠
De chauf'feur	heeft	［tijdig］	ge'remd.
運転手は	た	［適切な時点で］	ブレーキをかけ

「運転手は適切な時点でブレーキをかけた」

Het vliegtuig	is	［al in Brussel］	ge'land.
飛行機は	た	［もうブリュッセルに］	着陸し

「飛行機はもうブリュッセルに着陸した」

21課　アムステルヴェーン，9月10日

(b) 現在完了形：従属文

　従属文では hebben/zijn の現在形を右枠に置き，過去分詞と隣接させますが，①「完了の助動詞(現在形)＋過去分詞」と②「過去分詞＋完了の助動詞(現在形)」の両方の語順が可能です。①は書き言葉で正式の文章，②は話し言葉でよく使います。不定詞を支配する助動詞との微妙な相違に注意してください（18課1(a)）。

　①「完了の助動詞(現在形)＋過去分詞」（書き言葉，正式）

　　　　　　　　　　　　　　　［左枠［中域　　　　　　　］右枠　　　　］
　De chauf'feur be'weert ［*dat*　［hij tijdig　　　　　　］ *heeft ge'remd*］.
　運転手は　　主張している［と　　［彼は　適切な時点で　　　］た　ブレーキをかけ］
　「運転手は適切な時点でブレーキをかけたと主張している」
　Het　　　schijnt　　［*dat*　［het vliegtuig al in Brussel］ *is ge'land*］.
　dat-従属文は　らしい　　　［ということ［飛行機は　　もうブリュッセルに］た 着陸し　］
　「飛行機はもうブリュッセルに着陸したらしい」

　②「過去分詞＋完了の助動詞(現在形)」（話し言葉）

　De chauf'feur be'weert ［*dat*　［hij tijdig　　　　　　］ *ge'remd heeft*］.
　Het　　　schijnt　　［*dat*　［het vliegtuig al in Brussel］ *ge'land is*　］.

(c) 完了不定詞

　完了不定詞は不定詞の完了形で，「…した(こと)」という意味です。te がついた形を「完了 te-不定詞」とも言います。現在完了形は完了不定詞の助動詞 hebben/zijn が現在形になったものです。語順は①②の両方が可能で，①は書き言葉で正式の文章，②は話し言葉でよく使います。不定詞を支配する助動詞との微妙な相違に注意してください（15課2(b)，18課1(a)）。

　①「完了の助動詞＋過去分詞」（書き言葉，正式）

　　(te) hebben ge'remd「ブレーキをかけた(こと)」←(te) remmen「ブレーキをかける(こと)」
　　(te) zijn ge'land「着陸した(こと)」←(te) landen「着陸する(こと)」
　De chauf'feur be'weert ［tijdig *te hebben ge'remd*］.
　「運転手は適切な時点でブレーキをかけたと主張している」
　Het vliegtuig moet ［al in Brussel *zijn ge'land*］.
　「飛行機はもうブリュッセルに着陸したにちがいない」

② 「過去分詞＋完了の助動詞」（話し言葉）

ge'remd (te) hebben「ブレーキをかけた(こと)」←(te) remmen「ブレーキをかける(こと)」

ge'land (te) zijn「着陸した(こと)」←(te) landen「着陸する(こと)」

De chauf'feur be'weert [tijdig ge'remd te hebben].

Het vliegtuig moet [al in Brussel ge'land zijn].

(d) **現在完了形の用法**

現在完了形は日常生活での過去の出来事のもっとも自然な表現です。英語と違って，「昨日」などの副詞とも使えます。過去の出来事には現在完了形を使いましょう。継続の意味（「今まで…している」）には現在形です (6課3)。

Gisteren *heeft* het hard *ge'regend*. 「昨日は大雨だった」

現在形が未来を表わすように，現在完了形は未来の出来事にも使います(日本語でも「明日, 来たら…」と言いますね)。

Ik ga niet naar huis, voor'dat ik het *ge'zien heb*. 「私はそれを見ないうちは（＝見てしまう前には）家に帰らない」(zien「見る」)

英語でいう「未来完了形」は認める必要がありません。zullen は未来を示すとは限らず，過去の出来事の推量にもなるからです。

Morgen om deze tijd *zal* hij het al *ge'daan hebben*. 「明日のこの時間には彼はそれをもうすませているだろう」（未来の推量, doen「する」)

Ans *zal* wel voor het e'xamen *ge'slaagd zijn*. 「アンス（女名）は試験に合格したのだろう」（過去の推量, slagen「合格する」）

2. 完了の助動詞 hebben/zijn の使い分け

hebben/zijn のどちらに支配されるかは，意味によって決まります。

① hebben 支配：主語が変化を受けない→他動詞と，場所や状態の変化を示さない自動詞

Het kind *heeft* het kopje *ge'broken*. 「子供はコップを割った」（他動詞 breken「割る」）

De direc'teur *heeft* de naam van zijn firma *ver'anderd*. 「社長は会社の名前を変えた」（他動詞 ver'anderen「変える」）

21課　アムステルヴェーン，9月10日

　　Ik *heb* twee uur *ge/lopen*.「私は2時間歩いた」（自動詞 lopen「歩く」）
② zijn 支配：主語が変化を受ける→場所や状態の変化を示す自動詞
　　Het kopje *is ge/broken*.「コップが割れた」（自動詞 breken「割れる」）
　　Arnout *is* (van mening) *ver/anderd*.「アルナウト（男名）は（意見が）変わった）」（自動詞 ver/anderen「変わる（van …について）」）
　　Ik *ben* naar het sta/tion *ge/lopen*.「私は駅へ歩いた」（自動詞 lopen「歩く」）

　他動詞とは名詞句目的語を伴うものを指します。それ以外は自動詞で，前置詞句目的語を伴うものを含みます（例．wachten「待つ（op …を）」）。「運転手がブレーキをかけた（remmen 自動詞）」では変化を被るのは車であって，運転手ではないので，remmen は hebben 支配です。「飛行機が着陸した（landen 自動詞）」では飛行機の状態が変わるので，landen は zijn 支配です。
　同じ動詞でも用法で違ってきます。「コップを割った（breken 他動詞）」では変化を受けるのは目的語のコップなので hebben 支配ですが，「コップが割れた（breken 自動詞）」では主語のコップが変化を受けるので zijn 支配です。つまり，主語が他動詞の目的語に相当する自動詞は zijn 支配なのです。lopen「歩く」も場所の移動を明示する場合としない場合では違ってきます。
　辞書では hebben 支配を h. (h. ge/broken)，zijn 支配を is (is ge/broken) などと示します。数の少ない zijn 支配の自動詞に注目しましょう。
　　komen「来る」, gaan「行く」, eindigen「終わる」, op|houden「終わる；終える (met …を)」, stoppen「止まる」, af|nemen「減る」, toe|nemen「増える」, ge/beuren「起こる」, slagen「うまくいく」, trouwen「結婚する (met …と)」, ver/dwijnen「なくなる」
　　Mijn ba/gage *is ver/dwenen*.「手荷物がなくなりました」
　　Wan/neer *is* het *ge/beurd*?「それはいつ起こったのですか」

(a) **例外的な zijn 支配**
　　zijn「…である，…がある」, be/vallen「…の気に入る」, blijven「とどまる」, naderen「…に近づく（他動詞）」, in|slaan「（道を）進む（他動詞）」, tegen|komen「（…に）遭遇する（他動詞）」
　　Bent u al in België *ge/weest*?「ベルギー行った（＝いた）ことはありますか」(in のかわりに naar も可)

Gisteren *ben* ik naar de stad *ge|weest*.「昨日，私は町に行った」(naar のかわりに in も可)

De jongen *is* thuis *ge|bleven*.「男の子は家にとどまっていた」

Het *is* ons in Nederland prima *be|vallen*.「私たちはオランダがとても気に入りました」(het は非人称代名詞，12 課「語法と表現」)

Ik *ben* de ver|keerde weg *in|geslagen*.「私は道をまちがえました」

be|ginnen「始まる，始める」はいつでも zijn 支配です。

De film *is* om acht uur *be|gonnen*.「映画は8時に始まった」(自動詞)

Ik *ben be|gonnen met* een cursus Nederlands.「私はオランダ語の講習に通い始めた」(自動詞)

Sake *is* een eigen zaak *be|gonnen*.「サーケ（男名）は自分の店を始めた」(他動詞)

(b) 意味によって異なるもの

volgen「（手本などに）従う」(hebben 支配) ⇔「（…の）後を追う」(zijn 支配)

ver|geten「（物事を）置き忘れる，やりそこねる」(hebben 支配) ⇔「（名前を）思い出せない，失念する」(zijn 支配)

ver|liezen「負ける」(hebben 支配) ⇔「なくす」(hebben/zijn 支配)

Ik *heb* mijn woordenboek *ver|geten*.「私は辞書を忘れた」

Ik *ben* de afspraak *ver|geten*.「私は会う約束を忘れた」

話法の助動詞は hebben 支配ですが，不定詞が zijn 支配だと，それに引きずられて zijn 支配になることがあります。比較的新しい傾向です。

Ik {*heb*/*ben*} niet *kunnen komen*.「私は来られなかった」(kunnen は代換不定詞，26 課 1)

3. 過去完了形と婉曲・非現実の表現

過去完了形は過去時制によるさらに過去の表現で（「そのときすでに…していた」），hebben/zijn を過去形にします。

21課　アムステルヴェーン，9月10日

不定詞	remmen	「ブレーキをかける」		landen	「着陸する」
単数	ik/jij/hij/u	had	…ge'remd	was	…ge'land
複数	wij/jullie/zij	hadden	…ge'remd	waren	…ge'land
	u	had	…ge'remd	was	…ge'land

Antje *had* al *ge'slapen*, maar toen werd ze weer wakker. 「アンチェ（女名）はもう寝ていたが，そのときまた目を覚ました」(slapen「眠る」)
過去の出来事についての婉曲または非現実の表現にも使います。

Dat *had* ik niet *be'steld*.「それは注文しなかったはずですが」
過去形と同様に，非現実の条件文で「zou…不定詞」も使えます。

Als ik toen meer geld *had ge'had*, *was* ik naar Rome *ge'gaan*.「あのときもっとお金があったら，私はローマに行ったのに」(以下同様)
Als ik toen meer geld *had ge'had*, *zou* ik naar Rome *zijn ge'gaan*.
Als ik toen meer geld *zou hebben ge'had*, *was* ik naar Rome *ge'gaan*.
Als ik toen meer geld *zou hebben ge'had*, *zou* ik naar Rome *zijn ge'gaan*.

ことばと文化：Ludwig van Beethoven—オランダ語圏の人名

　楽聖ベートーヴェン（1770—1827）の生家はドイツのライン河畔の大学町ボン（Bonn）にあります。ドイツ語の von「フォン」のかわりに van がついているのは，ベートーヴェンの祖父がフランドルの古都メヘレン（Mechelen）の出身だからです。楽聖の崇高な音楽にはオランダ語圏の血が流れているのです。

　ところで，ドイツ語の von は貴族の称号ですが，オランダ語の van は庶民の姓の一部です。van も von も，姓を名乗る習慣がなかった中世には，同名の人を区別するために出身地につけた前置詞（英 *of*）でした（「清水の次郎長」などと同じ）。テキストに出てくる Wouter「ヴァウテル」の姓，Vander'woude「ヴァンデルヴァウデ」は，van に定冠詞の古い変化形 der がついて1語で書かれています。これはフランドルの人名に多く，オランダでは Van der Woude と分かち書きするところです。

　オランダ語圏の人名の姓には，とかく「おまけ」がつきものです。場所を

示す前置詞 te（英 to）や定冠詞 de もそうです。グリム（Grimm）兄弟のドイツ語辞典をしのぐ，世界最大の辞典と称賛される全 29 巻のオランダ語大辞典 "Woordenboek der Nederlandse Taal"（1864—1998）の創始者，L. A. te Winkel「テ・ヴィンケル」と M. de Vries「デ・ヴリース」がその例です。前置詞や定冠詞が名前の一部だなんて，変な気がしますが，省略できません。画家の Van Gogh「ヴァン・ゴッホ」は本当は「ゴッホ」だけではだめなのです。

　後ろにつく「おまけ」の例には，オランダ北部の出身者に多い -a で終わる姓があります。この -a は弱変化という種類の名詞の単数形属格（英 genitive）の語尾に由来し，前置詞 van に対応します。フローニンゲン出身の歴史家 Huizinga「ホイジンガ」（8 課「ことばと文化」）には，-a の前に親族名を表わす接尾辞 -ing がついています。この -ing は古くからゲルマン語に共通で，「何々一族の [誰々]」の意味です。フリジア人の Alkema「アルケマ」さんには，この -a の前に地名を表わす接尾辞 -um（英 home）に由来する -m がつき，Boersma「ブールスマ」では -m-a の前に強変化という種類の名詞の単数形属格語尾 -s が付属しています。Dijkstra「デイクストラ」の -stra は，dijk「堤防」に「居住者」という意味の名詞の複数形 sittera（英 babysitter の -sitter）に由来します。どれも本来，フリジア人の人名で，西フリジア語では Dykstra「ディクストラ」です。興味深いのは，男性名に指小辞をつけて女性名にする例で，Alkema さんの奥さんの名前，Klaske「クラスケ」は，男性名 Klaas「クラース」に西フリジア語の指小辞 -ke がついたものです。

　ヨーロッパ人の名前は原則としてクリスチャン・ネームで，勝手に新しくつくってはいけません。そのため，言語間で共通の名前が発達しました。英語の William「ウイリアム」/Henry「ヘンリー」/John「ジョン」，ドイツ語の Wilhelm「ヴィルヘルム」/Heinrich「ハインリヒ」/Johann「ヨハン」に対応するオランダ語名は，Willem「ヴィレム」/Hendrik「ヘンドリク」/Jan「ヤン」です。一方，この短縮形はかなり自由で，親しい印象を与え，好まれます。Willem は Wim「ヴィム」，Hendrik は Henk「ヘンク」です。なかには Jakob「ヤーコプ」が Co「コー」，Catha/rina「カタリーナ」が Ka「カー」となる乱暴な例もあります。恐れ多い聖者の御名なのに，みんな平気です。

練習7　郵便局で
Oefening zeven—Op het postkantoor

次の会話文を和訳し，下線部に適当な話法の助動詞を入れましょう。また，数字の部分をオランダ語で言ってみましょう。

Me/vrouw Ota：Ik ＿＿＿ een pakje ver/sturen naar Ja/pan.
Postbeambte：Per luchtpost？
O：Ja.
P：Ik ＿＿＿ het even wegen. Dat komt op € 29,50. U ＿＿＿ nog dit formu/lier in|vullen.
O：O ja, be/dankt.
P：＿＿＿ ik verder nog wat voor u doen？
O：Ja, ik ＿＿＿ graag postzegels voor twee kaarten en voor deze brieven naar Ja/pan.
P：Dat is dan € 33,70 samen.

単語：de post・beambte［ポストベアㇺテ pɔ́stbəamtə］「郵便局員」(de be/ambte「職員，役人」), het pakje［パキㇶ pákjə］「小包」(英 *packet*), ver/sturen［ヴㇸㇽステューれ(ン) vərstý:rə(n)］「発送する」, per「…を通じて・使って」, de lucht・post［リュふトポスト lýxtpɔst］「航空便」, wegen［ヴェーへ(ン) vé.ɣə(n)］「測る」(英 *weigh*), het formu/lier［フォㇽミュリーる fɔrmy.lí:r］「用紙」, in|vullen［インヴㇸレ(ン) ínvʏlə(n)］「記入する」(英 *fill in*), verder［ヴㇸㇽデる vɛ́rdər］「さらに」(英 *further*), de post・zegel［ポ(スト)セーへㇽ pɔ́(st)se.ɣəl］「切手」, de brief［ブリーㇷ゚ bri.f］「手紙」, samen［サーメ(ン) sá.mə(n)］「ともに」

【解答】
太田夫人：日本に小包を送りたいのですが（wil）。
郵便局員：航空便ですか。
太田夫人：ええ。

郵便局員：ちょっと測ってみましょう（zal）。29.50 ユーロ（negenentwintig euro vijftig）になります。この用紙に記入してくださいね（＝記入しなければいけません moet）。

太田夫人：ああ，そうですね，どうも。

郵便局員：ほかに何かありますか（＝私はさらにまだ何かあなたのためにしてあげられますか Kan）。

太田夫人：そうね，日本へ葉書2枚とこの手紙に切手をお願いします（wil）。

郵便局員：それでは合わせて 33.70 ユーロ（drieëndertig euro zeventig）になります。

フローニンゲン（Groningen）の重厚な大学本部

22課　家庭医のところで
Les tweeëntwintig — Bij de huisarts

この課で学ぶこと　再帰代名詞と再帰動詞,「好き，嫌い，すばらしい」

Dokter : Wat scheelt er/aan, me/vrouw Ota?
医者：どうしましたか（＝何がそれに不足していますか），太田さん。

Me/vrouw Ota : Sinds eer/gisteren voel ik me erg slap. Eerst had ik hoofdpijn, toen ge/loofde ik dat ik koorts had, en nu heb ik het ont/zettend koud. Ik heb ook last van mijn keel.
太田夫人：おとといからひどく体がだるいんです（＝だるい感じがします）。最初に頭が痛くなって，それから熱があるなと思ったら，今はとても寒気がするんです。のども痛いんですよ（＝のどの苦痛もあります）。

D : Dat klinkt niet goed. Heeft u ook maagpijn?
医者：それは良くありませんね（＝良く聞こえません）。胃も痛いですか。

O : Nee, ge/lukkig niet.
太田夫人：いえ，幸い，それはありません。

D : Ik zal u even onder/zoeken. Kleedt u zich maar even uit. U kunt uw ondergoed aan|houden. Wilt u diep adem|halen? Doet u uw mond eens wijd open. Nu wil ik nog de pols voelen en de bloeddruk meten.
医者：ちょっと診察しますからね。服を脱いでみてください。下着はつけたままでいいですから。深呼吸していただけますか。口を大きく開けてみてください。それでは，脈をとって，血圧も測りますからね。

O：Is het erg?
太田夫人：悪いんでしょうか。

D：Nee, u heeft griep. Ik zal u een re/cept voor|schrijven. U kunt dit af|geven bij de apo/theek. U krijgt dan medi/cijnen. Die moet u drie keer per dag na het eten in|nemen. Als u een paar dagen in bed blijft, dan bent u weer beter.
医者：いえ，風邪です。処方せんをお出しします。これを薬局に渡してください（＝渡すことができます）。そうすれば，薬をもらえます。それを1日3回，食後にかならず服用してください（＝服用しなければいけません）。二，三日，横になっていれば，また良くなりますよ。

O：Hartelijk dank, dokter. Tot ziens.
太田夫人：ありがとうざいます，先生。それでは失礼します。

D：Dag, me/vrouw Ota. Van harte beterschap.
医者：それでは，太田さん。どうぞお大事に。

単語

de huis•arts［ハイスアるッ hœysɑrts］「家庭医」(de arts「医者」), wat scheelt［スヘールト sxe.lt］er/aan?「どうしましたか」(schelen「欠けている」), voel［ヴール vu.l］ik me□現在□→zich voelen「(気分が) …と感じる」(英 *feel*), slap［スラァ slɑp］「ぐったりした，たるんだ」, de hoofd•pijn［ホーフトペイン hó.ftpɛin］「頭痛」(het hoofd「頭」＋de pijn「痛み」), de koorts［コーるッ ko:rts］「熱」, ont/zettend［オントセテント ɔntsɛ́tənt］「恐ろしい」, last［ラスト lɑst］hebben「悩む (van …に)」(de last「負担」), de keel［ケール ke.l］「のど」, klinken［クリンケ(ン) klíŋkə(n)］「…と聞こえる」, de maag•pijn［マーはペイン má.xpɛin］「胃痛」(de maag「胃」), onder/zoeken［オンデるズーケ(ン) ɔndərzú.kə(n)］「診察する」, kleedt［クレート kle.t］u zich…uit□命令□→zich uit|kleden「服を脱ぐ」, het onder•goed［オンデるふート ɔ́ndəryu.t］「下着」, aan|houden［アーンハウデ(ン) á.nhɑudə(n)］「止める，保持する」,

— 224 —

22課　家庭医のところで

adem|halen［アーデㇺハーレ(ン) á.dəmha.lə(n)］「呼吸する」(de adem「息, 呼吸」), de mond［モント mɔnt］「口」, de pols［ポㇽス pɔls］「脈」(英 *pulse*), de bloed・druk［ブルードりュック blú.drʏk］「血圧」(het bloed［ブルート blú.t］「血」＋de druk「圧力」), meten［メーテ(ン) mé.tə(n)］「測る」, de griep［ふりープ ɣri.p］「風邪」, het re/cept［れセプト rəsέpt］「処方せん」, voor|schrijven［ヴォーるスふれイヴェ(ン) vó:rsxrɛivə(n)］「処方する」, de apo/theek［アポテーク a.po.té.k］「薬局」, de medi/cijn［メディセイン me.di.sέin］「薬」, in|nemen［イネーメ(ン) ɪ́ne.mə(n)］「服用する」, van harte［ハるテ hɑ́rtə］「心から」(＝harte・lijk), de beter・schap［ベーテるスはプ bé.tərsxɑp］「回復；(病人に向かって) お大事に」

文法の要点
再帰代名詞 zich「自分」と再帰動詞

	不定詞	zich scheren「(自分の) ひげをそる」		
1人称	ik	scheer me	wij	scheren ons
2人称親称	jij	scheert je	jullie	scheren je
敬称	u	scheert {u/zich}	u	scheert {u/zich}
3人称	hij	scheert zich	zij	scheren zich

　単文の主語とは別の対象を広く示す3人称代名詞にたいして, 再帰代名詞 zich［ズィふ zɪx］(性数の区別なし) は指示範囲が限定されており, もっぱら単文の主語と同一の対象を指します。zich scheren「自分のひげをそる」は hem scheren「他人のひげをそる」という他動詞を再帰的に使ったもので,「他動詞の再帰用法」と言います。

　　Evert scheert *zich*.「エーヴェルト (男名) は自分のひげをそる」
　　Evert scheert *hem*.「エーヴェルトは他人のひげをそる」
　zich は英語の *-self* (英 *myself* / *yourself* など) と違って, 1・2人称には使いません。話者と聞き手はつねに一定なので区別の必要がなく, 人称代名詞の弱形で十分なのです。2人称親称の強調形 jou, jullie は再帰用法には使いません (4課1(b), 5課2, 7課1(c))。

　　Heb je *je* al ge/schoren?「君はもうひげをそったか」

uは本来，3人称単数からの転用なので(4課1注)，uのほかにzichも使います。主語のuの直後では重複を避けてzich，前置詞句ではuがふつうです。

　　Heeft *u zich* al ge/schoren?「あなたはもうひげをそりましたか」(u u の連続を避ける)

　　U moet altijd uw rijbewijs *bij u* hebben.「あなたは運転免許証をいつも携帯していなければいけません」(前置詞句)

zichの指す範囲は狭く，単文内にとどまり，従属文のzichは主文の主語を指せません。日本語の「自分」とはうまく対応しないのです。

　　Evert hoopt dat Maarten {*zich*/*hem*} zal kunnen scheren.「エーヴェルトはマールテン(男名)が{自分(zich＝Maarten)のひげをそれる/自分(hem＝Evert)のひげをそってくれる}だろうと望んでいる」

所有代名詞zijn/haar/hunには再帰用法かどうかの区別がありません。文脈で解釈します。「自分自身の」の意味はeigen(英*own*)で強めます。

　　Elk land heeft *zijn eigen* volkskarakter.「どの国にも独自の国民性がある」

(a) 自動詞に相当する再帰表現

オランダ語では日本語と違って，感情・感覚などの表現は，他動詞の再帰用法によって自動詞に相当する意味を導く傾向があります。

　　オランダ語：ver/heugen → zich ver/heugen

　　日本語　　：喜ばせる　←　喜ぶ

zich ver/heugen「喜ぶ」は自動詞に相当するので，目的語「…を/に」は名詞句ではなく，前置詞句で示します。前置詞は動詞によって決まっており，over「(過去の出来事を)喜ぶ」/op「(未来の出来事を)楽しみにする」/in「(現在の出来事を)享受する」のように意味が微妙に変わることがあります。

　　Het goede nieuws *ver/heugt hem*.「彼は良い知らせに喜んでいる(＝良い知らせが彼を喜ばせる)」(他動詞)

　　Hij *ver/heugt zich over* het goede nieuws.「同上」

　　Hij *ver/heugt zich* {*op* het feest/*in* een goede ge/zondheid}.「彼は{休暇を楽しみにしている/健康に恵まれている}」

「zich＋名詞句＋動詞」のように名詞句目的語を伴う再帰表現もあります。zichは間接目的語にあたり，「自分に…を…する」の意味になります。

22課　家庭医のところで

  Bert *geeft zich veel moeite* voor niets.「ベルト（男名）はむだなことにたくさん労力を使う（＝自分に多くの労力を与える）」
  Dat kan ik *me* best *voor|stellen*.「そのことは私は十分に想像できます（＝それを自分にたいして表現できる）」
次は再帰用法で前置詞がなくなる例です。
  zich *iets* her/inneren「…を思い出す」⇔iemand *aan iets* her/inneren「…に…を思い出させる」
  Hetty *her/innert zich haar oude col/lega* niet meer.「ヘティー（女名）は昔の同僚をもう思い出せない」
  Wij *her/inneren u aan onze rekening* van 10 no/vember.「11月10日付けのお勘定をご請求申し上げます（＝あなたに支払いを思い出させる）」

(b) zelf と zich/zelf

 zich や再帰用法の人称代名詞は無アクセントで，文頭（前域）や対比・強調には使えません。副詞 zelf「自分で（無変化）」をつけて補います。
  Zich/zelf kan hij al scheren.「彼は自分でもうひげをそれる」（*zich は不可）
  Je ziet *je/zelf* in de spiegel.「君には自分自身の姿が鏡に映っているのが見える」（je だけでは不十分）
zelf は目的語以外にも使い，代名詞から分離することもあります。
  {*Ik* heb het *zelf*／*Ik zelf* heb het／*Ik/zelf* heb het} mee|gemaakt.「{私は自分自身で／私自身が／私自身が} それを体験した」
  Doe dat *zelf* even.「それは自分でやりなさいよ」
前置詞句では「自分自身を」と強調する表現で zelf がよくつきます。
  Berta denkt altijd *aan zich/zelf*「ベルタ（女名）はいつも自分のことばかり考えている」
  Pas goed *op je/zelf*.「体に（＝自分自身に）気をつけてね」
次は慣用句のように固定した表現で，zelf が必要です。
  Ron *kwam* weer *tot zich/zelf*.「ロン（男名）は再び我に返った」（tot zich/zelf komen「我に返る」）
  Albert *was zich/zelf niet meer*.「アルベルト（男名）はもはや正気では

なかった」

場所を示すだけの前置詞句では zelf をつけません。

　Me'vrouw, kijkt u eens *achter u*!「奥さん，後ろをごらんなさい」
　Ik heb geen kleingeld *bij me*.「私は手元に小銭がありません」
zelfs＋A「A さえ」との区別に注意。

　Zelfs in de winter draag ik geen jas.「冬でも私はコートを着ない」

(c) 本来の再帰動詞

再帰動詞として固定しているもので，たいてい心理的な意味です。

　zich be'moeien「気にする」，zich ge'neren［ジェネーれ(ン) ʒəné:rə(n)］「遠慮する」，zich schamen「恥じる」，zich ver'gissen「間違える」

この zich は「自分を」の意味ではなく，動詞の一部です。*hem ver'gissen「他人を間違えさせる」などとは言えません。対比・強調の必要がないので，-zelf はつけられません。

　Mieke heeft *zich ver'gist*.「ミーケ(女名)は思い違いをした」（zich のかわりに *zich'zelf は不可）

名詞句目的語を伴わないはずの自動詞が再帰代名詞と結果を表わす形容詞を伴って，再帰構文をつくることがあります。

　zich dood werken「過労死する（＝死ぬまで働く）」⇔werken「働く」
　zich hees schreeuwen「声がかれるまで叫ぶ」⇔schreeuwen「叫ぶ」
　zich warm lopen「走って(歩いて)体が暖かくなる」⇔lopen「走る, 歩く」
　Arend heeft *zich dood ge'werkt*.「アーレント(男名)は過労死した」

(d) zich＋不定詞＋laten

利害「…してもらう」，甘受「…されることを許す」，可能「…され得る」といった話法的なニュアンスを伴う使役や受動 (23 課) の意味で使います。

　Riemer *liet zich* scheren.「リーメル(男名)はひげをそってもらった」
　Laat je raden!「忠告を聞き入れなさい」
　Dat *laat zich* ge'makkelijk ver'klaren.「それは簡単に説明できる（＝説明され得る）」

(e) 相互代名詞 el'kaar/me'kaar（話し言葉）「お互い」
　　Zij wassen {el'kaar/me'kaar}.「彼らは互いに体を洗いあう」
　　⇔Zij wassen *zich*.「彼らは自分で自分の体を洗う」
　所有格 el'kaars/me'kaars（話し言葉）「お互いの」もあります。
　　Ze hadden {*el'kaars/me'kaars*} tassen mee|genomen.「彼らはお互いの（＝相手の）カバンを持って行ってしまっていた」

(f) 形容詞化した再帰動詞の過去分詞 (24課 2)
　　ver'loofd「婚約している（met …と）」(zich ver'loven「婚約する」)
　　ver'baasd「驚いている（over …に）」(zich ver'bazen「驚く」)
　　op|ge・wonden「興奮した」(zich op|winden「興奮する」)
　形容詞化した過去分詞は状態，再帰動詞の完了形は動作を表わします。
　　Jan Peter *is ver'loofd* met Ma'rije.「ヤン・ペーテル（男名）はマレイエ（女名）と婚約している」（形容詞した過去分詞 ver'loofd）
　　Jan Peter *heeft zich ver'loofd* met Ma'rije.「ヤン・ペーテルはマレイエと婚約した」(zich ver'loven の現在完了形)

語法と表現
「好き，嫌い，すばらしい」
　英語の *love* に似た語形は名詞 de liefde「愛」と形容詞 lief「いとしい」ですが，動詞「…が好きだ」は van…houden がふつうです。「…はきらいだ」はこれを否定文にします。
　　Ik *houd* meer *van* koffie dan *van* thee.「私は紅茶よりもコーヒーのほうが好きです」
　　Daar *houd* ik *niet van*.「それは私は好きではない」
　副詞 graag「好んで」をつけるだけでも「好きだ」の意味になります。
　　Dat doe ik *graag*.「私はそれをするのが好きです（＝好んでします）」
　次の表現も参照。
　　Lust je ijs?「アイスクリームは好き？」
　　Ik *heb trek in* een biertje.「私はビールがほしい」
　　Heeft u *zin in* koffie?「コーヒーはほしいですか」

Heb je *zin* om te komen?「来る気はあるかい？」
　　　Heb je *een hekel aan* hem?「彼が嫌いなの？」
　Ik *houd van* je. は「君が好きだ」という大胆な告白，Ik *heb* je *lief*. は古風に「君を愛す」(lief|hebben) です。お茶飲み友達のつもりなら，Ik *vind je aardig*.「あなたっていい人ね（＝良い人だと思う）」，Ik *mag* haar *wel*.「彼女のことは嫌いじゃない（＝好ましい，mogen）」あたりが無難です。
　aardig「親切な，感じが良い」，lief「愛らしい，いとしい」は人を好意的に評価する形容詞です。「すばらしい」という物事の好意的な評価には次の形容詞を使います。goed「良い」，leuk「楽しい」，mooi「美しい，（天気が）良い」，prettig「快適な」，lekker「おいしい」が基本的な意味です。
　　　Ik vind dansen *leuk*.「私はダンスは楽しいと思う」
　　　Ik vind die bloem *mooi*.「私はあの花が美しいと思う」
　　　Ik vind het *prettig* om hier te wonen.「私はここは住みやすいと思う」
　　　Ik vind rode wijn *lekker*.「私は赤ワインがおいしいと思う」
　「すばらしい」の意味で一般的なのは leuk です。くせ者は lekker で，話し言葉では親しみや皮肉などのニュアンスをこめてよく使います。
　　　Heb je {*lekker/goed*} ge/slapen?「君はよく眠ったかい？」
　　　Wat een {*lekker/lief*} kind is dat!「あれは何てかわいい子供だ」
　　　We hebben een {*lekkere/mooie*} wandeling ge/maakt.「私たちはすてきな散歩をした」
　　　{*Lekker/Mooi*} weer van/daag!「今日は天気がいいこと」
　lekker は「とても」という意味の副詞としても使います。
　　　Dat is *lekker dicht/bij*.「それはすぐ近くです」
　　　Het is *lekker warm* van/daag.「今日はとても暖かい」

ことばと文化：病気になったら―身体部位と体調の表現

　世界に先駆けて安楽死（de euthana/sie）を認めたオランダも，意外に伝統的な医療制度を残しています。家庭医（ホームドクター de huis•arts）がそれで，住民は自分の家庭医を決めておき，まずは家庭医にみてもらって，専門医（de specia/list）を紹介されます。家庭医は患者（de pa/tiënt［パシェント pa.ʃɛnt］）との信頼関係で成り立っており，とても親切です。診察時間（het

22課　家庭医のところで

spreek・uur) はたいてい午前中ですが，午後は往診も依頼できます。

そのかわり，初めての病院にいきなり行っても，すぐにはみてくれません。こんな笑い話があります。ある工場で作業員が機械に頭をぶつけて失神してしまいました。同僚たちは救急車を呼ぼうとしましたが，上司は「まず，家庭医に連絡だ」と言いました。1時間ほどたって，やっと家庭医が来て言いました。「大変だ，早く救急車を呼べ」

よくある病気でいやなのは，強烈な吐き気を伴う胃の風邪です。ところが，苦しくてもあまり薬は出してくれず，水分を補給して安静にしていなさいと言われたりします。症状を軽くすることを重視していないのでしょうか。また，歯科医 (de tand・arts) はくれぐれも日本人の評判を聞いてからお決めください。異郷では健康 (de ge′zond・heid) が一番。健康で (ge′zond) 病気に (ziek) ならず，病院 (het zieken・huis) 通いは避けたいものです。

病気 (de ziek・te) と身体 (het lichaam) の表現を覚えましょう。

het hoofd「頭」，het ge′zicht「顔」，het oor「耳」，het oog「目」，de neus「鼻」，de kin「あご」，de nek「首」，de schouder「肩」，de rug「背中」，de buik「腹」，het middel「腰」，de hand「手」，de arm「腕」，de vinger「指」，het been「足」(英 *leg*)／de voet「足，足首」(英 *foot*)，de knie「ひざ」

以下は両性名詞 (de-名詞)：　inter′nist「内科医」，chi′rurg [ʃiˈrʏrx]「外科医」，kinder・arts「小児科医」，vrouwen・arts「婦人科医」，KNO-arts「耳鼻咽喉科医」，oog・arts「眼科医」，huid・arts「皮膚科医」，uro′loog「泌尿器科医」

Ik heb hier pijn.「ここが痛いんです」

Ik ben ge′wond.「けがをしました」

Ik heb geen eetlust.「食欲がありません」

Ik ben (erg) ver′kouden.「(ひどい)かぜをひきました」

Ik heb (erge) kiespijn.「(とても)歯が痛いんです」

Ik moet steeds hoesten.「せきが止まりません」

Ik heb over|gegeven.「吐きました」

Ik ben {duizelig/flauw|gevallen}.「{めまいがします/気を失いました}」

Ik heb {diar′ree/ver′stopping}.「{下痢/便秘} をしています」

23課　警察に届け出る
Les drieëntwintig — Een aangifte bij de po/litie

この課で学ぶこと　受動態と関連表現，中間動詞と能格動詞，
　　　　　　　　　er の用法(3)—虚辞の er(2), (4) er の重複

A/gent : Me/vrouw, wat kan ik voor u doen?
警官：どうしましたか（＝あなたに何をしたらいいですか）。

Me/vrouw Ota : Ik ben be/roofd, me/neer. Mijn tas is ge/stolen.
太田夫人：盗難にあいました。バッグを盗まれたんです。

A : Waar en wan/neer is dat ge/beurd?
警官：それはどこで，いつ起こったのですか。

O : Een half uur ge/leden op het cent/raalstation. Aan het lo/ket stond ik in de rij om een kaartje te kopen. Toen ik aan de beurt was, wilde ik mijn geld pakken en toen was mijn tas weg. Ik weet zeker dat ik hem niet ver/loren ben. Het is bijna niet te ge/loven!
太田夫人：30分前に中央駅で［起こったの］です。窓口のところで切符を買うために並んでいました。私の番になって，お金を出そうと思ったら，そのときにはバッグがなかったんです。なくしたのではないのは，ちゃんとわかってます。もうほとんど信じられません。

A : Mag ik even uw perso/nalia no/teren?
警官：お名前や生年月日など（＝個人情報）をメモさせていただけますか（＝メモしてもいいですか）。

O : Hier hebt u mijn pas.

23課　警察に届け出る

太田夫人：これが私のパスポートです（＝ここにあなたは私のパスポートを
　　　　　持っています）。

A：Bent u tegen diefstal ver/zekerd?
警官：盗難にたいして保険はかけていますか。

O：Ja. Hoe groot is de kans dat de zaak op|geheiderd wordt?
太田夫人：ええ。この件が解決される見込みはどの程度あるでしょうか。

A：We zullen ons best doen, me/vrouw.
警官：できるだけのことはするつもりです。

単語

de aan・gifte［アーンひッテ á.ŋɣɪftə］「届け出」, ben be/roofd［ベろーフト bəró.ft］□受動現在完了□→be/roven「(人から) 奪う (van …を)」(英 rob), de tas［タス tas］「カバン」, is ge/stolen［ヘstーレ(ン) ɣəstó.lə(n)］□受動現在完了□→stelen「(物を) 盗む」(英 steal), is … ge/beurd［ヘ⊗ーるト ɣəbǿ:rt］現在完了□→ge/beuren「起こる」, de rij［れイ rɛi］「(窓口などの) 行列」, ver/loren［ヴェるローれ(ン) vərlóːrə(n)］ben□現在完了□→ver/liezen「失う」, bijna［ベイナ béina.］「ほとんど」, perso/nalia［ぺるソナーリ(ィ)ア pɛrso.ná.li.(j)a.］□複数□「個人情報」, no/teren［ノテーれ(ン) no.téːrə(n)］「メモする」(英 note), de dief・stal［ディーフスタル díːfstal］「盗難」(de dief「どろぼう」(英 thief)), ver/zekerd［ヴェるゼーケるト vərzéːkərt］□過去分詞□→zich ver/zekeren「保険をかける」(tegen …にたいして), de zaak［ザーク zaːk］「事柄」, op|ge・helderd［オpヘヘルデるト ɔpxəhɛldərt］wordt□受動現在□→op|helderen「解明する」

☞　アムステルダムの中央駅とダム広場 (de Dam), スヒポル空港と周辺の列車内, ロッテルダムの中央駅周辺はスリの多発地帯です。日本人はのんきなので, すぐにひっかかります。自転車の盗難にも注意。

文法の要点

1. 受動態

(a) 人称変化

受動態現在形・過去形・現在完了形の人称変化は次のようになります。

例．不定詞 roepen「呼ぶ」→ worden geˈroepen/geˈroepen worden「呼ばれる」

	単数		複数	
現在形	ik word … geˈroepen		wij worden … geˈroepen	
	jij wordt … geˈroepen		jullie worden … geˈroepen	
	u wordt … geˈroepen		u wordt … geˈroepen	
	hij wordt … geˈroepen		zij worden … geˈroepen	
過去形	ik werd … geˈroepen		wij werden … geˈroepen	
	jij werd … geˈroepen		jullie werden … geˈroepen	
	u werd … geˈroepen		u werd … geˈroepen	
	hij werd … geˈroepen		zij werden … geˈroepen	
現在完了形	ik ben … geˈroepen		wij zijn … geˈroepen	
	jij bent … geˈroepen		jullie zijn … geˈroepen	
	u bent … geˈroepen		u bent … geˈroepen	
	hij is … geˈroepen		zij zijn … geˈroepen	

(b) 現在形と過去形

受動態は「受動の助動詞 worden … 過去分詞」です。主文では worden を人称変化させて 2 番目 (左枠) に置き，文末 (右枠) の過去分詞と枠構造をつくります。行為者や原因は必要に応じて前置詞 door「…によって」で示します。現在形と過去形の例をあげてみましょう。　例．kopiˈëren「コピーする」

　　能動態：前域　　左枠　　　　　　［中域　　　　　　　　　］右枠
　　　　　　Kim {*kopiˈeert* / *kopiˈeerde*} [straks het formuˈlier].
　　　　　「キム (男女名) はすぐに用紙をコピー {する/した}」
　　受動態：前域　　　　　左枠　　　　［中域　　　　　　　　　］右枠
　　　　　　Het formuˈlier {*wordt* / *werd*} [straks (door Kim)] *gekopiˈeerd*.
　　　　　「用紙はすぐに (キムによって) コピー {される/された}」

23課　警察に届け出る

(c) 完了形

現在完了形は worden を zijn の現在形，過去完了形は過去形に変えます。

能動態：前域　　左枠　　　　　［中域　　　　　　　　　］右枠
　　　　Kim {heeft/had} [straks het formu'lier] gekopi'eerd.
　　　　「キムはすぐに用紙をコピー{した/していた}」

受動態：前域　　　　　　左枠　　［中域　　　　　　　　　］右枠
　　　　Het formu'lier {is/was} [straks (door Kim)] gekopi'eerd.
　　　　「用紙はすぐに(キムによって)コピー{された/されていた}」

worden は zijn 支配なので，{is/was}...gekopi'eerd ge'worden となるはずですが，ge'worden は省くのです。ここから次のあいまいさが生じます。

　　Toen *is* de deur door Bep ge'sloten.「そのときドアはベプ（女名）によって閉められた」（受動態現在完了形，sluiten「閉める」）
　　⇔Van'daag *is* het mu'seum ge'sloten.「今日は博物館は休館です」（形容詞化した過去分詞 ge'sloten「閉まっている」）
　　Mijn kies *is* ge'trokken.「私は奥歯を抜かれた」（受動態現在完了形，trekken「抜く」）
　　⇔Dit volk *is* in de tiende eeuw naar het zuiden ge'trokken.「この民族は10世紀に南に移動した」（能動態現在完了形，trekken「移動する」）

(d) 不定詞（te-不定詞）と完了不定詞（完了 te-不定詞）

不定詞は「(te) worden＋過去分詞」（書き言葉，正式）または「過去分詞＋(te) worden」（話し言葉）の語順です（15課2(b)）。

前域　　　　左枠［中域　　　　　　］右枠
Dit formu'lier *moet* [straks (door Kim)] {*worden gekopi'eerd*（書き言葉，正式）/
　　　　　　　　　　　　　　　　　　　　　　gekopi'eerd worden（話し言葉）}.
「この書類はすぐに（キムによって）コピーされなければならない」
Dit formu'lier *dient* [straks (door Kim)] {*te worden gekopi'eerd*（書き言葉，正式）/
　　　　　　　　　　　　　　　　　　　　　　gekopi'eerd te worden（話し言葉）}.
「この書類はすぐに（キムによって）コピーされる必要がある」

完了不定詞は「過去分詞＋(te) zijn」（話し言葉）または「(te) zijn＋過去分詞」（書き言葉，正式）の語順です（21課1(c)）。

| 前域 | 左枠 | [中域] | 右枠 |

Dit formu'lier *moet* [al (door Kim)] {*zijn gekopi'eerd* (書き言葉, 正式) / *gekopi'eerd zijn* (話し言葉)}.
「この書類はもう（キムによって）コピーされたにちがいない」
Dit formu'lier *schijnt* [al (door Kim)] {*te zijn gekopi'eerd* (書き言葉, 正式) / *gekopi'eerd te zijn* (話し言葉)}.
「この書類はもう（キムによって）コピーされたらしい」

2. 受動態のいろいろな表現と er の用法 (3)—虚辞の er (2)

(a) 自動詞の受動態と「虚辞の er」

weten「知っている」などの状態動詞が受動態にできないのは，英語と同じです。ただし，オランダ語では人の行為を示せば，「…の行為が行なわれる」という意味で自動詞も受動態にできます。「非人称受動」ともいい，主語はなく，定動詞は 3 人称単数形にします。文頭（前域）に何も置かないときは，「虚辞の er」でその位置をふさぎます。

Er wordt {*ge'beld* / *ge'klopt*}.「{呼び鈴が鳴る／ノックする音がする}」
(bellen「呼び鈴を鳴らす」, kloppen「ノックする」)
Er is de hele avond *ge'danst* en *ge'zongen*.「一晩中，踊りと歌が行なわれた」(dansen「踊る」, zingen「歌う」)

次の表現は能動態で使います。

{De tele'foon / De bel} gaat.「{電話／呼び鈴} が鳴る」

文頭（前域）以外の位置では，er の使用はかなり自由です。

Vroeger *werd* (*er*) veel over het ongeluk *ge'praat*.「以前はよくその事故が話題になった」(praten「話す」)
In de bio'scoop mag (*er*) niet *ge'rookt worden*.「映画館では喫煙はいけません」(roken「タバコをすう」)

(b) 他動詞の受動態と「虚辞の er」

「虚辞の er」(10 課 3(b)) は不定の主語の位置をふさぎ，文の流れを自然にするために，他動詞の受動態でも使います。

Er werd een dokter *ge'roepen*.「医者が呼ばれた」(roepen「呼ぶ」)

⇔ *De dokter* werd ge/roepen.「医者は呼ばれた」
er は文頭（前域）以外では使わないこともあります。
Er wordt in Nederland geen thee ver/bouwd.「オランダではお茶は栽培されていない」(ver/bouwen「栽培する」)
In Nederland wordt (*er*) geen thee ver/bouwd.「同上」

(c) er と het
主語の従属文が後ろ（後域）に「枠越え」した文では，主語が未知の内容のときには er，既知の内容のときには het を置いて文頭（前域）をふさぎます。
Er wordt be/weerd *dat Richard te hard ge/werkt heeft*.「リハルト（男名）は過労だったと主張されている」(未知：be/weren「主張する」)
Het wordt be/treurd *dat Richard te hard ge/werkt heeft*.「リハルトが過労だったことが悔やまれる」(既知：be/treuren「悔やむ」)

(d) 間接目的語を含む受動文
目的語が二つ並ぶと「間接目的語（に）＋直接目的語（を）」の語順がふつうですが，受動態で主語になるのは直接目的語だけで，間接目的語はだめです。
Als be/loning werd {*hem*/*aan hem*} een prentenboek ge/schonken.「ほうびに彼に絵本が贈られた」(een prentenboek「絵本」が主語。{hem/aan hem} のかわりに*hij は不可。schenken「…に…を贈る」)
つまり，オランダ語では，英 *I was given a book*. とは言えません。比較：英 *A book was given* {*him/*to him*}. (aan＝英 to)
次の文では de passa/giers naar Tokyo「東京へ向かう乗客（複数形）」は ver/zoeken「…に…を頼む」の間接目的語なので，受動態では主語にならず，定動詞 wordt は単数形です (passa/gier [パサジーる pɑsa.ʒiːr]「乗客」)。
Laatste oproep. *De passa/giers naar Tokyo wordt* ver/zocht zich zo spoedig mogelijk naar uitgang B4 te be/geven.「最終のご案内です。東京へご出発のお客様は，お急ぎ，搭乗口 B4 までお進みください」
ただし，じっさいには直接目的語が不定詞句のときには，間接目的語も主語になることもあります。次の例では，主語にしか使えない不定代名詞 men「（一般に）人は」(10 課 1 (f)) が用いられています。
Men wordt ver/zocht de wc tijdens het oponthoud op de stations niet

te ge/bruiken.「停車中はトイレを使用しないようにお願いします」

(e) 過去分詞＋krijgen

本来は「得る」という意味を表わす krijgen を使えば，間接目的語を主語にした受動態の表現が可能です。

U *krijgt* van ons een bro/chure thuis *toe|gestuurd*.「ご自宅にパンフレットを郵送いたします（＝あなたは私たちからパンフレットを家に郵送されます）」(toe|sturen「…に…を郵送する」)

(f) te-不定詞＋zijn「…され得る，…されるべきだ」(17課2(c))

Hij *is* niet *te helpen*.「彼はどうしようもない（＝助けられ得ない）」
⇔ *Wordt* u al ge/holpen?「もうおうかがいしていますか（＝あなたはもう助けられていますか。店などで）」

Zo'n voornemen *is af te raden*.「そんな企てはやめたほうがいい（＝やめるように勧告されるべきだ）」(af|raden「思いとどまるように勧告する」)

Deze soep *is* niet *te eten*.「このスープは飲めない」(drinken（英 *drink*）と eten（英 *eat*）の違いは容器に口をつけるかどうかです。液体でもスプーンを使って飲むのは eten です)

zijn のほかに staan, vallen を使うこともあります。

Er {*is/valt*} nog veel *te doen* van/daag.「今日はまだたくさんやるべきことがある」

3. 能格動詞と中間動詞

他動詞の目的語など，動作の影響を受ける名詞句を能動態のままで自動詞的に主語としても使える動詞が2種類あります。

(a) 能格動詞：個々の出来事

個々の出来事を示し，完了形の助動詞は zijn です（21課2）。

branden「燃える」⇔「燃やす」(zich branden「やけどする」)
drogen「乾く」⇔「乾かす」　　ver/beteren「良くなる」⇔「良くする」
Mijn kleren *zijn* snel ge/droogd.「私の服は早く乾いた」

⇔Ik *heb* mijn handen *ge'droogd*.「私は手を乾かした」
Het weer *is* ge'leidelijk *ver'beterd*.「天気がだんだん良くなった」
⇔Ik *heb* zijn opstel *ver'beterd*.「私は彼の作文を直した」
他動詞が別の語だったり，使役の助動詞を使うこともあります。
　vallen「倒れる」⇔vellen「倒す」
　zakken/dalen「下がる」⇔laten {zakken/dalen}「下げる」
　zinken「沈む」⇔doen zinken「沈める」
次の動詞では完了形の助動詞は例外的に hebben です。
　be'wegen/zich be'wegen「動く」⇔be'wegen「動かす」
　Rob *heeft* be'wogen, daar'door is deze foto on'scherp.「ロブ(男名)は動いてしまった。それでこの写真はぼけている」
　Wat *heeft* hem tot die daad *be'wogen*?「彼はどうしてあんなことをしたんだろう（＝何が彼をあんな行動へと動かしたのか）」

(b) **中間動詞：性質・特徴**
　形容詞を伴うなどして性質・特徴を表わす受動態の意味の自動詞です。主語は直接目的語のほかに，道具・場所の前置詞句にも相当します。
　Dit boek *leest* moeilijk.「この本は読みにくい (lezen)」⇔ lezen「〈人が本などを(直接目的語)〉読む」
　Dat lied *zingt* ge'makkelijk.「その歌は簡単に歌える（＝歌いやすい, zingen)」⇔ zingen「〈人が歌を(直接目的語)〉歌う」
　Die pen *schrijft* het beste.「あのペンがいちばん書きやすい(schrijven)」⇔ schrijven「〈人がペンなどで(道具を示す前置詞句)〉書く」
　In dit huis *woont* het goed.「この家は住みやすい (wonen, het 非人称代名詞)」⇔ wonen「〈人が家などに(場所を示す前置詞句)〉住む」
　上の用例とほぼ同じ意味で，次のような多彩な表現もできます。
　Dit boek *laat zich* moeilijk *lezen*.「同上」（使役・再帰）
　Met die pen *schrijft het* het beste.「同上」（非人称）
　In dit huis *is het* goed *wonen*.「同上」（非人称・不定詞）

4. er の用法 (4) ― er の重複

er には「代名詞の er」「虚辞の er」「場所の er」「数量の er」の四つの用法がありますが (10 課 3, 11 課 3), 重複するとひとつにまとめます。

 Er lagen vier sinaasappels op de schaal.「鉢の上には四つみかんが置いてあった (虚辞の er)」

 →*Er* lagen vier sinaasappels op.「その上には (代名詞の er…op) 四つみかんが置いてあった (虚辞の er)」

 →Lagen *er* vier op?「その上には (代名詞の er…op) それが四つ (数量の er…vier) 置いてあったの (虚辞の er)?」

主文の文頭 (前域) の er は「数量の er」を兼ねることができず, 文中 (中域) で繰り返すことが必要です。

 Er lagen *er* vier op.「その上には (文頭: 代名詞の er…op) それが四つ (文中: 数量の er…vier) 置いてあった (文頭: 虚辞の er)」

「数量の er」は英語の *their* の *-eir*, その他の er は *there* の *-ere* にあたり, 語源が違うので, 用法も完全には一致しないのです。

ことばと文化:祝祭日と年中行事

オランダの新年の祝い (het nieuwjaars・feest) は午前零時のけたたましい花火 (het vuur・werk) と船の汽笛で始まり, 日本のお正月とは雰囲気が違います。6 日はキリストが東方の三賢人に神性を現わしたとされる「公現祭」(Drie・koningen) で, クリスマスツリー (de kerst・boom) は燃やして処分します。2 月 2 日から 3 月 8 日までには「謝肉祭」(カーニバル het carnaval) があります。南部に多いカトリックの祭典で, 復活祭まで続く 40 日間の断食 (de vasten) の前夜に由来し (carna-「肉」+-val「断つ, 別れる」), 仮装行列などで気勢を上げます。復活祭の直前の日曜は「枝の主日」(Palm・pasen) で,ろばに乗ってエルサレムに入ったキリストを人々が称えたのにならって, 子供たちが飾りをつけたしゅろの枝 (de palmpasen・stok) を持って行進します。「復活祭」(Pasen) は断食の終わりを意味し, 謝肉祭などの日程を決める大切な行事です。暦上の春が始まる 3 月 21 日以後の最初の満月の日 (4 月 25 日まで) の数日間がそれにあたり, 盛大に祝います。その 40 日後は「キリ

23課　警察に届け出る

スト昇天の祝日」(Hemelvaarts・dag)、さらに10日後の2日間は「聖霊降臨祭」(Pinksteren)の祝日です。4月30日は「女王の日」(de konin'ginne・dag)の祝日で、先代のユリアーナ女王(konin'gin Juli'ana)の誕生日です。この頃は天気が良いので、人々は行楽に出かけます。5月4日の戦没者記念日(de doden・herdenking)には午後8時にテレビ・ラジオも放送を中止して、第二次大戦の犠牲者に2分間の黙禱を捧げます。5日は5年間のドイツ軍支配から解放された「解放記念日」(het be'vrijdings・feest)です。

9月第3週の火曜日は国会開会日(Prinsjes・dag)です。黄金の馬車(de gouden koets)でデン・ハーハ(Den Haag)の「騎士の間」(Ridder・zaal)に到着した女王が国会(Staten-Gene'raal［複数］)の開会の辞(de troonrede)を告げます。11月11日は聖マルティヌス祭(Sint-/Maarten)で、子供たちはちょうちん(de lampi'on)を片手に戸口で歌を歌い、お菓子や小銭をもらいます。子供たちがいちばん楽しみにしているのが12月5日の聖ニコラス祭(Sint-/Nicolaas, Sinter/klaas)です。お供の黒人ピート(Zwarte Piet)を連れてスペインから船でやって来たシンテルクラース(聖ニコラース)は、白馬に乗りかえて、早々と贈り物を配ります。子供たちはクリスマス(Kerst-mis)にも2回目のプレゼントをもらい、こうして暗くて長い冬を乗り切るのです。クリスマスは最も大切な行事で、町中を美しく飾り、オーリボル(de olie・bol, 球形のドーナツ)や七面鳥(de kal'koen)を味わいながら、家族でゆったりと祝います。

ベルギーではブリュージュ(Brugge「ブリュヘ」)の「聖血祭の行列」(de bloed・processie)、バンシュ(Binche)の謝肉祭の仮装行列など、カトリックの行事が特筆に値します。独立記念日は7月21日、聖ニコラ(Saint-Nicolas)は黒人ピートを連れて、天国からろばに乗ってやって来ます。

24課　ベルギービールの味覚
Les vierentwintig — De smaak van Belgisch bier

この課で学ぶこと　現在分詞, 過去分詞, 語順(7)—中域の語順

Bier is de natio/nale drank in België.
ビールはベルギーでは国民的な飲み物です。

De Belg drinkt ge/middeld 100 liter bier per jaar.
ベルギー人は1年で平均して100リットル，ビールを飲みます。

Er be/staan onge/veer 125 (=honderdvijfentwintig) brouwe/rijen in het land en meer dan 1000 ver/schillende biersoorten.
国内には約125の醸造所があり，1000以上のさまざまな種類のビールがあります。

Zelfs in de kleinste ca/fé's worden zo'n 20 soorten ge/schonken.
どんな小さな居酒屋でも20種類ほどがそろっています(=注がれる)。

De meeste brouwe/rijen zijn in Vlaanderen ge/vestigd.
ほとんどの醸造所はフランドル地方にあります。

Bier was reeds in de oudheid be/kend.
ビールはすでに古代において知られていました。

Tijdens de middeleeuwen was het bierbrouwen een privi/lege van de kloosters.
中世の時代，ビールの醸造は修道院の特権でした。

24課　ベルギービールの味覚

De vrolijke boeren op het 15de-eeuwse dorpstafereel van Pieter Bruegel de Oude drinken waar'schijnlijk bier van de plaatselijke brouwe'rij.
父ピーテル・ブリューゲル（画家 1525/30—69；正しくは「ブレーヘル」，27課「ことばと文化」）による15世紀の村の描写における楽しげな農夫たちは，おそらく地元の醸造所のビールを飲んでいると考えられます（注："De boerenbruiloft"『農家の婚礼』）。

De Belgen houden van eten en drinken.
ベルギー人は飲食を好みます。

De schotels worden be'geleid door de prachtigste bieren, geïmi'teerd in de hele wereld.
皿に盛られた料理はこの上なくすばらしいビールに伴われ，世界中で手本にされています。

Het is gastro'nomisch in België goed toeven.
ベルギーは美食という点で滞在する価値があるのです。

単語

de smaak［スマーク sma.k］「味」, na'tionaal［ナ(ト)ショナール na.(t)ʃo.ná.l］「国民的な」（英 *national*）, de drank［ドランク draŋk］「飲み物」（英 *drink*）, ge'middeld［ヘミデルト ɣəmídəlt］「平均的な」（形容詞化した過去分詞）, de brouwe'rij［ブらウ(ヶ)エれイ brou(v)ərέi］「ビール醸造所」（英 *brewery*）, ver'schillend［ヴェるスひレント vərsxílənt］「種々の」（ver'schillen「異なる」の形容詞化した現在分詞）, de/het bier・soort［ビーるソールト bíːrsoːrt］「ビールの種類」（de/het soort「種類」（英 *sort*））, worden ge'schonken［ヘスほンケ(ン) ɣəsxɔ́ŋkə(n)］□受動現在□→schenken［スヘンケ(ン) sxέŋkə(n)］「注ぐ」, ge'vestigd［ヘヴェスタはト ɣəvέstəxt］□過去分詞□→vestigen「設立する」, reeds［れーッ re.ts］「すでに」（英 *already*）, de oud・heid［アウトヘイト ɔ́utɛit］「古代」, middel・eeuwen［ミデルエーヴ(ェ)(ン) mídələ.υə(n)］□複数□「中世」, het bier・brouwen［ビーるブらウ(ヶ)エ(ン) bíːrbrou(v)ə(n)］「ビ

ール醸造」(名詞化した不定詞), het privi'lege [プリヴィレージェ pri.vi.lé.ʒə]「特権」, het klooster [クローステᵣ kló.stər]「修道院」, vrolijk [ッろーレㇰ vró.lək]「楽しげな」, het dorps・tafereel [ドᵣプスタフェれール dórpsta.fəre.l]「村の情景・描写」(het tafe'reel「描写, 情景」), plaatse・lijk [プラーツェレㇰ plá.tsələk]「現地の」(de plaats「場所」), be・ge'leid 〔過去分詞〕→ be・ge'leiden「添える, 同伴する」, ge・īmi'teerd [ヘイミテーるᴛ ɣəi.mi.té:rt]〔過去分詞〕→imi'teren「模倣する」(英 *imitate*), gastro'nomisch [はㇲᴛろノーミㇲ ɣastro.nó.mi.s]「美食の」(de gastrono'mie「美食, 料理法」, de gastro'noom「美食家」), toeven [トゥーヴェ(ン) tú.və(n)]「滞在する」

☞ ベルギーの café はいわゆる喫茶店ではなく, アルコール飲料を出す居酒屋 (カフェバー) です。コーヒーは飲めないこともあります。

文法の要点
1. 現在分詞

　分詞は動詞を形容詞のように使うときの語形です。現在分詞は不定詞に -d (慣用句などでは -de) をつけ,「語幹＋-n」の1音節の動詞では -de をつけます。用法は限られていて, 助動詞とともに特別な構文をつくることはありません。限定用法と独立用法では形容詞と同じ変化語尾を伴います。

　　現在分詞　slapend/(slapende) ← 不定詞　slapen「眠る」
　　　　　　　gaande　　　　　　　　　　　　gaan「行く」

① 限定用法
　　een *slapend* kind「眠っている子供 (単数形)」/ *slapende* kinderen「同左 (複数形)」
　　De Nederlanders zijn een *hardwerkend* volkje.「オランダ人は働き者の国民だ」(hard「熱心に」＋werken「働く」)

② 副詞用法
　　Ze lopen *kauwgom kauwend* door het mu'seum.「彼らはガムを噛みがら美術館を歩きまわっている」(kauwen「噛む」)

24課　ベルギービールの味覚

Al *doende* leert men.「経験によって（＝物事を行ないながら）人は学ぶものだ」(doen「する」, al は強調)

③ 独立用法

een *over'levende*「生存者（単数形）」/ *over'levenden*「同左（複数形）」(over'leven「生き残る」)

④ 形容詞化した現在分詞

英語と違って，進行形（6課「語法と表現」）には使いません。ただし，次の例のように形容詞化した現在分詞は zijn と使えます。

Bent u *werkend* of werkloos?「あなたは職についていますか，無職ですか」(werken「働く」)

Het is *vol'doende*.「それで十分です」(vol'doen「満たす」)」

2. 過去分詞

過去分詞は完了の意味を表わし，現在分詞と共通の用法があります。自動詞と再帰動詞は能動「…した（物事・人）」，他動詞は受動「…された（物事・人）」の意味です。

Eerlijk ge'zegd trekt een nieuwe baan me ook wel aan.「じつを言えば，新しい職もぼくには魅力的なんだ」(zeggen「言う」)

Kan ik bij u [speci'aal *uit|gegeven* postzegels] krijgen?「ここ（＝あなたのところ）で記念切手（＝特別に発行された切手）はいただけますか」(uit|geven「発行する」)

状態や位置の変化を表わす自動詞（＝完了の助動詞 zijn 支配の自動詞）の過去分詞は，限定用法で使えます。

de plotseling *toe|genomen* kou「突然，強まった寒さ」(toe|nemen「強まる（zijn 支配）」)

de net *be'gonnen* ver'gadering「ちょうど始まった会議」(be'ginnen「始まる（zijn 支配）」)

依頼・規則・命令（12課1）などの簡潔な表現にも使います。

Deze brief alstu'blieft *aan|getekend*.「この手紙を書留でお願いします」(aan|tekenen「（手紙を）書留にする」)

In|halen *ver'boden*.「追い越し禁止」(ver'bieden「禁止する」)

形容詞化した過去分詞も数多くあります。

Ik ben be/nieuwd.「私は知りたくてたまらない」(be/nieuwen「好奇心をもたせる」)

Joris is geïnteres/seerd in mu/ziek.「ヨーリス(男名)は音楽に興味がある」(＝Joris interes/seert zich voor mu/ziek.)

次の語は形容詞や副詞との複合語で形容詞として定着した例です。

Holland is striktgenomen al/leen de pro/vincies Noord- en Zuid-/Holland.「ホラントは厳密には北・南ホラント州だけです」(strikt「厳密に」＋nemen「取る」)

3. 語順(7)―中域の語順

(a) ふつうの語順：[主語―間接目的語―副詞―直接目的語]

左枠と右枠の大黒柱にはさまれた中域の語順は，日本語と似て，「主語―間接目的語―副詞―直接目的語」がふつうです。この場合の副詞(副詞句を含む)は，時間・場所のように動詞との意味的な結びつきが弱い語句を指します。

中域：	[主語	間接目的語	副詞	直接目的語	]	
Wil	[Bram	Ineke	morgen	de foto	]	geven?
たいのか	[ブラムは	イネケに	明日	その写真を	]	あげる

「ブラム(男名)はイネケ(女名)に明日，その写真をあげたいのだろうか」

(b) 語順と情報量：[＜情報量少ない＞―副詞―＜情報量多い＞]

上の語順は伝えたい内容の比重に応じて変わります。副詞を境にして，情報量が少ない既知の旧情報の要素を手前に，情報量が多い未知の新情報の要素を後ろに置きます。つまり，伝えたい内容を後ろにもってくるのです。

新情報(" ")が直接目的語のときには，そのままの語順でかまいません。

左枠	[＜情報量少ない＞		副詞	＜情報量多い＞	]	右枠
Wil	[Bram	Ineke	morgen	*een foto*	]	geven?
たいのか	[ブラムは	イネケに	明日	"ある写真を"	]	あげる

「ブラムはイネケに明日，"ある写真を"あげたいのだろうか」

間接目的語が新情報のときには，前置詞 aan「…に」(geven「与える」など)/voor「…(のため)に」(kopen「買う」, zingen「歌う」など)/tegen「…

24課　ベルギービールの味覚

に（たいして）」（zeggen「言う」など）によって，間接目的語であることを明示して後置します。

　　Wil　　[Bram　　de foto　　morgen　　*aan Ineke*]　geven?
　　「ブラムは明日，その写真を"イネケに"あげたいのだろうか」
直接目的語も新情報のときには後ろに追加できます。
　　Wil　　[Bram　　　　morgen　*aan Ineke een foto*]　geven?
　　「ブラムは明日，"イネケにある写真を"あげたいのだろうか」
主語はふつう語順を変えずにアクセント（大文字）で対比・強調します。
　　Wil　　[BRAM　Ineke　　morgen　　de foto]　geven?
　　「"ブラムが"イネケに明日，その写真をあげたいのだろうか」
誤解が生じなければ，主語も副詞の後ろに置けます。ただし，主語が代名詞のときには，左枠の要素に寄り添うように，中域の先頭に限られます（(d)参照）。

　　Bij ons staat [de hele dag *de radio*] aan.「私たちの家では一日中ラジオがつけてあります」（副詞＋主語）
　　Bij ons staat [*hij* de hele dag] aan.「私たちの家では一日中それがつけてあります」（代名詞の主語）
不定の主語は「虚辞の er」（10課3(b)）を使って後ろにも置けます。
　　Volgens de krant is [*er* gisteren in Nijmegen *dertig millimeter regen*] ge/vallen.「新聞によれば，昨日，ネイメーヘンで30ミリ雨が降った」（不定の主語と「虚辞の er」）
物事が主語で人が目的語の場合，「目的語＋主語」となることがあります。
　　Daar/toe ont/breekt [*mijn col/lega's* nog steeds *de nodige moed*].
　　「そのためには，私の同僚たちにまだなお必要な勇気が欠けている」
受動態では能動態の語順を変えずに，直接目的語に由来する主語を後置することがあります。旧情報ならば，前に置くこともできます。
　　Ten/slotte werd [Ineke gisteren (door Bram) *een foto*] ge/geven.
　　「とうとうイネケに昨日，（ブラムによって）ある写真が与えられた」
　　Ten/slotte werd [*de foto* gisteren (door Bram) aan Ineke] ge/geven.
　　「とうとうその写真が昨日，（ブラムによって）イネケに与えられた」

(c) **動詞との結びつきが強い要素：[……X]**

　直接目的語以外で，動詞と意味的に結びつきが強い要素は中域の最後に置き，右枠の動詞に隣接させます（分離動詞は分離成分である不変化詞と動詞の結びつきがとくに強い動詞と言えます）。

　　Ik moet [de kinderen *naar bed*] brengen.「私は子供たちを寝かせなくてはいけない」(naar bed brengen「ベッドへ連れていく，寝かせる」)
　　Saartje heeft [gisteren haar haar *zwart*] ge'verfd.「サールチェ（女名）は昨日，髪を黒く染めた」(zwart verven「黒く染める」)
　　Fred is [toen *ziek*] ge'weest.「フレト（男名）は当時，病気だった」

(d) **無アクセントの人称代名詞：[X……]**

　アクセントがない場合，人称代名詞（「代名詞の er」を含む）のような機能語は中域の前方に置きます。主語代名詞は先頭，目的語代名詞は主語の後ろです。つねに無アクセントの het/hem「それ」/ze「それら」が直接目的語のときには，例外的に「直接目的語＋間接目的語」の語順になります。

　　Zal [ik *je* {*de foto*/*de foto's*}] sturen?「君にその写真を送ろうか」
　　→Zal [ik {*hem*/*ze*} *je*] sturen?「君にそれを送ろうか」
　　Van'morgen heb [ik *haar het album*] laten zien.「今朝，私はアルバムを彼女に見せた」
　　→Van'morgen heb [ik *het haar*] laten zien.「今朝，私はそれを彼女に見せた」
　　Nu kan [ik *me dat* niet meer] her'inneren.「今となっては，私はそれをもう思い出せない」
　　→Nu kan [ik {*het me*/*me het*} niet meer] her'inneren.「同上」

「代名詞の er」(11課3) は目的語代名詞の前と後ろの両方に置けます。

　　Toen waren [we {*ons er*/*er ons*} nog niet *van*] be'wust.「そのとき，私たちはそれについて（*er…van*）まだ意識して（*ons…be'wust*）いなかった」

上述の無アクセントの人称代名詞 het/hem「それ」/ze「それら」があると，er の位置はその後ろに限られます。

　　Ik wil [*het er* niet *voor*] be'talen.「私はそのために（*er…voor*）それを（*het*）支払いたくない」(*er het は不可)

24課　ベルギービールの味覚

再帰代名詞 zich と主語の語順は，主語が人称代名詞のときには「主語＋再帰代名詞」ですが，名詞句のときには微妙です。

　Gisteren heeft [*hij zich* niet] ge/wassen.「昨日，彼は体を洗わなかった」（主語：人称代名詞）

　Gisteren heeft [{*de leerling zich*/*zich de leerling*} niet] ge/wassen.「昨日，その生徒は体を洗わなかった」（主語：定冠詞＋名詞）

　Gisteren heeft [*een leerling zich* niet] ge/wassen.「昨日，ある（特定の）生徒が体を洗わなかった」（主語：不定冠詞・特定＋名詞）

　Gisteren heeft [*zich een leerling* niet] ge/wassen.「昨日，体を洗わなかった（不特定の）生徒がいる」（主語：不定冠詞・不特定＋名詞）

「zich＋動詞」全体で存在・出現の意味を表わすときには，「zich＋主語」の語順がふつうです。

　Boven het dorp ver/heft [*zich de kerktoren*].「村の上に教会の塔がそびえている」（zich ver/heffen「そびえる」）

ことばと文化：ベルギービールの誘惑

　ブリュッセル（Brussel）の空港に降り立つと，ラウンジでワイングラスのような器に盛られた色とりどりのビールを手に取る人々の姿を目にします。その瞬間，ああ，ベルギーに来たな，という至福の予感に浸ります。ベルギー人のビールの個人消費量は世界一。高雅で神秘的な芸術品とも言うべきベルギービールは，発酵の過程から見ると，次の3種類に大別できます。

①低温発酵（lage gisting）：低温で発酵させるアルコール度の低い明るい色のピルスのタイプです。レーヴェン（Leuven）やアントワープ（Antwerpen）の近郊などで醸造されるステラ（Stella），マース（Maes），ユーピレル（Jupiler），コーニンク（Koninck）などが有名で，全消費量の約7割を占めますが，他国のビールに比べて個性はいまひとつです。ただ，レモンの切れ端を添えて楽しむさわやかな小麦（de tarwe）の白ビール（het wit・bier）は，19世紀半ば以来，世界中に広まった黄金色の透明なピルスタイプへの反動から20世紀後半に復活した伝統的な濁りビールで，代表格のフーハールデン（Hoegaarden）は夏のテラスに最適です。

②高温発酵（hoge gisting）：15〜20℃の高温で発酵させるいかにもベルギ

ービールらしいタイプで，芳醇な薫りと深い味覚を特徴とします。数多い名品の中でも，とくにトラピスト会の6つの修道院の修道士たちが醸造するアルコール度の強いトラピストビール（het trap/pisten・bier）が代表で，シメイ（Chimay），オルヴァル（Orval），ロシュフォール（Rochefort），ヴェストマレ（West/malle），ヴェストフレーテレン（West/vleteren/St. Sixtus），それに最近加わったアヘル（Achel）を指します。ドゥベル（dubbel，2段階発酵），トリーペル（tripel，3段階発酵）の順にアルコール度がワイン並みの11〜12％まで強まります。一方，修道院から許可を得て一般のビール会社が醸造しているものは，Ab/dij Bier「アブデイ（＝大修道院）ビール」と表示されています。

③自然発酵（spon/tane gisting）：酵母（de gist）を加えずに自然発酵させる世界的に珍しいタイプです。ブリュッセル近郊だけを原産地とし，5年間も熟成させた酸味のあるものがランビーク（de lam/biek），古いランビークと新しいランビークを混ぜて新たに発酵させ，炭酸が加わってシャンペンのような泡を立てるのがヘーゼ（de geuze）です。口に含んでいると，多彩な味たちの群れが魔法のように次々と去来します。女性に好評のフルーツビールは，元来，ランビークに酸味を弱めるために果物を加えたもので，クリーク（de kriek，チェリー），フラムボース（de fram/boos/fram/boise「フランボワーズ（フランス語名）」，ラズベリー），ペルジク（de perzik/pêche「ペシュ（フランス語名）」，桃），カシス（de cassis）などがあります。

どのビールも銘柄専用の個性的なグラスに注ぐのがベストです。樽（het vat）と瓶（de fles）は製法の違いで，品質の優劣とは無関係。①以外は冷やしすぎず，食前食後に楽しむのに適しています。大量に一気飲みして，安易にのどごしの爽快さだけを求めるのも禁物。ベルギービールは清涼飲料水ではありません。色と泡立ちによる視覚的美しさ，幾重にも漂う薫りの妙，ワインを味わうように舌の上に広がる味覚の粋を時間をかけて楽しみましょう。①のピルスタイプ以外は，長時間保存するにつれて，味わいに多次元的な奥行きが加わっていきます。ラベルにある賞味期間の表示は気にせず，ビンの中での熟成を妨げないためにも，真夏以外は冷蔵庫での保管は避けましょう。

ベルギーに行ったら，洗練されたチョコレートやアルデンヌ地方のハムやパテ，北海の生エビや貝などの海の幸（zee・vruchten［複数］）の盛り合わせ

24課　ベルギービールの味覚

ほかに，ムール貝（mosselen□複数□）の白ワイン蒸しをくれぐれもお忘れなく。バケツのような容器にドカンと出てきます。De Belgen houden van eten en drinken, met een kwali/teit waar de Fransman bij likkebaardt en met een kwanti/teit die een Duitse honger stilt.「ベルギー人はフランス人が舌鼓を打つ（＝口ひげをなめる）質とドイツ人の腹を満たす量で飲食を好む」とはよく言ったものですね。

ブリューゲル（Bruegel）：『村の婚礼』

練習8 ヴァウテルとチツケヘ
Oefening acht—Lieve Wouter en Tjitske

次の手紙を和訳し，下線部の日付をオランダ語で書きましょう。

Amstel'veen, 2004年6月30日
Lieve Wouter en Tjitske,

　Deze zomer ga ik in de va'kantie van 7月31日 tot 8月14日 naar Luxemburg. Op de te'rugreis kom ik door Antwerpen. Ik zou het zo leuk vinden jullie te be'zoeken, maar het is de vraag of het jullie zou schikken en zo ja, wan'neer. Willen jullie dat even schrijven？ Als alles volgens plan ver'loopt, arri'veer ik in Antwerpen op 8月11日 tegen de avond.

Met veel liefs,
Masami

単語：lieve ［リーヴェ lí.və］「手紙の冒頭でとくに親しい相手のファーストネームにつけて」(lief「いとしい，好きな」)，door［ドール do:r］「…を経由して」，schikken［スひケ(ン) sxíkə(n)］「(…が人に) 都合がいい」，volgens［ヴォルヘ(ン)ス vɔ́lɣə(n)s］plan「計画どおりに」，Met veel liefs「手紙の結びでとくに親しい相手に」

【解答】

アムステルヴェーン, 2004年6月30日（dertig juni tweeduizendvier）
ヴァウテルとチツケヘ

　今年の夏，私は7月31日（eenendertig juli）から8月14日（veertien au'gustus）まで休暇でルクセンブルクへ行きます。帰りにはアントワープを経由します。お二人のところに寄りたいと思うのですが（＝あなたがたを訪

練習8　ヴァウテルとチツケへ

問するのをとてもすてきに思うのですが)，都合がいいかどうか，もしよければ，いつかが問題です。手紙で知らせてくれませんか。すべて計画どおりに行けば，アントワープには8月11日（elf au/gustus）の夕方に着きます。

それでは
正美

聖ニコラス祭（Sinter/klaas）を迎えた子供たち

25課　これから数日間の天気予報
Les vijfentwintig — Weersverwachting voor de komende dagen

この課で学ぶこと　後置詞と包置詞，時間・場所の副詞

Zaterdag 25 (=vijfentwintig) juli 2003 (=tweeduizenddrie)
2003年7月25日土曜日

Een ge/bied van hoge druk boven de Baltische Staten brengt in grote delen van Eu/ropa prachtig zomerweer.
バルト諸国の上空にある高気圧地帯がヨーロッパの大部分にすばらしい夏の天気をもたらしています。

Het hele weekeinde is er veel zon en wordt het tropisch warm.
週末はずっと快晴で，真夏のような暑さになるでしょう。

Morgen/ochtend lossen eventu/eel ont/stane mistbanken snel op en is het op/nieuw vrij zonnig en heet.
明日の朝は霧が出ることがあっても，じきになくなり（＝場合によっては出ることがある霧がすぐに解消し），再び晴れ間が広がって，暑いでしょう。

Verder staat er nog steeds weinig wind.
また（＝さらに），風はいぜんとしてほとんどないでしょう。

Zondag/avond en aan/sluitend in de nacht kunnen er enkele onweersbuien vallen, omdat boven Frankrijk een lage/drukgebied ligt en boven de Noordzee een koufront de warmte wil ver/jagen.
フランスの上空に低気圧地帯があり，北海の上空で寒冷前線が暑さを追い払うために，日曜日の晩とひき続き夜半は一時的に雷雨になる（＝降る）でし

— 254 —

25課　これから数日間の天気予報

ょう（＝可能性があります）。

Maandag trekt het koufront via het zuid/oosten van Nederland weg en volgen opklaringen.
月曜日は寒冷前線がオランダ南東部を経由して過ぎ去り、晴れ間がそれに続くでしょう。

De zon keert dan te/rug, maar wel is het een stuk minder warm.
晴れの日（＝太陽）が戻りますが、かなり涼しくなるでしょう。

Dinsdag en woensdag blijft het vrijwel droog.
火曜日と水曜日はほとんど雨は降らない（＝乾いている）でしょう。

De middagtemperatuur ligt beide dagen tussen 20（＝twintig）en 25（＝vijfentwintig）graden.
日中の気温は両日とも20度から25度の間でしょう。

単語

de weers・verwachting［ヴェーるスフェるヴぁはティング vé:rsfərvɑxtɪŋ］「天気予報」（＝het weer・bericht； de ver/wachting「期待」），komend［コーメント kó.mənt］「これからの」（komen「来る」の形容詞化した現在分詞），het ge/bied［ヘビート ɣəbí.t］van hoge druk［ドりゥク drʏk］「高気圧地帯」（＝het hoge/drukgebied； het ge/bied「地帯，地域」，de druk「気圧，圧力」），boven［ボーヴェ(ン) bó.və(n)］「…の上空に」（英 *above*），brengen［ブれンゲ(ン) brɛŋə(n)］「もたらす」，het deel［デール de.l］「部分」，het zomer・weer［ゾーメるヴェーる zó.mərve:r］「夏の天気」，tropisch［トろーピス tró.pi.s］「熱帯の」（英 *tropical*），op|lossen［オフロセ(ン) ɔplɔsə(n)］「解く」，eventu/eel［エヴェ(ン)テュ(フ)エール e.və(n)ty.(v)é.l］「もしかすると」，ont/stane［オントスターネ ɔntstá.nə］□過去分詞変化形□→ont/staan「生じる」，de mist・bank［ミス(ド)バンク，ミス(ト)… mís(d)baŋk, mís(t)…］「霧の塊」（de mist「霧」），op/nieuw［オフニーウ ɔpní.u］「改めて」，aan/sluitend

— 255 —

［アーンㇲライテンㇳ a.nslœytənt］「次に続く」(aan|sluiten「接続する」の形容詞化した現在分詞), de onweers•bui ［オンヴェーるㇲバイ ɔ́nveːrzbœy］「一時的な雷雨」(het on•weer「雷雨」+ de bui「にわか雨」), vallen ［ヴァレ(ン) vɑ́lə(n)］「降る」, het lage/druk•gebied ［ラーヘドりュㇰヘビートla.yədrÝkxəbi.t］「低気圧地域」, het kou•front ［カウフろンㇳ kɔ́ufrɔnt］「寒冷前線」(英 *cold front*, het warmte•front「温暖前線」), de warm•te ［ヴぁるㇺテ vɑ́rmtə］「暑さ」(英 *warmth*), ver/jagen ［ヴェるヤーヘ(ン) vərjáːɣə(n)］「追い払う」, weg|trekken ［ヴェヘトれケ(ン) vɛxtrɛkə(n)］「過ぎ去る」, de op•klaring ［オㇷ゚クラーリンㇰ ɔ́pklaːrɪŋ］「晴れ間」, te/rug|keren ［テりゅふケーれ(ン) tərÝxkeːrə(n)］「戻る」, een stuk ［ㇲテュㇰ stY̆k］(+比較級)「かなり」, vrij•wel ［ヴれイヴェル vrɛ́ivɛl］「ほぼ」, droog ［ドろーほdro.x］「乾いた」(英 *dry*), de middag•temperatuur ［ミダㇵテㇺぺらテューるmídɑxtɛmpəra.tyːr］「日中の気温」(de tempera/tuur「気温」(英 *temperature*)

文法の要点

1. 後置詞

　オランダ語には前置詞のほかに，名詞句の後に置く後置詞があります。数は少なく，十数個で，方向・期間の意味に限られ，抽象的な論理関係の意味を表わすことはありません。af, ge/leden, te/rug 以外は前置詞と同形です。af 以外は「R 代名詞」(11課3) とは使えません。

(a) 種類と用例

① 動作の方向を表わすもの

　　af「…から・の下へ」, in「…の中へ」, langs「…に沿って」, om「…（の角）をまわって」, op「…へ・の上へ」, over「…の上・上空を」, rond「…の周囲をめぐって」, uit「…の中から」

　　Daar/na willen we graag nog even *de stad in*.「その後で私たちはちょっと町に行きたいと思います」

　　De kan/tine? *De gang uit*, en dan links/af.「食堂ですか。廊下を進んで，左ですよ」

　　Gaat u *de brug over*.「橋を渡ってください」

25課　これから数日間の天気予報

Je loopt *de trap* {*op*/*af*}.「階段を｛上がる/下がる｝んですよ」
② 期間を表わすもの
　ge'leden/te'rug「（発話時から見て）…前に」
　Mijn laatste tetanusinjectie is onge'veer *drie jaar ge'leden*.「私が最後に破傷風の予防注射をしたのは約3年前です」
　Een tijdje te'rug ben ik hier ge'komen.「ついさっき私はここに来たばかりです」
③ 動作の方向と期間を表わすもの
　door「…を通って，…の間ずっと」（動作の方向の用例は(b)）
　De hele zomer door heeft de zon ge'schenen.「夏中，日が照っていた」
名詞句と離れて現われるときには，後置詞か，分離動詞の分離成分である不変化詞かであいまいなことがあります。
　Het jongetje durfde *de ladder* niet meer *af*.「男の子ははしごからもう離れる勇気がなかった」

(b) **前置詞との意味の違い**

　後置詞は前置詞に比べて経過や方向の意味を明示します。静止した位置の意味は示しません。
　　　De aap klom *de ladder op*.「猿ははしごをのぼっていった」（後置詞）
　　　⇔De aap klom *op de ladder*.「猿ははしごの上にのぼった」（前置詞）
　　　De aap zat *op de ladder*.「猿ははしごの上にすわっていた」（前置詞）
　　　Ik ben *het bos door* ge'wandeld en toen kwam ik bij een hut.「私は森の中を通って散歩していたら，小屋のところに来た」（後置詞）
　　　⇔Ik ben *door het bos* naar een hut ge'wandeld.「私は森を通って小屋のあるところまで散歩した」（前置詞）
　後置詞は前置詞と違って，比喩的・抽象的な意味では使いません。
　　　Toen ver'loor ik het vliegtuig *uit het oog*.「そのとき私は飛行機を視界から失った」（*het oog uit は不可）

2. 包置詞：[[前置詞＋名詞句]＋X]

　包置詞は名詞句を前後から包みこみます。Xは前置詞・後置詞・副詞と多

様で，前置詞との40ほどの組み合わせがあります。

achter...aan「…の後ろから」, buiten...om「…を抜きにして，…には知らせずに」, door...heen「…を通り越して，…の間ずっと」, naar...toe「…のほうへ」, om...heen「…のまわりを，…を避けて」, onder...door「…の下を通って」, op...af「…に近づいて」, tegen...{in/op}「…に逆らって」, tot...toe「…まで」, tusen...door「…の間を通って」, van...{af/uit/van'daan}「…(の中)から」

[*Tussen* de buien *door*] is de zon nog af en toe te zien.「にわか雨の間に太陽がまだ時々見える」

De wind blies dwars [*door* mijn kleren *heen*].「風が私の服を突き抜けて吹き荒れた」

[*Buiten* mij *om*] hebben ze de zaak be'slist.「私に知らせずに彼らはその件を決定した」

前置詞 van'af/van'uit...「…から」は，包置詞 van...{uit/af}「…から」としても使います。

[{*Van* negen uur *af* / *Van'af* negen uur}] heeft hij zonder pauze ge'werkt.「9時から彼は休みなしで働いた」

じつは，包置詞は [[前置詞＋名詞句]＋X] のように，前置詞句に X が後ろからかぶさる2階建て構造になっていて，[前置詞＋名詞句] が X から分離することもあります。つまり，X は前置詞句を支配する後置詞であり，これが包置詞の正体なのです。

Om dit feit kunnen we niet meer *heen*.「この事実は我々はもはや避けて通れない」(Om dit feit heen... も可)

[[R代名詞…前置詞]＋X] のように「R代名詞」が分離することもできます。[前置詞＋X] は1語でつづります。

Het Nederlands ligt zeker niet *tussen* het Engels en het Duits *in*.「オランダ語はけっして英語とドイツ語の合いの子ではない」

→Het Nederlands ligt *er* zeker niet *tussen' in*.「オランダ語はけっしてそれらの合いの子ではない」

包置詞とは逆に，[前置詞＋[前置詞＋名詞句]] のように，前置詞が後ろの前置詞句にかぶさることがあります（前置詞句を支配する前置詞）。

Deze si'gaar is *voor* [*na* het avondeten].「この葉巻は夕食後用（＝夕

25課　これから数日間の天気予報

食の後のため）です」

　Loopt u door *tot* [*aan het kruispunt*].「交差点のところまでずっと歩いて行ってください」

[[（前置詞）＋[前置詞＋名詞句]]＋X] もあります。つまり，英 *from under* {*the bed / the curtain*} の後ろに X がついているわけです。

　Het katje kroop [(*van*) *onder* het bed *van'daan*].「子猫はベッドの下からはい出してきた」

　Het meisje kwam [(*van*) *achter* het gor'dijn *van'daan*].「女の子はカーテンの後ろから出てきた」

語彙をふやそう

時間の副詞

　一部の語は形容詞としても使います。ここでは前置詞句を交えて学びます（11課 3 (c)）。

① altijd/steeds「いつも」, meestal「たいてい」, ge'woonlijk「ふつう」, vaak/dikwijls「しばしば」, {soms/af en toe}「ときどき」, zelden「稀に」, ooit「かつて」, nooit「けっして…ない」

② in het ver'leden「過去に」, tegen'woordig「現在」, in de toekomst「将来」, onlangs「最近」, zo'juist「ついさっき」, toen「そのとき」

③ in het be'gin「最初は」, eerst「まず，最初に」, van te'voren「あらかじめ」, voor'lopig「今のところ」, pas「…になってはじめて」, ten'slotte「とうとう（結末）」, eindelijk「やっと（期待）」, uit'eindelijk「最終的に」, ver'volgens「その結果」, dan「それなら」

④ on'middellijk/met'een「ただちに」, straks/dadelijk「すぐに」, gauw/binnen'kort「じきに」, op den duur「そのうちに」, al「すでに」, nog「まだ」, {nog altijd/nog steeds}「あい変わらず」, nog niet「まだ…ない」, net「ちょうど」, doorgaans「ずっと」, tege'lijk/tegelijker'tijd「同時に」, in'tussen/onder'tussen/in'middels「その間に」, tijdelijk「一時的に」, weer「再び」, al'weer「またしても」, op'nieuw「新たに」, telkens「そのたびに」, plotseling「突然」

場所の副詞

　場所の副詞の多くは前置詞と共通です。日本語の「上」「左」は名詞ですが，オランダ語の boven, links は副詞なので，主語や目的語にはなれません。ただし，「東西南北」は両言語とも名詞です。次の例で，「…で・に」は静止した位置，「…へ」は運動の方向を表わします。前置詞句を交えて学びます。

① 内外

　　binnen「中に」, binnen'in「中に」, (naar) binnen「中へ」, van binnen (uit)「中から」, buiten「外に」, buiten'af「外に」, naar buiten (toe)「外へ」, van buiten (af)「外から」

　　Komt u *binnen*.「お入りください」

② 上下

　　boven「上に」, boven'aan「上に」, boven'op「いちばん上に」, naar boven「上へ」, van boven (af)「上から」, be'neden/onder「下に」, onder'aan「下に」, onder'in「下の部分に」, naar {be'neden/onder(-en)}「下へ」, {van onder(-en)/onder'uit}「下から」

③ 前後（「先，表」「奥，裏」）

　　voor「前に」, voor'aan/voor'op「前に」, voor'in「最初の部分に」, {naar voren/voor'uit}「前へ」, van voren「前から」, achter「後ろに」, achter'aan/achter'op「後ろに」, achter'in「後ろの部分に」, {naar achteren/achter'uit}「後ろへ」, van achteren「後ろから」

　　De fiets staat {*achter in* de tuin/*achter' in*}.「自転車は{庭の奥に/奥のほうに}ある」

④ 左右など

　　links「左に」, rechts「右に」, aan de {linker'kant/rechter'kant}（第1音節にアクセントも可）「{右側/左側}に」, aan {uw/je}{linker'hand/rechter'hand}（第1音節にアクセントも可）「(あなたの/君の){右手/左手}に」, naar {links/rechts}または links'af/rechts'af「{左/右}へ（方向）」, {midden'in/in het midden}「真ん中に」, tussen'in「間に」, recht'door「まっすぐ（方向）」, {die/deze} kant {uit/op}「{あの・その/この}方角へ」

⑤ 東西南北

　　het oosten「東」, het westen「西」, het zuiden「南」, het noorden「北」

25課　これから数日間の天気予報

複合語：oost-/west-/zuid-/noord-

De zon gaat op *in het oosten* en gaat onder *in het westen*.「太陽は東から昇り，西に沈む」

Ik ga *naar het zuiden* voor mijn ge/zondheid.「私は健康のために南へ行きます」

Maas/tricht ligt *in het zuid/oosten van* Nederland.「マーストリヒトはオランダの南東にある」

Nederland ligt *ten noorden van* België.「オランダはベルギーの北にある」

Ons huis ligt *op het oosten*.「私たちの家は東向きです」

形容詞は oostelijk/westelijk/noordelijk/zuidelijk です。

De wind waait {*uit westelijke richting/uit het westen*}.「風は西の方角から吹いている」

ことばと文化：Het kikkerlandje—蛙の国，オランダ

　北海（de Noord・zee）に面したオランダ語圏は，雨雲と強風の銀座通りです。真っ平らな地平線（de horizon）の彼方から暗雲が来るなと思っていると，すぐににわか雨（de bui）の襲来です。でも，傘（de para/plu）はあまりささず，レインコート（de regen・pak）姿で自転車を飛ばしている人が少なくありません。やがて雨脚は次の町に移動し，雲間から光が漏れてきます。とても天気が変わりやすいのです。洗濯物（de was）は地下に干し，熱湯でたたきつけるように洗濯機を垂直に回転させるのも納得できます（服は少なからずいたみますので，ご注意）。

　夏と冬を表わす語は英語やドイツ語と似ているのに，春と秋に相当する語は違います。夏と冬は古くからゲルマン人に重要だったので，単語が共通していますが，中間的な季節は影が薄く，各国語で異なるのです。暦の上では，春（de lente/het voorjaar）は3月21日〜6月21日，夏（de zomer）は6月21日〜9月22日，秋（de herfst/het najaar）は9月22日〜12月21日，冬（de winter）は12月21日〜3月21日です。でも，じっさいは，春は4月末から，夏は8月末まで，11月はもう冬といった感じです。大昔，ゲルマン人が一年を冬で数えたのもわかるような気がします。一日も夜（de nacht）

で数えていました。日没とともに一日は終わり,夜は新しい一日の始まりと考えたのです。

　冬は日が短く,気温はそれほど下がらず,雪が少ないかわりに嵐が頻繁で,陰惨としています。winter「冬」は water「水」または wind「風」と関係があり,「降水量の多い季節」「嵐の季節」の意味だったとも言われます。とくに 11 月は最悪で,12 月になってクリスマス（de Kerst・mis）が近づくと,町が華やかになって気分的に救われるといった感じです。ただ,オランダ語圏には北海道のように梅雨がありません。6 月はすがすがしく,すばらしい季節です。短い夏にはヨーロッパ中から海岸に避暑と保養の人の波が押し寄せます。

　日本語の温度表現は主観的に快適（暖かい,涼しい）か不快（暑い,寒い）かが分かれ目ですが,オランダ語では客観的な温度差が第一です。warm water はふつうの「お湯」の意味で,チンチンに熱い湯が heet water です。koel「涼しい」と言っても,快適とは限らないのです。

　　　warm「暖かい,暑い」, heet「(とても)暑い,熱い」, koud「(とても)寒い」, koel「寒い,涼しい,冷たい」, zwoel「蒸し暑い」

　　　Waar/om zit je in de schaduw? Zo *warm* is het niet.「どうして日陰にすわっているの。そんなに暑くないよ」

　　　Vlees moet je *koel* be/waren.「肉は冷たくして保存しなくてはいけない」

　オランダ・ベルギーの国民的スポーツと言えば,水泳（zwemmen）とスケート（schaatsen）です。とくにスケートでは大柄な体格を生かした長距離競技が得意で,オリンピックではメダルの常連です。フリースラント（Friesland）には同州の 11 の歴史的都市を運河でめぐる「11 都市間スケートリレー」（de elf/steden・tocht／西フ de alve/stêde・tocht）の伝統があり,氷の状態が良い年には大勢の参加者でにぎわいます。でも,スキーやジャンプは全然ダメ。もちろん,山がないので。ようするに,国民のエネルギーが一つの競技に集中するわけですから,強いはずですよねえ。

26課　拝啓　パルス様
Les zesentwintig — Ge/achte me/vrouw Pars

この課で学ぶこと　代換不定詞, 語順(8)―三つ以上の動詞群, kennen と weten

Uw a/dres heb ik ont/vangen van mijn vrien/din, Ota Masami.
友人の太田正美さんからご住所を教えていただきました。

Ik wend mij tot u omdat ik graag voor een jaar bij u zou willen werken.
お宅で1年間働きたいという理由から，ご連絡申し上げます。

Ik ben 23 (=drieëntwintig) jaar. Ik heb in Kyoto Engels en pedago/gie gestu/deerd, en nu wil ik Nederlands in Nederland gaan leren.
私は23歳です。京都の大学で英語と教育学を学び，今はオランダでオランダ語を習いたいと思っています。

Ik zou het zeer op prijs stellen wan/neer u mij zou willen in|lichten over het werk dat ik bij u zou moeten doen en over de mogelijkheid in mijn vrije tijd cursussen Nederlands te volgen.
お宅で私がするべき仕事と，合間の自由時間にオランダ語の講習を受ける可能性について教えていただければ幸いです。

Ik ben gaarne be/reid in het huishouden te helpen en kinderen te ver/zorgen.
私は家事のお手伝いやお子さんの世話を喜んでさせていただきます。

Na/tuurlijk zult u wel be/grijpen dat ik graag zou weten in wat voor ge/zin ik zou worden op|genomen, evenals u een beeld zult willen hebben van mijn achtergrond.

もちろん、私の経歴を把握なさりたい（＝私の背景の像をお持ちになりたい）と思っていらっしゃるのと同様に、私がどのような家庭に受け入れられるのかを知りたいと思っていることは、ご理解いただけると存じます。

Ik ben dan ook graag be/reid u alle ge/wenste inlichtingen te ver/strekken.
そのさいにはお望みの情報をすべて喜んでご提供いたします。

Uw antwoord zie ik gaarne tege/moet.
お返事を心から（＝喜んで）お待ちしています。

Met vriendelijke groeten,
WADA, Noriko
敬具
和田範子

単語

ont/vangen［オントファンゲ(ン) ɔntfɑ́ŋə(n)］［過去分詞］→ont/vangen「受け取る」(vangen［ヴァンゲ(ン) vɑ́ŋə(n)］「とらえる」), wend［ヴェント vɛnt］mij →zich wenden「相談する (tot …に)」(wenden「向ける」), de pedago/gie［ペダほひー pe.da.ɣo.ɣí.］「教育学」(英 *pedagogy*), in|lichten［インリふテ(ン) ínlɪxtə(n)］「知らせる」, de cursus［キュるスュス kýrsʏs］「講習」(英 *course*), gaarne［はーるネ ɣá:rnə］「喜んで」(＝graag), het huis・houden［ハイスハウデ(ン) hǿyshɔudə(n)］「家事」, ver/zorgen［ヴェるゾるヘ(ン) vərzɔ́rɣə(n)］「…の世話をする」, be/grijpen［べふれイペ(ン) bəɣrɛ́ipə(n)］「理解する」, worden op|ge・nomen［オプヘノーメ(ン) ɔ́pxəno.mə(n)］［受動現在］ → op|nemen「受け入れる」, even・als［エーヴェ(ン)アルス é.və(n) ɑls］（または even/als）［従属接続詞］「…と同様に」, de achter・grond［アはテるふろント ɑ́xtərɣrɔnt］「背景」, be/reid［べれイト bərɛ́it］「準備ができた」(形容詞化した過去分詞, 英 *ready*), ver/strekken［ヴェるストれケ(ン) vərstrɛ́kə(n)］「提供する」, tege/moet|zien［テヘムートスィーン təɣəmú.tsi.n］「待ち受ける」

— 264 —

26課　拝啓　パルス様

文法の要点
1. 代換不定詞
　不定詞は完了の助動詞 hebben/zijn に支配されると過去分詞になりますが，他の不定詞（または te-不定詞）とともに動詞群をつくると，過去分詞にならず，不定詞のままです。過去分詞の肩代わりをする不定詞という意味で，これを「代換不定詞」といいます。

　　Ik *heb* dat niet *ge/wild*. 「私はそれがいやだった」(ge/wild 過去分詞)
　　Ik *heb* dat niet [*willen* doen]. 「私はそれをしたくなかった」(willen 代換不定詞＋doen 不定詞)

　助動詞はふつうの動詞よりエライので，(te-)不定詞を子分に従えると，hebben/zijn の如きに支配されてたまるかというわけで，形を変えないのです。

(a) 不定詞を伴う助動詞（13, 14 課 1）の完了形

　　Mark *heeft* zijn sleutel op de kamer [*laten* liggen]. 「マルク(男名)は鍵を部屋に置いてきた」
　　Sebas/tiaan *heeft* zijn hart [*voelen* kloppen]. 「セバスティアーン(男名)は心臓の鼓動を感じた」
　　Alice *is* [*blijven* zitten]. 「アリス(女名)はすわったままでいた」
　　Ik *ben* het geld [*komen* halen]. 「私はお金を取りに来ました」
　zijn の代換不定詞は例外的に wezen です。
　　Jef *is* van/morgen [*wezen* zwemmen]. 「イェフ(男名)は今朝，泳ぎに行って留守だった」(zijn＋不定詞「…しに出かけている」)

(b) te-不定詞を伴う助動詞（16 課 1）の完了形

　「助動詞＋te-不定詞」という te-不定詞を含む動詞群をつくるので，助動詞には代換不定詞を使います。

　　Dat *had* je niet [*hoeven* (te) doen]. 「そんなことは君はしなくてもよかったのに」(te の有無は任意)
　　Jonas *had* op tijd [*horen* te zijn]. 「ヨーナス(男名)は時間どおりに来る(＝いる)べきだったのに」
　　Wietske *is* in/middels [*komen* te over/lijden]. 「ヴィーツケ(女名)は

その間に亡くなってしまった」
　{staan/zitten/liggen/lopen/hangen}＋te-不定詞「…している」(6課「語法と表現」(b))の完了形ではふつうteを省きます。
　　　Remco *heeft* een poosje [*liggen* rusten].「レムコ（男名）はしばらくの間，横になって休んでいた」
　teのない不定詞が隣接するときにも，teを省くのが一般的です。
　　　Ik zag de kinderen bij de bushalte [*staan* wachten].「私は子供たちがバス停のところで（立って）待っているのを見た」

(c) te-不定詞句を伴う他動詞（16課2）の完了形
　te-不定詞句全体が枠越えしてしまい，動詞群をつくらないので，子分のte-不定詞に逃げられた他動詞は過去分詞に身を落とします。
　　　Ik *heb* hem ge/*vraagd* [tot zeven uur te wachten].
　　　「私は彼に7時まで待ってくれと頼んだ」(ge/vraagd 過去分詞)
　ただし，te-不定詞を伴う助動詞の性格もあるものは両方可能です。
　　　Waar *heb* je ge/*leerd* [Nederlands te spreken]?「君はどこでオランダ語を話すのを習ったの」(ge/leerd 過去分詞, te-不定詞句全体が枠越え)
　　　Waar *heb* je Nederlands [*leren* spreken]?「同上」(leren 代換不定詞,動詞群を形成)

2. 語順（8）―三つ以上の動詞群

(a) 不定詞だけを含む動詞群
　文末(右枠)の動詞群が不定詞（代替不定詞を含む）だけの場合には，日本語とは逆に，助動詞を前に重ねていきます(15課2(b), 21課1)。そのほかの語順は稀です。
　　　Ik *zal* je [*moeten　　laten　　　wachten*].
　　　　　　　　［必要がある　せる　　　待た　　　］
　　　「私は君を待たせなければならない（＝待たせる必要がある）だろう」
　　　Ik *heb* je [*moeten　　　　laten wachten*].
　　　　た　　　［必要があっ(代換不定詞)　せる　待た　　］
　　　「私は君を待たせなければならなかった（＝待たせる必要があった）」

26課　拝啓　パルス様

従属文では動詞群の先頭の助動詞は定動詞です。そのほかの語順は稀です(niet「…ない」は動詞ではないので，対象外)。

Feiko zegt　[dat hij morgen niet *zal*　　　*kunnen*　　*komen*].
　　　　　言っている [と　　　　　　　ない　だろう(定動詞)　られ　　　　来　　]
「フェイコ(男名)は明日は来られないだろうと言っている」

Feiko zegt　[dat hij gisteren niet *heeft*　　*kunnen*　　*komen*].
　　　　　言っている [と　　　　　　　　なかっ た(定動詞)　られ(代換不定詞) 来　]
「フェイコは昨日，来られなかったと言っている」

Ik ge/loof　[dat ze liever *zal*　　*willen blijven zitten*].
　　　　思う　[と　　　　　　 だろう(定動詞) たい　　 ままでい　 すわった]
「私は彼女はむしろすわったままでいたいだろうと思う」

Ik ge/loof　[dat ze liever *heeft*　*willen*　　*blijven zitten*].
　　　　思う　[と　　　　　　 た(定動詞)　たかっ(代換不定詞) ままでい　 すわった]
「私は彼女はむしろすわったままでいたかったのだと思う」

(b) te-不定詞を含む動詞群

動詞群が te-不定詞を伴う助動詞を含むときにも，(a)と同じ語順です。

Jef vindt　[dat jij dat *be/hoort*　*te weten*].
　　　　思う　[と　　　　　べきだ(定動詞)　知っている]
「イェフ(男名)は君がそれを知っているべきだと思っている」

Jef vindt　[dat jij dat *had*　　　*be/horen*　　*te weten*].
　　　　思う　[と　　　　　　　たのに(定動詞) べきだっ(代換不定詞) 知っている]
「イェフは君がそれを知っているべきだったのにと思っている」

「te-不定詞＋助動詞」全体が熟語の表現 (16課3) では，動詞群が二つのときのように，te-不定詞を先頭に置きます。動詞群が三つのときには，定動詞が中間に来ます。例. te maken hebben「関係がある (met …と)」

Jasper ver/telt　[dat hij met haar niets meer *te maken heeft*]．「ヤスペル(男名)は彼女とはもう何もかかわっていないと語っている」

Jasper ver/telt　[dat hij met haar niets meer *te maken wil hebben*].
「ヤスペルは彼女とはもう何もかかわりたくないと語っている」

南部では定動詞 (wil) を先頭に置くことがあります。

Jasper ver/telt　[dat hij met haar niets meer *wil te maken hebben*].

「同上」（南部）

受動の意味の「te-不定詞＋zijn」(23課2(f))や進行形の表現「aan het＋不定詞＋zijn」(6課「語法と表現」(a))でも，te-不定詞や「aan het＋不定詞」が先頭です。

　　Ik denk [dat Laura *aan het douchen* {*ge'weest is*（話し言葉）/*is ge'weest*（書き言葉，正式）}].「私はラウラ（女名）はシャワーを浴びていたと思う」

　　Denk je [dat dit boek toen nog *te krijgen* {*ge'weest is*（話し言葉）/*is ge'weest*（書き言葉，正式）}]？
「君はこの本は当時，まだ手に入った（＝手に入れられた）と思うか」

(c) **過去分詞を含む動詞群**

過去分詞がまじると語順が少し自由になり，「助動詞＋過去分詞」（書き言葉，正式）のほかに「過去分詞＋助動詞」（話し言葉）も可能です。

　　Loes zou net [*moeten zijn*] *aan|gekomen*.（書き言葉，正式）
　　　　　のだが　　　［に違いない　た］　到着し（過去分詞）
　　Loes zou net *aan|gekomen* [*moeten zijn*].（話し言葉）
　　　　　のだが　　到着し（過去分詞）　［に違いない　た］
「ルース（女名）はちょうど到着したばかりに違いないのだが」

従属文でも「［定動詞＋不定詞］＋過去分詞」（書き言葉，正式）のほかに「過去分詞＋［定動詞＋不定詞］」（話し言葉）も可能です。つまり，過去分詞を先頭か末尾に置くということです。

　　Ik ver'moed [dat Co dat niet [*kan hebben*] *ge'schreven*].（書き言葉,正式）
　　　推測する　［と　　　　　　ない　［はずが(定動詞)　た　］　書い(過去分詞)］
　　Ik ver'moed [dat Co dat niet *ge'schreven* [*kan hebben*]].（話し言葉）
　　　推測する　［と　　　　　　ない　書い(過去分詞)　［はずが(定動詞)　た　］］
「私はコー（男名）がそれを書いたはずがない（niet…kan）と推測する」

　　Ik meende [dat de boom [*zou moeten worden*] *om|gehakt*].（書き言葉,正式）
　　　思っていた　［と　　　　［だろう(定動詞)　必要がある　れる　］　切り倒さ(過去分詞)］
　　Ik meende [dat de boom *om|gehakt* [*zou moeten worden*]].（話し言葉）
　　　思っていた　［と　　　切り倒さ(過去分詞)　［だろう(定動詞)　必要がある　れる　　］］
「私はその木は切り倒される必要があるだろうと思っていた」

26課　拝啓　パルス様

南部では過去分詞が中間に来ることがあります。
　　Ze be/weren [dat Co dat niet *kan ge/schreven hebben*].（南部）
　　Ik meende [dat de boom *zou moeten om|gehakt worden*].（南部）
　　Ik meende [dat de boom *zou om|gehakt moeten worden*].（南部）

(d)　「{前置詞/分離動詞}の分離成分」＋動詞群
　「代名詞の er」などの「R 代名詞」(11課3) に取り残された前置詞は，文末(右枠)の動詞群に隣接するように，その直前(中域の最後)に置きます。ただし，南部では前置詞が動詞群の中に割り込むことがあります。

　　　　　　　　　　[左枠 [中域　　　　　　　　] [右枠　　　　　　　]
　　Ada klaagt　[dat [Guido daar niet aan　] [*heeft　willen denken*].
　　　　嘆いている [と [ヒードが それ　なかっ について] [た(定動詞) たがら　考え　　]
　　Ada klaagt　[dat [Guido daar niet] [*heeft　willen aan　denken*].（南部）
　　　　嘆いている [と [ヒードが それ　なかっ] [た(定動詞) たがら　について 考え　]
　「アーダ(女名)はヒード(男名)がそれ(daar：R代名詞)について(aan)考え(denken)たがらなかっ(niet…willen代換不定詞)た(heeft)と嘆いている」

　話し言葉では分離動詞 (19課2) の分離成分が助動詞の前に来たりします。
　　Ellen zegt dat ze hem [*heeft willen op|bellen*].
　　Ellen zegt dat ze hem [*op* heeft willen *bellen*].（話し言葉）
　　Ellen zegt dat ze hem [heeft *op* willen *bellen*].（話し言葉）
　「エレンは彼に電話し (op|bellen) たかっ (willen 代換不定詞) た (heeft 定動詞) と (dat) 言っている (zegt)」

語法と表現

kennen と weten

　ともに「知っている」という意味ですが，kennen は「直接知っている：見たり，訪れたり，話をして知っている，面識がある」，weten は「間接的に知っている：知識として，噂で知っている，事実を認識している」という違いがあります。kennen は人，weten は物事とよく使い，weten が kennen と違って従属文でも使えるのもこれと関係があります。

Ruud *ken* ik goed.「リュート（男名）のことは私はよく知っています」
Dat *weet* ik al.「それは私はもう知っています」
Ik *weet* dat Ruud liegt.「私はリュートがうそをついているのを知っている」

物事を示す名詞句が目的語の場合でも同じ区別があります。

Weet je nog een leuk muˈseum in Den Haag? — Ik *ken* alˈleen het Mauritshuis.「デン・ハーハですてきな美術館を知ってる（＝知識として）？」「マウリツハイスしか知らないよ（＝行ったことがある）」

ことばと文化：オランダの教育制度

　義務教育は5～16才の11年間です。初等教育（het basis・onderwijs）は4～12才の8年間で，最初の年は自由選択です。日本の幼稚園（de kleuter-school）と小学校が合わさった初等学校（de basis・school）に通います。
　中等教育（het voortgezet onderwijs）は最初の進路決定学年（de brug-klas）を含めて，職業教育（het beˈroeps・onderwijs）と普通科の一般中等教育（het algemeen voortgezet onderwijs）に分かれます。12才で一応は将来の適性が問われるのです。前者は4年間の初級職業教育(LBO［エㇽベーオー εlbe.ó.］: het lager beˈroeps・onderwijs）と総称され（約3分の1が進学），後者は4年間の中級一般中等教育（MAVO［マーヴォ má.vo.］: het middel-baar algemeen voortgezet onderwijs），5年間の上級一般中等教育（HAVO［ハーヴォ há.vo.］: het hoger algemeen voortgezet onderwijs），6年間の大学進学準備教育（VWO［ヴェーヴェーオー ve.ve.ó.］: het voortgezet wetenˈschappelijk onderwijs）の三つに分かれます。途中で変更も可能です。MAVOを修了すると，中級職業教育（MBO［エㇺベーオー εmbe.ó.］: het middelbaar beˈroeps・onderwijs）に進んで社会に出ます。
　高等教育は，17才でHAVOを修了してから高等職業教育コース（HBO［ハーベーオー ha.be.ó.］: het hoger beˈroeps・onderwijs）に進んで高等職業学校で学ぶのと，18才でVWOを修了してから大学教育（WO［ヴェーオー ve.ó.］: het wetenˈschappelijk onderwijs）に進んで大学で学ぶのに分かれます（MBOからHBO，HBOからWOに進むこともあります）。VWOの学校には古典語を要求するギムナジウム（het gymˈnasium）と，要求しないア

26課　拝啓　パルス様

テネウム（het athe/neum）があります。大学入試はなく，VWOの成績で入学許可を得ますが，就職に有利とは限らないこともあって，進学率は増加の傾向にあるものの，日本よりはるかに下です。大学修了のタイトルは一般にはDrs.（docto/randus），法律専攻者はMr.（meester），工学専攻者はIng.（ingeni/eur）です。博士号（het docto/raat）を取得すると，Dr.（doctor）のタイトルが授与されます。

　全体として見ると，低年齢で進路を定める必要があり，日本よりも職業教育の比重が高いのが特徴です。かつての階級社会の名残りを多少とどめているとも言えますが，それを解消する流動的な仕組みも工夫されています。

　大学は13校で，国立大学（Rijks・universiteitまたはRijks・universi/teit）5校，市営および教会が運営する私立4校，工科大学4校です。「大学」（de universi/teit）はふつう総合大学を指しますが，工科大学4校も名実ともに単科大学といえます。

①国立大学：レイデン（Leiden 1575年創立）大学，フローニンゲン（Groningen 1614）大学，ユトレヒト（Utrecht 1636）大学，ロッテルダム（Rotter/dam）のエラスムス（E/rasmus 1973）大学，マーストリヒト（Maas/tricht）のリンブルフ（Limburg 1976）大学

②市立大学：アムステルダム（Amster/dam）大学（市立1632），アムステルダム（Amster/dam）自由大学（Vrije Universi/teit プロテスタント1880），ネイメーヘン（Nijmegen カトリック1923）大学，ティルブルフ（Tilburg）のブラーバント（Brabant カトリック1927）大学

③工科大学：デルフト（Delft 1905）工科大学，ヴァーヘニンゲン（Wageningen 1918）工科大学，エイントホーヴェン（Eindhoven 1957）工科大学，エンスヘデ（Enschede）のトヴェンテ（Twente 1964）工科大学

27課　アンネ・フランクの家
Les zevenentwintig — Het Anne Frank Huis

この課で学ぶこと　関係詞と関係文

Dit smalle huis uit 1635 (=zestienvijfendertig) is in de diepte ge/bouwd en be/zit een zoge/naamd achterhuis dat in 1740 (=zeventienveertig) her/bouwd is.
1635年にさかのぼるこの狭い家は，窪地に建てられており，1740年に建て替えられた裏の離れを備えています。

Daar ver/borg in juli 1942 (=negentientweeënveertig) de vader van Anne Frank zijn fa/milie en vrienden.
そこに1942年7月，アンネ・フランクの父は家族と知人をかくまったのです。

Na/dat hij was ver/raden, werd Otto Frank met de zeven andere onderduikers in au/gustus 1944 (=negentienvierenveertig) gearres/teerd.
密告を受けた後，オトー・フランク（＝アンネの父親の名）は他の7人の潜伏者とともに1944年8月，逮捕されました。

Hij kwam als enige over/levende te/rug uit Auschwitz.
彼はアウシュヴィツから唯一の生存者として帰還しました。

Het ont/roerende dagboek dat zijn 13-jarige dochter had bij|gehouden, werd in het achterhuis te/rug|gevonden.
彼の13才の娘が欠かさずつけていた感動的な日記は，その裏の離れで見つかりました。

Een ge/heime doorgang, ver/borgen achter een draaibare boekenkast,

leidt naar de lege kamers waar/in de onderduikers leefden.
回転式の書棚の後ろに隠された秘密の通路は，潜伏者たちが生活していたがらんとした部屋に通じています。

De Anne Frank Stichting heeft zich ten doel ge/steld haar vredesboodschap over alle landen te ver/spreiden.
アンネ・フランク財団はその平和のメッセージをすべての国々に広めることを目的としています。

Be/halve vaste ten/toonstellingen over het leven van Anne Frank, de oorlog en het anti-semi/tisme zijn er wisselende expo/sities die ook aandacht be/steden aan actu/ele ont/wikkelingen.
アンネ・フランクの生涯，戦争，それに反ユダヤ主義にかんする常設展示のほかに，最新の進展にも注意を払った特設展示がなされています。

(出典：Nederland. Toeristische gids. Michelin. Drunen/Brussel. 1999 ².
p. 94 一部変更)

単語

smal［スマル smal］「狭い」, de diepte［ディープテ dí.ptə］「窪地，深さ」(英 depth), is…ge/bouwd［ヘバウト ɣəbɔ́ut］□受動現在完了□→bouwen「建てる」, her/bouwd［ヘるバウト hɛrbɔ́ut］is□受動現在完了□→her/bouwen「建て替える」, het achter・huis［アはテるハイス áxtərhoeys］「家の裏の離れ」, be-/zitten［ベズィテ(ン) bəzítə(n)］「所有する」, ver/borg［ヴェるボるふ vərbɔ́rx］□過去□→ver/bergen「隠す」, ver/raden［ヴェらーデ(ン) vərá.də(n)］was□受動過去完了□→ver/raden「密告する」, de onder・duiker［オンデるダイケる ɔ́ndərdœykər］「潜伏者」, werd…ge・arres/teerd［ヘアれステーるト ɣəɑrɛsté:rt］□受動過去□→arres/teren「逮捕する」(英 arrest), de over/levende［オーヴェるレーヴェンデ o.vərlé.vəndə］「生存者」(over/leven「生きのびる」の名詞化した現在分詞), kwam…te/rug□過去□→te/rug|komen「帰る」, ont-/roerend［オントるーれント ɔntrú:rənt］「感動的な」(ont/roeren「感動させる」

の形容詞化した現在分詞），had bij|gehouden□過去完了□→bij|houden「欠かさずつける」，werd…te'rug|ge・vonden□受動過去□→te'rug|vinden「(遺失物を)見つける」，ge'heim［ヘヘイム ɣəhɛ́im］「秘密の」，de door・gang［ドーるはンɡ dó:rɣɑŋ］「通路」，draai・baar［ドらーイバーる drá.iba:r］「回転式の」(draaien「回転する」)，de boeken・kast［ブーケ(ン)カスト bú.kə(n)kɑst］「書棚」，leeg［レーへ le.x］「空の」，de stichting［スティふティング stíxtıŋ］「財団」，de vrede・boodschap［ヴれーデボーﾄｽはプ vré.dəbo.tsxɑp］「平和のメッセージ」(de vrede「平和」+de bood・schap「知らせ」)，ver'spreiden［ヴェるスプれイデ(ン) vərspréidə(n)］「普及させる」(英 spread)，heeft zich ten doel ge'steld□現在完了□→zich ten doel stellen「目的 (het doel［ドゥール du.l］)とする」)，be'halve［ベハルヴェ bəhálvə］「…のほかに」，vast［ヴァスト vɑst］「固い，固定した」(英 fast)，de ten'toon・stelling［テントーンステリング tɛntó.nstɛlıŋ］「展示，展覧会」，de oorlog［オーるロほ ó:rlɔx］「戦争」，het anti-semi'tisme［アンティセミティスメ ɑnti.se.mi.tísmə］「反ユダヤ主義」(英 anti-Semitism)，wisselen［ヴぃセレ(ン) vísələ(n)］「交換する，交替する」，de expo'sitie［エクスポズィーツィ，(…スィ) ɛkspo.zí.(t)si.］「展示，展覧会」(英 exposition)，aan・dacht be'steden「注意 (de aandacht) を払う (aan…に)」，actu'eel［アクトュ(ク)エール ɑkty.(v)é.l］「現在の，最新の」，de ont'wikkeling［オントヴぃケリンɡ ɔntvíkəlıŋ］「発展，発達」

文法の要点
関係詞と関係文

　関係文は関係詞を伴った従属文で，枠構造をつくります。関係詞は従属文中の役割と先行詞の性質で決まり，d- で始まる指示詞系と w- で始まる疑問詞系（疑問の意味はありません）に分かれます。w- で始まる疑問詞系は前置詞とともに，または不定関係代名詞・関係副詞に使います。関係文の最後にはふつうコンマ (,) をつけます。先行詞を限定する「制限用法」にたいして，補足説明する「継続用法」では，英語と同じく，先行詞の後にもふつうコンマをつけます。関係詞は目的語のときにも，英語と違って省略できません。枠構造があるからです。関係文は会話では稀ですが，書かれた文章では頻繁に登場します。関係詞は日本語にはないので，注意が必要です。

27課　アンネ・フランクの家

```
先行詞 ＋ ［関係文（従属文）                      ］
         左枠（関係詞）　［中域        ］右枠（定動詞）
het boek  ［dat          ［ik erg ver/velend］ vind,  ］
```
「私がとても退屈だと思う本」（制限用法）
```
Piet,    ［die         ［de hele dag niets］ ge/geten had,］
```
「一日中何も食べていなかったピート（＝ピート（男名）は一日中何も食べていなかったが）」（継続用法）

(a) 定関係代名詞

定関係代名詞は先行詞が名詞句のときに使うふつうの関係詞です。

① die（中性単数以外），dat（中性単数，話し言葉では wat も可）
主語・直接目的語として使います。
Dit is het boek ［dat ik erg ver/velend vind］.「これが私がとても退屈だと思う本です」（話し言葉では wat も可）
Piet, ［die de hele dag niets ge/geten had］, had e/norme trek.「ピートは一日中何も食べておらず，すごい食欲があった」
間接目的語「…に」には (aan) wie を使うのが正式ですが，話し言葉では die/dat でもかまいません。
De vrouw ［{(aan) wie/die} ik dat ver/telde］, was ver/baasd.「私がそれを（ソノ人ニ）伝えた女性は驚いた」
1・2人称代名詞が先行詞のときには，動詞は1・2人称にします。
Jij, ［die mijn beste vriend bent］, krijgt mijn ver/trouwen.「ぼくの親友である君は，信頼するよ（＝ぼくの信頼を得る）」

② 「前置詞＋wie」（先行詞は人）
関係代名詞が前置詞に支配され，先行詞が人のときには，「前置詞＋wie」となります。
Het meisje ［met wie ik naar de bio/scoop ge/gaan ben］, is mijn zus.「私が（ソノ人ト）いっしょに映画を見に行った女の子は私の妹です」

③ 「waar(…)前置詞」（先行詞は物事）
関係代名詞が前置詞に支配され，先行詞が物事のときには，「waar(…)前置詞」となります（話し言葉では人も可）。waar は「R 代名詞」（11課3）で，話し言葉はもちろん，書き言葉でも前置詞からよく分離します。

De com/puter [*waar* ik jarenlang *mee* ge/werkt heb], is stuk.
De com/puter [*waar/mee* ik jarenlang ge/werkt heb], is stuk.
「私が（ソレデ）何年も仕事をしてきたコンピューターは故障している」
(mee←met「…で」)
「前置詞＋{welke (中性単数以外)/welk (中性単数)}」(先行詞は物事) は古臭い表現です。「R 代名詞」が使えない前置詞（11 課 3 (b)④）ではしかたありませんが，それ以外ではやめましょう。
Dit zijn de regels *volgens welke* men moet werken.「これがそれに従って働かなければならない規則です」(*waar(...)volgens は不可)

④「van wie (…) 名詞句」(先行詞は人で所有格)，「waar/van (…) 名詞句」(先行詞は物事で所有格)
所有格「…の」の表現です。waar/van は話し言葉では人にも使います。
De reiziger [*van wie* gisteren *de ba/gage* ge/stolen was], ging naar de po/litie.「昨日，（ソノ人ノ）手荷物を盗まれた旅行者は警察に行った」
Die kerk, [*waar/van* het dak lekt], moet gereno/veerd worden.「（ソノ）屋根が雨漏りするあの教会は修復される必要がある」
なお，先行詞が人のときには次の表現もあります。
「先行詞＋{wie/die}{z'n (男)/d'r (女)/hun (複数)}」(話し言葉)
「wiens (男)/wier (女/複数)}＋先行詞」(書き言葉)

⑤「不定代名詞＋wat」(物事)
先行詞は alles「すべて」，iets「何か」，niets「何も…ない」などです。
Dit is *alles* [*wat* ik u kan geven].「これが私があなたにあげられるものすべてです」
Is er nog *iets* [*wat* je nodig hebt]?「あなたが必要とするものはまだ何かありますか」
Dit ge/dicht is *het enige* [*wat* hij ooit heeft ge/schreven].「この詩は彼が書いた唯一のもの（＝著作一般）です」
dat も使えますが，具体的な物事というニュアンスになります。
Dit ge/dicht is *het enige* [*dat* hij ooit heeft ge/schreven].「この詩は彼が書いた唯一の詩です」
人の意味の不定代名詞が先行詞のときには，die を使います。
Is er *niemand* [*die* Ja/pans spreekt]?「日本語が話せる人はだれもいな

27課　アンネ・フランクの家

いのですか」
⑥「文(の一部)＋wat」(…だが，それは…だ)
先行詞が文やその一部の場合で，補足説明の継続用法の意味でふつう使います。書き言葉では het/geen もあります。
Nan was op tijd, [wat we niet hadden ver/wacht].「ナン(男名)は時間どおりに来たが，それは私たちは期待していなかった」
Jos is po/liticus, [wat ik be/slist nooit zou willen worden].「ヨス(男名)は政治家だが，それには私は断じてなりたくない」

(b) 不定関係代名詞と関係副詞
① wie「…する人はだれでも」，wat「…する物事は何でも」
先行詞がない場合に使い，一般的な意味を表わします。
[Wie het laatst lacht], lacht het best.「最後に笑う者が一番よく笑う(ことわざ)」
Voor [wie van kunst houdt], is er veel te zien.「芸術が好きな人にはたくさん見るものがある」
[Wat ik ook zei], ze weigerde.「私が何を言っても，彼女は拒否した」(譲歩文，主文の語順に注意。18課3(b))
Zeg niet alles wat je weet, maar wees wel zeker van [wat je zegt].「知っていることをすべて言う必要はないが(＝言うな)，言うことには確信をもて(ことわざ)」(alles wat は(a)⑤参照)
[Waar een wil is], is een weg.「意志のあるところには道がある(＝成せば成る。ことわざ)」
wie「…する人はだれでも」のほかに，稀に die「同左」も使います。
[Die niet werkt], zal ook niet eten.「働かざる者，食うべからず」
② waar「…するところでは」(場所)
waar は場所を示す関係副詞です。時間を示す関係副詞はとくになく，従属接続詞 dat を使って先行詞の内容を表わします。
Ik was deze zomer in Vlaanderen, [waar ik veel rond/gereisd heb].「私はこの夏，フランドル地方に行き，(ソコデ)各地を旅行した」
Niek kwam op de dag [dat ik op reis was].「ニーク(男名)は私が旅行中の日に来た」(dat のかわりに waa/op も可)

(c) **関係文の先行詞からの分離**

　言語使用上の理由で,「先行詞…関係文」のように関係文を「枠越え」させて後域に置き, 先行詞から分離させることがあります。

　　Ik heb [*iemand* [*die* me bege/leidt]], nodig.「私は同伴してくれるだれかが必要です」

　　→ Ik heb *iemand* nodig, [*die* me bege/leidt].「同上」

ことばと文化：アンネ・フランクの家をたずねて

　アムステルダムの旧市街，西教会（Wester・kerk）を望むプリンセンフラハト（プリンス運河 Prinsen・gracht）に沿った通りの一角，屋号263番にアンネ（Anne [アネ ánə]）・フランクの家はあります。一年中，訪れる人は絶えることなく，列をつくっています。この間口の狭い家の奥には，裏の離れ（het achter・huis）が隣接しています。1942年6月，ナチス・ドイツのユダヤ人迫害を逃れて，アンネ・フランクの父親は家族と友人とここに潜んだのです。回転式の本棚で仕切られた秘密の扉を開け，急な階段をのぼると，2年以上を過ごした犠牲者たちのすべての世界だった狭い空間が広がっています。1944年8月4日，他の7人とともにナチスの秘密警察に逮捕され，アウシュヴィツのユダヤ人強制収容所からただ一人，生還した父親は，二女のアンネが13才から15才にかけて残した日記（het dag・boek）を出版しました。1942年6月12日から1944年8月1日まで，この隠れ家への移住と日常生活の描写，苦しみ，希望，淡い恋心など，多感で清純な少女の残した日記は，人々の胸を強く打ちます。アンネはこの日記を手紙の形式でつづっていましたが，戦争が終結したらドイツ軍占領下のオランダ国民の苦難の証しとして，この時期の手記や手紙を公開するという亡命政権の文部大臣のラジオ放送を聞き，後に出版したいと考えて，推敲を加えていたと言われます。アンネは1945年3月，オランダ解放の約2カ月前に，ドイツのベルゲン・ベルゼン（Bergen-Belsen）の強制収容所でチフスのために亡くなりました。世界中からこの家を訪れた人々の多くは，ハンカチで目頭を押さえています。オランダ人も，ドイツ人も。アンネの日記は世界中の言語に訳され，ここに展示されています。もちろん，日本語訳の姿もあります。

　この家を訪れると，遠くない過去に起こった不幸な出来事とヨーロッパの

27課　アンネ・フランクの家

かかえる複雑な歴史的問題を肌で実感します。加えて，ヨーロッパの人々が過去の歴史の大きな汚点を忘れず，痛切に反省し，日々の問題意識によみがえらせている努力に敬意を払わずにはいられません。

　オランダでは「戦没者記念日」（de doden・herdenking）の午後8時，テレビ・ラジオはいっせいに放送を中止して，2分間の黙禱を捧げます。その直後に，アナウンサーは「ただ今の黙禱によって，第二次大戦でドイツ軍の犠牲となり，インドネシアで日本軍の犠牲となった人々が追悼されました」と伝えます。アンネ・フランクの家を見学して，もっとも学ぶことがあると知るべきなのは，私たち日本人ではないでしょうか。

Goethe, Brueg(h)el/Breug(h)el, Rubens—oe と eu と u

　ドイツの文豪 Goethe には，「ギョエテとはおれのことかとゲーテ言い」という川柳があります。この oe は「エー」の構えで唇をまるめ，[ゲーテ gǿːtə]と発音します。oe は古いつづりで，今では e を点々にして o の上に乗せて ö と書き，ドイツ語でウムラウト（Umlaut）と言います。オランダ語にはウムラウトの文字はありませんが，発音はあり，ö に対応するのは eu [エー øː]です。ライン川沿いの大聖堂の町，ケルン（Köln [ケルン køln]）のオランダ語名は Keulen [ケーレ(ン) kǿ.lə(n)] です。ドイツ語の ä（ae）は e [エ ɛ]，ü（ue）は u [ユ y] と u/uu [ユー y.] に対応します。ウムラウトはオランダ語では語形変化にほとんど影響しないので，特殊な文字は使わないのです。オランダ語の oe は古くは「オー」でしたが，u/uu が ［ウー u.］>［ユー y.］と変化したので，その穴を埋めるように ［ウー u.］ になりました。

　古くはオランダ語にも ae や oe のつづりはあり，固有名詞に残っています。ただし，ウムラウトではありません。曇天の下，鉛色の海原を進む船の一群など，オランダらしい風景画の傑作を残したライズダール（Jacob van Ruisdael [らイズダール rǿyzda.l] 1628頃—1682）の ae [アー a.] がそれです。古くは長母音の aa を ae，oo を oe，ii を ij と書くことがあったのです（歴史的にオランダ語には長母音のウムラウトがありません）。Claes という人名は「クラース」です。「クラエス」「クレース」などとは呼ばないでください。ただし，固有名詞では oe [ウー u.] と oe [オー o.]の区別が面倒なことがあり，Coetsem は「クーツェム」，Van Loey は「ヴァン・ローイ」です。

現代オランダ語入門

　民衆画や静物画の傑作を残したフランドル（Vlaanderen）出身の親子3人の画家，Bruegel [ブリューヘル brǿ.ɣəl] を「ブリューゲル」と表記する慣習は，ue をドイツ語の ü と誤解したためでしょうか。この名前のつづりにはいろいろあり，Brueghel/Breugel/Breughel ともつづります。つまり，ue は eu と同じで，ドイツ語の ö [エー ø.] の発音なのです。Goethe が「ゲーテ」なら，Brueg(h)el/Breug(h)el も「ブレーヘル」のはずです。一方，アントワープ（Antwerpen「アントヴェルペン」）で活躍したバロック絵画の巨匠 Rubens「ルーベンス」は，u [ユー y.] なので，正しくは「リューベンス」です。

アムステルダム（Amster'dam）のアンネの家

練習9　ヴァウテルさんとチツケさんへ
Oefening negen—Beste Wouter en Tjitske

次の手紙を和訳し，下線部に適当な表現を入れましょう。

Beste Wouter en Tjitske,

　Tot onze grote vreugde ＿＿＿＿＿＿（私たちは（wij）聞き知りまし（ver/nemen）た (hebben)）dat de dag van jullie huwelijksvoltrekking aan/staande is. Wij zenden jullie onze hartelijke en op/rechte ge/lukwensen. Wij hopen dat een lang en ge/lukkig huwelijksleven voor jullie ligt en ＿＿＿＿＿＿（あなたがた（u）お二人に（beide）晴天の（zonnig）未来を（een toekomst）願っています（toe|wensen））。

Hartelijke groeten en veel liefs van
Michiyo en Masami

単語：de vreugde［ヴれーヘデ vrǿ.ɣdə］「喜び」, het huwe・lijk［ヒューヴぇレック hý.ʋələk］「結婚(式)」, de vol/trekking［ヴォルトれキング vɔltrɛ́kɪŋ］「挙行」, aan/staande［アーンスターンデ a.nstá.ndə］（第1音節にアクセントも可）「間近な」, op/recht［オプれヘト ɔprɛ́xt］「誠実な」, de ge/luk・wens［ヘリュックヴぇンス ɣəlʏ́kvɛns］「祝辞」, het huwelijks・leven［ヒューヴぇレックスレーヴェ(ン) hý.ʋələksle.və(n)］「結婚生活」(het leven「生活」)

【解答】

ヴァウテルさんとチツケさんへ

　お二人の結婚式の日が間近と聞いて，私たちはとても嬉しく思いました（＝私たちの大きな喜びとして聞き知りました（hebben wij ver/nemen））。心から気持ちをこめてお祝いの言葉をお送りします。お二人が末永く幸せな結婚生活を送られる（＝お二人の前に長い幸福な結婚生活がある）ことをお祈り

し（＝希望し），お二人に晴れやかな未来を願っています（wensen u beiden een zonnige toekomst toe）。

敬具
三千代，正美

ユトレヒト（Utrecht）の旧市街と運河

28課　1942年7月11日土曜日
―『アンネの日記』より
Les achtentwintig
― Zaterdag, 11 juli 1942 ― uit "Het Achterhuis"

この課で学ぶこと　　従属接続詞，並列接続詞，論理の副詞

Ik ge/loof, dat ik me in dit huis nooit thuis zal voelen, maar daar/mee wil ik helemaal niet zeggen, dat ik het hier naar vind, ik voel me veeleer als in een heel eigen/aardig pen/sion, waar ik met va/kantie ben.
私はこの家ではわが家のように感じることはけっしてないと思いますが，それでここが嫌な気がすると言うつもりはまったくありません。むしろ，休暇で訪れたとても風変わりなペンションにいるような気持ちです。

Het Achterhuis is als schuilplaats ide/aal.
「裏の離れ」は隠れ場所として理想的です。

Hoe/wel het vochtig is en scheef|getrokken, zal men nergens in Amster-/dam zo iets ge/riefelijks voor onderduikers in|gericht hebben, ja mis-/schien zelfs nergens in heel Nederland.
湿気があって，傾いているけれど，アムステルダムのどこにも，隠れて暮らす人たちにこんな快適なものをこしらえてはいないでしょうし，いや(ja)，もしかしたらオランダ中にだって，どこにもないかもしれません。

Ons kamertje was met die strakke muren tot nu toe erg kaal;
私たちの小部屋は例の無愛想な壁のせいで，今までとても殺風景でした。

dank zij mijn vader, die mijn hele filmsterrenverzameling en mijn prentbriefkaarten van te/voren al mee|genomen had, heb ik, na met een lijmpot en kwast de hele muur be/streken te hebben, van de kamer één plaatje ge/maakt.

お父さんが（mijn vader, die…；die「関係代名詞・継続用法」）私の映画俳優の写真のコレクション全部と絵葉書をすでに前もって持ってきてくれていたおかげで，私は糊のカンとはけで壁全体を塗りつくした後で，部屋を一枚の絵にしました（＝部屋から一枚の絵を作りました）。

Daar/door ziet het er veel vrolijker uit en als de Van Daans komen, zullen we met het hout dat op zolder staat, wel wat muurkastjes en andere prullen maken.
それでずっと楽しげに見えるようになりましたし，ヴァン・ダーン（Van Daan）一家が来たら，私たちは屋根裏部屋にある木材を使って，壁ぎわに置く戸棚やほかの小物なんかを作るつもりです。

（出典：Anne Frank. Het Achterhuis. Dagboekbrieven. 14 juni 1942—1 augustus 1944. Amsterdam. Uitgeverij Bert Bakker. 1988. p. 42 一部変更）

単語

naar［ナーるna:r］「不愉快な」, veel・eer［ヴェールエーる vé.le:r］「むしろ」, het pen/sion［ペンションpɛnʃɔ́n］「ペンション，下宿」, eigen・aardig［エイヘンアーるダは ɛiɣəná:rdəx］「独特な」, met va/kantie「休暇で」, de schuil・plaats［スはイるプラーッ sxœ́ylpla.ts］「避難所」（schuilen「避難する」＋de plaats「場所」）, vochtig［ヴォほタは vɔ́xtəx］「湿気がある」, scheef|ge・trokken［スヘーフヘトろケ（ン）sxé.fxətrɔkə(n)］□過去分詞□→scheef|trekken「斜めにする」, ge/riefe・lijk［へリーフェレク ɣərí.fələk］「快適な」, in|ge・richt［インヘりふト íŋɣərɪxt］ hebben□完了不定詞□→in|richten「設備する」, strak［ストらク strɑk］「張りつめた，厳格な」, de muur［ミューる my:r］「壁」, tot nu toe「今まで」, kaal［カール ka.l］「殺風景な」, de filmsterren・verzameling［フィルムステれ（ン）ヴェるザーメリング fílmstɛrə(n)vərza.məlɪŋ］「映画スター写真のコレクション」（de film・ster「映画スター」（英 *film star*）＋de ver・/zameling「コレクション」）, de prent・briefkaart［プれントブリーフカーるト prɛ́nd-bri.fka:rt］「絵葉書」（de prent「図版，絵」（英 *print*）＋de brief・kaart「葉書」）, mee|ge・nomen had□過去完了□→mee|nemen「持っていく」,

28課　1942年7月11日土曜日―『アンネの日記』より

dank･zij［ダンクセイ dáŋksɛi］「…のおかげで」, de lijm･pot［レイムポト lɛimpɔt］「糊のカン」(de lijm「糊」(英 lime)+de pot「ポット, 壺」), de kwast［クヴぁスト kvɑst］「はけ」, na...be|streken［ベストれーケ(ン) bəstré.kə(n)］te hebben「塗った後で」(be|streken◻過去分詞◻→be|strijken「塗る」), de plaat［プラート pla.t］「板」(英 plate), vrolijk［ッろーレク vró.lək］「楽しい」, ziet...er...uit◻現在◻→er|uit|zien［エらイトスィーン (←エるアイト...) ərǿytsi.n］「…のように見える」, de zolder［ゾルデる zɔ́ldər］「屋根裏部屋」, de muur･kast［ミューるカスト mýːrkɑst］「壁ぎわに置く戸棚」(de muur「壁」+de kast「戸棚」), het prul［プリゅル prYl］「がらくた」

語彙をふやそう

1. 従属接続詞

　従属接続詞は従属文を導くので, 動詞群(斜体字)は文末(右枠)に置きます (dat「…と(いうこと)」は18課1, of「…かどうか」は19課1参照)。

① als/in|dien「…ならば」(書き言葉), wan|neer「…のときに」(英 when), mits「…のときに限って」(toen と比較)

　　Ik kom je helpen, *als* ik klaar *ben*.「用がすんだら, 手伝いに行くよ」
　　Wan|neer je geen rijbewijs *hebt*, mag je niet auto|rijden.「免許証を所持していないときには, 運転してはいけません」

② als|of「あたかも…のように」(英 as if)

　　Dirk deed *als|of* hij *sliep*.「ディルク(男名)は寝ているふりをした」

③ {zulk(e)+名詞句/zo+形容詞}+dat「とても～なので…」(英 such/so ... that)

　　Els heeft *zulke* slechte ogen *dat* ze zonder bril niets *kan lezen*.「エルス(女名)はとても目が悪いので, メガネがないと何も読めない」
　　Ansje deed het *zo* snel *dat* ik het niet *kon zien*.「アンシェ(女名)はそれをとてもすばやくやったので, 私にはそれが見えなかった」

④ hoe|wel/al･hoe|wel「…にもかかわらず」, of|schoon「同左」(書き言葉)

　　Hoe|wel ik heel hard ge|werkt *heb*, ben ik voor het ten|tamen ge|zakt.「一生けんめい勉強したのに, ぼくは試験に落ちた」

⑤ na|dat「…した後で」

Na′dat hij de banden *op|gepompt had*, stapte hij op de fiets.「彼はタイヤに空気を入れてから，自転車に乗った」

⑥ nu「今はもう…だから」(英 *now that*)

Nu het buiten warmer *wordt*, kan de ver′warming uit.「もう外は暖かいので，暖房は止めてもいい」

⑦ om′dat/door′dat「…なので」，daar/aan・gezien「同左」(書き言葉)

Van′avond ga ik vroeg naar bed, om′dat ik erg moe ben.「私はとても疲れているので，今夜は早く寝ます」

De was is weer nat, door′dat het ging regenen.「雨が降ったので，洗濯物がまた濡れてしまった（＝濡れている）」

⑧ op′dat［オッダㇳ ɔbdɑ́t］「…するために（目的）」

Ze drinkt haar thee zonder suiker, op′dat ze niet te dik wordt.「彼女は太りすぎないように，紅茶を砂糖なしで飲む」

⑨ sinds［スィンツ（スィンス）sɪn(t)s］「…して以来」(英 *since*)，sedert「同左」(書き言葉)

Sinds ze ge′trouwd is, zien we haar nooit meer.「彼女が結婚してから，私たちは彼女に一度も会っていない」

Sinds ik in Nederland woon, heb ik al drie keer een flinke griep ge′had.「オランダに住んで以来，私はもう3回ひどい風邪をひいた」

⑩ ten′zij「…でなければ」

Ik kom op je feestje, ten′zij ik ziek ben.「体調が悪くなければ，ぼくは君のパーティーに行くよ」

⑪ ter′wijl「…している間に，…なのに」(英 *while*)

Ter′wijl zij af|wast, kijkt hij (naar de) tele′visie.「彼女が皿洗いをしている｛間に/のに｝，彼はテレビを見ている」

⑫ toen「…したとき」(過去の1回限りの出来事，als と比較)

Toen hij me gisteren op|belde, was ik net boodschappen aan het doen.「昨日，彼が電話してきたとき，私はちょうど買い物をしていた」

⑬ tot/tot′dat「…するまで」

Kan ik mijn spullen hier laten tot ik weer te′rug|kom?「戻って来るまで，所持品をここに置いておいてもいいですか」

⑭ voor/voor′dat/al′vorens「…する前に」(英 *before*)

28課　1942年7月11日土曜日―『アンネの日記』より

　　Neemt u een ta'blet *voor¦dat* u *gaat slapen*.「寝る前に，錠剤を服用してください」
⑮ zo'ver/voor zo'ver「…するかぎり」(英 *so far as*)
　　Miep is nog in Ja'pan, *voor zo'ver* ik *weet*.「私が知っているかぎり，ミープ（女名）はまだ日本にいます」
⑯ zo'als「…のように」, even'als「…と同様に」(英 *as*)
　　Je mag het niet doen *zo'als* ik het je *heb ge'zegd*.「私が君に言ったように，君はそれをしてはいけない」
⑰ zo'dat「…の結果」(英 *so that*)
　　Maaike miste net de bus, *zo'dat* ze te laat op haar werk *kwam*.「マーイケ（女名）はちょうどバスに乗りそこねたので，仕事に遅れた」
⑱ zo'dra「…するとすぐに」
　　Ik ga naar huis, *zo'dra* het *op¦houdt* met regenen.「雨がやんだら，私はすぐに家に帰ります」
⑲ zo'lang「…するかぎり」(英 *so long as*)
　　Zo'lang je koorts *hebt*, moet je in bed blijven.「熱がある間は寝ていなければいけません」

2. 並列接続詞と論理の副詞

　並列接続詞は文の語順に影響せず，文以外の要素もつなぎます。数は少なく，en, of, maar, dus, want で十分です。論理の副詞（11課3(c)）を交えて学びます。

(a) 並列接続詞 en「そして」(英 *and*)
　強調するときには，en A en B「AもBも」と重ねることができます。
　　Ze is (*en*) jong *en* mooi.「彼女は若くてきれいだ」
　　(*En*) ze *is* jong *en* ze *is* mooi.「同上」
　zo'wel A als B「AもBも」, niet al'leen A maar ook B「Aのみならず Bも（Bに重点）」もあります。
　　Ze is *zo'wel* jong *als* mooi.「同上」
　　Ik vind dit tasje *niet al'leen* goedkoop *maar ook* praktisch.「私はこのカバンは安いだけでなく，実用的だとも思う」

(b) 並列接続詞 of「または」

強調するときには，of A of B「A か B か」と重ねることができます。

Hij is (*of*) thuis *of* op zijn werk.「彼は家か勤め先にいる」

(*Of*) hij *is* thuis *of* hij *is* op zijn werk.「同上」

het[|]zij ［エトセイ ətsɛi］ A het[|]zij B「A か B か」は書き言葉的です。

Hij is *het[|]zij* thuis *het[|]zij* op zijn werk.「同上」

否定は (noch) A noch B「A でも B でもない」です (nog「まだ」に注意)

Hij is (*noch*) thuis *noch* op zijn werk.「彼は家にも勤め先にもいない」

文をつなぐときは，副詞 noch は A にはつけず，否定文にします。

Hij is *niet* thuis. *Noch is* hij op zijn werk.「同上」

nauwelijks A of B「A するかしないうちに，B だ」では，「nauwelijks A」と B の二つの文を of がつなぎます。A と B はともに主文です。

Ik was (nog maar) *nauwelijks* thuis *of* Lies *kwam* op be[|]zoek.「私が（ちょうど）家に着くか着かないうちに，リース（女名）がたずねてきた」

(c) 並列接続詞 maar「しかし」

Ik ben arm, *maar ik ben* ge[|]lukkig.「私は貧しい。しかし，幸せだ」

副詞 al[|]leen にも「…だけ，一人で」（英 *alone*）のほかに「ただし」という意味があります。

Mijn man komt. Ik weet *al[|]leen* niet hoe laat.「夫は来ます。ただし，いつになるかはわかりません」

maar も「…だけ」の意味の副詞として使います。文中では maar は「しかし」の意味ではなく，「…だけ」の意味の副詞になります（al[|]leen maar ともいいます）。副詞 slechts「…だけ」は書き言葉的です。

Ik heb {*maar* / *al[|]leen* / *al[|]leen maar* / *slechts*} vijf euro bij me.「私は 5 ユーロしか手元にありません」

文中で「しかし，ところが」という逆接の意味には，副詞 echter, even[|]wel（ともに書き言葉）を使います。

Dat is {*echter* / *even[|]wel*} niet mogelijk.「それはしかし不可能です」

(d) 並列接続詞 dus「だから」（英 *thus*）

Ik ben ver[|]kouden, *dus* ik *blijf* maar thuis.「ぼくはかぜをひいている。

28課　1942年7月11日土曜日―『アンネの日記』より

だから家にいるよ」（この maar は話法の副詞，10課「語法と表現」）
副詞 daar'om「だから」との語順の違いに注意。
　Ik ben ver'kouden, *daar'om blijf* ik maar thuis.「同上」
dus は「だから」の意味で副詞としても使い，文中にも置けます。
　Ik heb koorts, *dus blijf* ik maar thuis.「ぼくは熱がある。だから家に
いるよ」
　Ik heb koorts, ik blijf *dus* maar thuis.「同上」

(e) 並列接続詞 want「というのは…だから」
　従属接続詞 om'dat「…なので」と同じような意味で使えます。
　Ik blijf maar thuis, *want* ik *heb* hoofdpijn.「ぼくは家にいるよ。頭痛
がするので」（「Want＋主文」で始まる語順の文は不可）
　Ik blijf maar thuis *om'dat* ik hoofdpijn *heb*.「ぼくは頭痛がするので，
家にいるよ」
　Om'dat ik hoofdpijn *heb*, blijf ik maar thuis.「同上」
want は発言の根拠「私がAはBだと言うのは，Cだからです」，om'dat
は論理関係「AがBなのは，Cだからです」という点で違います。
　De zon schijnt, *want* de boom *geeft* schaduw.「日が照っている。木の
影が映っているから」（＝私が「日が照っている」と言う理由は，「木の影
が映っている」という根拠によります）
　(*De zon schijnt *omdat* de boom schaduw *geeft*.「木の影が映ってい
る」ことが原因で「日が照る」わけではないので，この文は奇妙)

ことばと文化：IJssel と Van Eyck―ij と ei

　オランダ語ではqと並んで，yの文字があまり登場しません。qとyは外
来語専用なのです。yの代わりをしているのが ij［εi エイ］です。ij の筆記
体から点々をとれば，yに早変わり。古くは ij と y は区別なく書きました。今
でも de IJssel［εisəl エイセル］「エイセル川」のように，ij は1文字の扱いで
す。もともと，ラテン語にjの文字はなく，ij は ii，つまり「長い i」でした。
発音では「イー」が「エイ」に変化したのに，つづりは残ったのです。「イー」
は英語やドイツ語では「アイ」（英 *my*/*mine*，ド *mein*「マイン」），オランダ

語では「エイ」(mijn [mɛin メイ_ン])になりました。Ber'lijn [bɛrlɛin べ_るレイ_ン]「ベルリン」, Pa'rijs [pa.rɛis パれイ_ス]「パリ」, Rijn [rɛin れイ_ン]「ライン川」の ij も「イー」に由来します。

こうして, ij [ɛi エイ] は ei [ɛi エイ] と発音が重なってしまいました。ijs「氷」(英 *ice*)/eis「要求」(英 *ask*) はともに [ɛis エイ_ス] ですが, 本来, まったく別の語です。

ei [ɛi エイ] は古くは ey とも書きました。15世紀ネーデルランド絵画を代表するベルギー出身の2大画家, ヤン・ヴァン・エイク (Jan van Eyck 1390頃—1441) とロヒール・ヴァン・デル・ヴェイデン (Ro'gier van der Weyden 1400頃—1464) やレイデン (Leiden) 出身のリューカス・ヴァン・レイデン (Lucas van Leyden 1489—1553) の ey もその例です。i, j, y の文字は古くは区別があいまいだったのです。u, v, w (＝uu) の文字も同様です。

オランダ語に「ガギグゲゴ」の子音がない理由

オランダ語には「ガ行」の閉鎖音がなく, 同化によって ik ben [ɪgbɛn]「私は…です」のように現われるだけです。その理由は, g [ɦ ɣ] が大昔の摩擦音のままで, 閉鎖音に変化していないからです。古くは英語やドイツ語でも, 摩擦音 g [ɦ ɣ] が語の末尾や母音の間では残っていました。

摩擦音 v/f の例を見てみましょう (西フ：西フリジア語)。

 オ le*v*en「生命, 生活」/英 li*f*e⇔西フ li*bb*en/ド Le*b*en
 オ lie*f*de「愛」/英 lo*v*e/西フ lea*f*de⇔ド Lie*b*e

これは大昔の摩擦音 v/f がオランダ語と英語では保たれ, 西フリジア語では libben, ドイツ語では Leben/Liebe の両方で閉鎖音 b [ァ b] に変化したことを示しています。それでは, 摩擦音 th [θ]/[ð] はどうでしょうか。

 英 *th*ink「考える (一般語 [θ])」—オ *d*enken—ド *d*enken—西フ *t*inke
 英 *th*at「あれ (機能語 [ð])」—オ *d*at—ド *d*as—西フ *d*at

英語では, 語頭の th は一般語で無声の [θ], 機能語 (冠詞 *the*, 代名詞 *this/that*, 副詞 *then*, 接続詞 *though* など) で有声の [ð] と発音します。西フリジア語では t (一般語)/d (機能語) です。機能語はふつうアクセントをもたず, 弱い音は有声になりやすいという傾向があるのです。一方, オランダ語とドイツ語ではすべて有声閉鎖音 d に変わっています。

28課　1942年7月11日土曜日―『アンネの日記』より

　オランダ語の g [は ɣ] や英語の th [θ]/[ð] はかつての摩擦音をとどめている点で，ドイツ語などよりも古風なのです。オランダ語を効率良く深く理解するには，こうした歴史的な音韻対応を心得ていると便利です。

ミデルブルフ（Middelburg）の市庁舎とパノラマ

29課　1944年7月15日土曜日
―『アンネの日記』より
Les negenentwintig
― Zaterdag, 15 juli 1944 ― uit "Het Achterhuis"

この課で学ぶこと　複合前置詞, 前置詞(1)

Het is een groot wonder, dat ik niet al mijn ver/wachtingen heb op|gegeven, want ze lijken ab/surd en onuit/voerbaar.
私がすべての期待をあきらめたわけではないのは、とても不思議です。というのは、それは非常識で、かなえられないように思えるからです。

Toch houd ik ze vast, ondanks alles, omdat ik nog steeds aan de innerlijke goedheid van den mens ge/loof.
でも、私はそれを持ち続けます、何があっても。なぜなら、私は人の心の善良さを信じているからです。

Het is me ten enenmale on/mogelijk alles op te bouwen op de basis van dood, el/lende en ver/warring.
死と貧困と混乱を土台にして、すべてを築くことは私には到底できません。

Ik zie hoe de wereld langzaam steeds meer in een woes/tijn her/schapen wordt, ik hoor steeds harder de aan|rollende donder, die ook ons zal doden, ik voel het leed van mil/joenen mensen mee…
私には世の中が少しずつどんどん砂漠に変えられていく様子 (hoe「どのように…か」) が目に映ります。だんだん激しさを増して迫って来て、私たちをも滅ぼすことになるような雷鳴を絶えず耳にします。私は何百万人もの人々の苦悩を分かち合っているのです。

…en toch, als ik naar de hemel kijk, denk ik dat alles zich weer ten goede zal wenden, dat ook deze hardheid zal op|houden, dat er weer

29課　1944年7月15日土曜日―『アンネの日記』より

rust en vrede in de wereldorde zal komen.
…それでも，天を仰ぐと，私はすべてが再び良い方向へ向かうだろう，この苦しみも終わり，世の中の秩序に安らぎと平和が戻るだろうと思うのです。

In/tussen moet ik mijn denkbeelden hoog en droog houden, in de tijden die komen zijn ze mis/schien toch nog uit te voeren.
それまでの間，私は私の理想を高く掲げて（＝高く（hoog）乾いたままで（droog）保つ（houden））いなければなりません。だって（toch「(あなたは別の考えかもしれないが)…なのだから」)，これからやって来る時代に(in de tijden [die(＝関係代名詞・複数主格) komen])，それはもしかしたら実現され得るかもしれないのですから。

JE ANNE
アンネより（＝あなたのアンネ）。

(出典：Anne Frank. Het Achterhuis. Dagboekbrieven. 14 juni 1942―1 augustus 1944. Amsterdam. Uitgeverij Bert Bakker. 1988. p. 265)

単語

het wonder ［ヴォンデる vɔ́ndər］「不思議」, heb op|ge・geven ［オプヘヘーヴェ(ン) ɔ́pxəɣe.və(n)］□現在完了□→op|geven「あきらめる，断念する」(英 give up), ab/surd ［アプスュるト ɑpsýrt］「非常識な」, on・uit/voerbaar ［オンアイトフーるバーる ɔnœytfúːrbaːr］「実行不可能な」(uit/voer・baar「実行可能な」), houd...vast □現在□→vast|houden「保持する」(英 hold fast), van den mens「人の」(den は de の古形), inner・lijk ［イネるレック ínərlək］「内的な」, de goed・heid ［ふートヘイト ɣúːtheit］「善良さ」(英 goodness), de dood「死」(英 death), de el/lende ［エレンデ ɛléndə］「貧困，悲惨」, de ver/warring ［ヴェるヴぁりンク vərvɑ́rɪŋ］「混乱」, de basis ［バーズィス báːzɪs］「基礎」(英 base), op|bouwen ［オバウ(ヴ)エ(ン) ɔ́bɔu(v)ə(n)］「築く」, ten enen・male ［エーネマーレ éːnəma.lə］「絶対に」, lang・zaam ［ラングザーム lɑ́ŋza.m］「徐々に」, de woes/tijn ［ヴーステイン vuːstɛ́in］「砂漠」, her/schapen ［ヘる

ㅈは一ペ(ン) hɛrsxá.pə(n)]　wordt　受動現在→her/scheppen「変形する (in …へ)」 (scheppen「創造する」(英 *shape*)), aan|rollend [アーンろレント á.nrɔlənt]　現在分詞→aan|rollen「転がってくる」(rollen「転がる」(英 *roll*), de donder [ドンデる dɔ́ndər]「雷」(英 *thunder*), doden [ドーデ(ン) dó.də(n)]「殺す」, het leed [レート le.t]「苦悩」, voel…mee　現在→mee|voelen「共感する」, de hemel [ヘーメル hê.məl]「天、空」, zich ten goede wenden [ヴェンデ(ン) vɛ́ndə(n)]「良い方向へ向かう」(wenden「向ける」), de hard・heid [ハるトヘイト hártɛit]「苦しみ、困難」(英 *hardness*), op|houden [オプハウデ(ン) ɔ́phɔudə(n)]「終わる」, de wereld・orde [ヴェーれルトオるデ vé:rəltɔrdə]「世界の秩序」(de orde「秩序」), de rust [りゅスト rʏst]「休息」(英 *rest*), in/tussen [イントゥセ(ン) ɪntʏ́sə(n)]「その間」, het denk・beeld [デンクベールト dɛ́ŋgbe.lt]「理念」, zijn…uit te voeren「実行され得る」(uit|voeren [アイトフーれ(ン) ǿytfu:rə(n)]「実行する」)

語彙をふやそう
1. 複合前置詞

　複数の語で前置詞に相当するはたらきをするもので，論理的・抽象的表現によく使います。カッコ内は略語です。

　　　aan de hand van「…を用いて」, {als ge/volg van/ten ge/volge} van (略 t.g.v)「…の結果として」, in ge/val van「…の場合に」, in plaats van (i.p.v.)「…のかわりに」, in tegen/stelling tot「…にたいして」, in ver-/band met (i.v.m.)「…に関連して」, met be/trekking tot (m.b.t.)「…にかんして」, naar aan・leiding van (n.a.v.)「…を契機として」, op grond van「…が原因で」, ten op・zichte van (t.o.v.)「…について」
　　　In plaats van mijn vrouw bracht ik mijn dochtertje naar school.「妻のかわりに私が娘を学校に送った」
　　　Naar aanleiding van uw brief van 10 janu/ari delen wij u het volgende mee.「1月10付けのお手紙を受けて，私どもはあなたに以下のことをお伝えします」

29課　1944年7月15日土曜日―『アンネの日記』より

2. 前置詞（1）

① aan「…に（垂直面・末端・線への接触），…へ（接近・受益者），…にかんして（端緒）」(in/op/naar と比較)
　　De was hing *aan de lijn*.「洗濯物は物干し綱にかかっていた」
　　Ik hing de was *aan de lijn*.「私は洗濯物を物干し綱にかけた」
　　Ik wil graag een plaats *aan de gang*.「通路側の席をお願いします」
　　(bij het raam「窓側」)
　　Jaap heeft gisteren een lange brief *aan zijn ver/loofde* ge/schreven.
　　「ヤープ(男名)は昨日，婚約者に長い手紙を書いた」
　　Aan welke sport doet u?「どんなスポーツをなさいますか」
② achter「…の後ろに」(⇔voor)
　　Mijn bril is *achter de kast* ge/vallen.「メガネが戸棚の後ろに落ちてしまった」(voor「…の前に」)
③ be/halve「…のほかに，…以外に（buiten)」
　　Be/halve {ik/mij} was er niemand.「私のほかにはだれもいなかった」
　　(例外的に ik が正式)
④ be/neden「…の下方に」(⇔boven ; onder と比較)
　　Dat is *be/neden zijn ni/veau*.「それは彼の水準以下だ」
⑤ bij「…のそばに（naast と比較），…のとき・ところで」
　　Kan ik *bij u* geld wisselen?「ここでは（＝あなたのところでは）お金を両替できますか」
　　Bij het ont/bijt neem ik zwarte koffie.「朝食に私はブラックコーヒーを飲みます」
　　Hoe groot is jouw kamer?—Zes *bij vijf meter*.「君の部屋はどのくらいの広さなの？」「6×5メートルだよ」
⑥ binnen「…以内に，…の内側に」(⇔buiten)
　　Binnen vijf mi/nuten ben ik te/rug.「私は5分以内に戻ります」
　　Dat is *binnen mijn be/reik*.「それは私のできる（＝手の届く）範囲内です」(buiten「…の外に」)
⑦ boven「…の上方に（op/over と比較），…の北・上流に」
　　(⇔be/neden)

Boven ons woont een ge/zin met vijf kinderen.「うちの上の階には5人子供がいる家族が住んでいる」(be/neden「…の下に」)

Den Helder ligt zo'n tachtig kilometer *boven Amster/dam*.「デン・ヘルデルはアムステルダムの北，約80キロにある」(onder「…の南に」)

⑧ buiten「…の外側に，…以外に (be/halve)」(⇔binnen)

We wonen liever *buiten het centrum van de stad*.「私たちは町の中心の外に住むほうがいい」

Buiten haar weet niemand er/van.「彼女以外，だれもそれについて知らない」(be/halve も可)

⑨ dank zij「…のおかげで」(⇔ondanks；*er/dank zij は不可)

Dank zij uw hulp is het ge/lukt.「あなたのおかげでそれはうまくいきました」

⑩ door「…を通って・通じて，…が原因で，…によって」

Als je maar *door de gang* loopt, dan kom je er van/zelf.「通路（廊下）を通って行きさえすれば，自然に着きますよ」

Ik werk *door de week*.「私は1週間を通じて働きます」

Ik heb haar *door mijn broer* leren kennen.「私は兄(弟)を通じて彼女と知り合った」

Door mijn ziekte kon ik niet komen.「私は病気のために来られませんでした」(van/wege/wegens も可)

Hun land is zwaar ge/troffen *door de eco/nomische crisis*.「彼らの国は経済危機に深刻に見舞われた」(受動態の行為者・原因，23課1)

⑪ ge/durende/tijdens（ともに書き言葉）「…の間 (in)」(*erge/durende/*er/tijdens は不可)

出来事の意味では両方，期間の意味では ge/durende だけを使います。

{*Ge/durende/Tijdens*} *de ver/gadering* mag men niet roken.「会議中はタバコを吸ってはいけません」(出来事)

We hebben in Nederland *ge/durende drie jaar* ge/woond.「私たちはオランダに3年間住みました」(期間，*tijdens は不可)

⑫ in「…（の中）に（位置・方向；時間：1日の部分・週・月・季節・年，世紀・出来事），…（の中）へ（方向），…において」(aan/naar/op と比較)

Janneke staat *in de keuken* en kookt.「ヤネケ(女名)は台所にいて

29課　1944年7月15日土曜日―『アンネの日記』より

料理をしている」

In welk jaar ben je naar België ge/komen? ― *In 2001.*「何年にベルギーに来たの？」「2001年よ」

Hoe zeg je dat *in het Nederlands*?「オランダ語ではそれは何と言いますか」

Chris ver/taalde een ro/man uit het Ja/pans *in het Nederlands.*「クリス（男名）は小説を日本語からオランダ語に訳した」

Kunt u de film *er/in* doen?「フイルムを中に入れていただけますか」

⑬ langs「…に沿って」

We wandelen graag *langs de kust.*「私たちは岸辺に沿って散歩するのが好きです」

⑭ met「…と（ともに），…で，…を使って，…を含めて」(⇔zonder; er/mee に注意，*er/met は不可)

Ik wil *met mijn man* spreken.「夫と話がしたいのです（電話などで）」
（比較：Ik wil de chef spreken.「上司と面会したいのです」）

We gaan *met de bus* naar E/dam.「私たちはバスでエダムに行きます」

Zijn ouders zijn nu *met z'n tweeën.*「彼の両親は今，二人きりで住んでいます」

Hoe/veel kost de kamer *met ont/bijt*?「部屋は朝食付きでいくらですか」

⑮ na「…の後で（時間・場所）」(⇔voor; achter/over と比較)

Na het avondeten ging ik naar bed.「夕食の後で私は床についた」

Na elf uur is de deur dicht.「11時以降は玄関が閉まります」

Na u, me/vrouw!「どうぞお先に，奥さん（＝あなたの後ろに）」

⑯ naar「…へ（方向，aan と比較），…に従って（volgens）」(er・naar/toe/er/heen「そこへ（方向）」; aan/in/op と比較)

Wilt u mijn post *naar dit adres* door|sturen?「郵便物をこの住所に送っていただけますか」

Naar mijn mening is dat ver/keerd.「私の意見ではそれはまちがっています」(volgens mij も可)

Het ruikt hier *naar gas.*「ここはガスのにおいがする」

⑰ naast「…の横・隣りに」(bij と比較)

― 297 ―

Wilma ging *naast mij* zitten.「ヴィルマ（女名）は私の横にすわった」

Naast mijn werk heb ik weinig tijd voor het huishouden.「仕事のかたわら，私は家事にほとんど時間がない」

⑱ om「…のまわりに，…時に，…おきに，…をめぐって」

Daan heeft een ver/band *om zijn arm*.「ダーン（男名）は腕のまわりに包帯をしている」

Van/morgen ben ik (stipt) *om zes uur* op|gestaan.「今朝，私は6時（きっかり）に起きた」

Op zon- en feestdagen rijdt deze trein *om {de twee uur / het hele uur / het halve uur}*.「日曜と祭日にはこの電車は{2時間/1時間/30分おきに}出ています」

Ik kom *om het boek* dat ik be/steld heb.「私は注文した本のことで来ました（＝来ているのです）」

⑲ ondanks「…にもかかわらず」（⇔dank zij ; des•ondanks「それにもかかわらず」, *er/on•danks は不可）

Ondanks {het ver/bod / zijn baas} deed hij het.「{禁令/上司の意向}にもかかわらず，彼はそれをした」

⑳ onder「…の下に，…の最中に，…の南・下流に」（⇔boven ; be/neden と比較）

De tempera/tuur is vijf graden *onder nul*.「気温は零下5度です」(be/neden も可 ; boven「プラス…」)

Is er een korting voor kinderen *onder zes jaar*?「6歳以下の子供には割引きがありますか」(be/neden も可 ; boven「…以上」)

Onder het eten luister ik naar een cd.「食事中に私はCDを聞く」

ことばと文化：Schip/hol 空港と画家の Bosch ―sch と s

　typisch［ティーピㇲ tí.pi.s］「典型的な」などの -isch［イㇲ i.s］は，外来語につく接尾辞です。第二次大戦以前は Engels［エンゲルㇲ ɛŋəls］「英語（の）」も Engelsch でしたが，外来語ではないので，今では発音どおり -s と書きます。大聖堂で有名な北ブラーバント州（Noord-/Brabant）の州都，俗称 Den Bosch［デンボㇲ dɛmbɔ́s］「デン・ボス」の -sch は，古いつづりをとどめてい

29課　1944年7月15日土曜日―『アンネの日記』より

ます。不気味な怪物を登場させ，幻想的な宗教画の傑作を残した同市の画家，ボス（Hiëˈronymus Bosch 1450頃―1516）の Bosch は出身地にちなんだ芸名です。普通名詞は het bos [bɔs ボㇲ]「森，林」(英 bush) です。

　Schipˈhol 空港は「スキポール」でなく，「スヒプホル」でしたね。この sch- [スふ sx] は [スク sk] ＞ [シュ ʃ] という音韻変化の中間段階で，ドイツ語の sch [シュ ʃ] や英語の sh [シュ ʃ] の一歩手前なのです。

　オ schip [スひㇷ゚ sxɪp]「船」― 英 ship [シㇷ゚ ʃip] ― ド Schiff [シㇷ゚ ʃɪf]
ただし，これはアクセントをもつ音節の初めで起こった変化で，それ以外の場合には，オランダ語ではさらに sch [スふ sx] ＞ s [s ㇲ] と変化しました。typisch や Bosch のつづりはこの名残りなのです。

　オ vis [ヴィㇲ vɪs]「魚」― 英 fish [フィシュ fiʃ] ― ド Fisch [フィシュ fɪʃ]
ところで，-s で終わる名詞は，複数形で -en をつけると -sen と -zen に分かれて困りますね。sch に由来する -s は -sen となり，もともと s だった -s は母音の前では有声音なので -zen となるのです。vis [ヴィㇲ vɪs]「魚」の複数形が vissen [ヴィセ(ン) vísə(n)] なのは，英 fish/ド Fisch が示すように，-s が -sch に由来するからです。一方，huis [ハイㇲ hœys]「家」の複数形が huizen [ハイゼ(ン) hœyzə(n)] なのは，英 house ― houses/ド Haus ― Häuser が示すように，-s がもともと -s だったからです。

　-sk（＞-sch＞-s）だけでなく，-ks も -s に変わりました。英語の box やドイツ語の Büchse [ビュクセ býksə] は，オランダ語では bus です。さて，西フリースラント諸島西端の島 Texel は，x と書くのに，[テセㇽ tέsəl]「テセル島」と発音します。じつは，西フリジア語では Teksel [テクセㇽ tέksəl]「テクセル島」なのです。x のつづりは ks を連想させますが，これは西フリジア語的なのであって，オランダ語式につづれば Tessel となるところです。つまり，西フリジア語は本来の ks を保っているのです。西フリジア語では sk も保たれており，古風です。bosk [ボスク bosk]「林，森」，skip [スキㇷ゚ skɪp]「船」，fisk [フィスク fɪsk]「魚」などがその例です（ちなみに，同島では西フリジア語はもう使われていません）。

　最後に，次の語で s [ㇲ s] と z [ㇲ z] の使い分けの理由を考えてみてください。

　　Chiˈnees「中国人」（ド *Chinese*/英 *Chinese*）→複数形 Chiˈnezen
　　Chiˈnees「中国語(の)」（ド *Chinesisch*/英 *Chinese*）→変化形 Chiˈnese

→Chi′nese「中国人女性」
Fries「フリジア人」（ド *Friese*/西フ *Fries*）→複数形 Friezen
Fries「フリジア語(の)」（ド *Friesisch*/西フ *Frysk*）→変化形 Friese

スターヴォレン（Stavoren）の手動のはね橋

レイデン（Leiden）の風車

30課　ヨハネス・フェルメール：
『デルフトの家々の情景』
Les dertig — Jo'hannes Ver'meer :
"Ge'zicht op huizen in Delft"

この課で学ぶこと　前置詞(2), 不定の数量を示す van

Jo'hannes Ver'meer (1632—1675) (=van zestientweeëndertig tot zestienvijfenzeventig) was geen commerci'ële veelschilder : meer dan dertig meesterwerken heeft hij ver'moedelijk niet ge'maakt.
ヨハネス・フェルメール(1632—1675)は商業的な量産画家ではなかった：おそらく30点の名作以上は描かなかったと推定される。

Het Straatje van Ver'meer zo'als dit schilde'rij meestal wordt ge'noemd, maakt een op'vallend in'tieme indruk.
『路地』と呼ばれることが多いこのフェルメールの絵は (=この絵がたいていその名で呼ばれている [ような(zo'als)] フェルメールの『路地』(注：1657/58年) は)，とりわけ (=きわだって) 親密な印象を与える。

Ver'meer bracht geen be'langrijke ge'bouwen in beeld, maar een ge'woon straatje.
フェルメールは重要な建物ではなく，ありきたりの路地を描いている。

Het ging hem niet om de huizen zelf —ze staan er maar ten dele op— maar om het ge'heel, met gevels, een doorkijkje de diepte in, nijvere vrouwen en spelende kinderen.
彼にとっての関心は家々そのものではなく—それは部分的にしかその上に登場しない—，切妻，奥まで続く小路 (=奥まで見通せる小さなすき間)，働く (=勤勉な) 女たち，遊んでいる子供たちを含む風景全体だった。

Het straatje lijkt net echt, hoe'wel de voorstelling waar'schijnlijk op

fanta/sie be/rust en in het ate/lier tot stand kwam.
その描写はおそらく想像に基づいており，アトリエで生まれたと思われるにもかかわらず，路地はまさに実在のもののように見える。

Ver/meers uit/zonderlijke schilderstijl draagt bij aan de indruk van echtheid.
フェルメールの並外れた絵画様式が実物であるかのような印象［を与えること］に寄与しているのである。

Hij schilderde niet e/xact ieder steentje, maar sugge/reerde bakstenen en metselverbanden door vlekjes, soms fijn soms dik.
彼はどの小石も正確に描いたわけではなく，れんがやその積み重ねかたを斑点によって，あるときは細かく，あるときは太く暗示している。

(出典：Rijksmuseum Amsterdam. Gids/Plattegrond met een keuze uit de hoogtepunten. London. Scala Books. 1996. p. 18 一部変更)

単語

ge/zicht［ヘズィふト γəzíxt］「眺め，眺望」，commerci/eel［コメるシェール kɔmɛrʃé.l］「商業的な」(英 commercial)，de veel・schilder［ヴェールスひルデる vé.lsxɪldər］「量産画家」，het meester・werk［メーステるヴェるク mé.stərvɛrk］「名作，傑作」，de/het schilde/rij［スひルデレイ sxɪldəréi］「絵，絵画」，wordt ge/noemd［ヘヌームト γənú.mt］□受動現在□→noemen「名づける，呼ぶ」(英 name)，op/vallend［オッファレント ɔpfálənt］「きわだった」(op|vallen「目立つ」)，in/tiem［インティーム ɪntí.m］「親密な」(英 intimate)，de in・druk［インドりゥク índrʏk］「印象」，be/lang・rijk［ベラングれイク bəláŋrɛik］「重要な」，ge/woon［ヘヴォーン γəvó.n］「普通の」，bracht…in beeld□過去□→in beeld brengen「絵に描く」，het ging (□過去□→gaan) hem om…「彼にとっては…が問題だった」，de door・kijk［ドーるケイク dó:rkɛik］「すき間，見通し」，nijver［ネイヴェる nɛivər］「勤勉な」，het ge/heel［ヘヘール γəhé.l］「全体」(英 whole)，de voor・stelling［ヴォーるステリング vó:rstɛlɪŋ］「描写，表現」，de

30課　ヨハネス・フェルメール：『デルフトの家々の情景』

fanta/sie［ファンタズィー fɑnta.zí.］「空想，想像力」(英 *fantasy*)，be/rusten［べりゅステ(ン) bərýstə(n)］「基づく（op …に）」，het ate/lier［アテリェー a.təljé.］「アトリエ」，tot stand kwam□過去□→tot stand komen「成立する」，uit/zonder・lijk［アイトソンデるレク œytsɔ́ndərlək］「並はずれた」，de schilder・stijl［スひルデるステイル sxíldərstɛil］「絵画様式」(schilderen「絵をかく」+de stijl「様式，スタイル」(英 *style*))，de echt・heid［エヘトヘイト ɛxthɛit］「信ぴょう性」，draagt［ドらーハト dra.xt］bij aan…□現在□→bij|dragen「寄与する（aan …に）」，e/xact［エクサクト ɛksákt］「正確な」，de bak・steen［バクステーン bákste.n］「れんが」，het metsel・verband［メツェルヴェるバント mɛ́tsəlvərbɑnt］「組積（そせき）法，れんがの積み重ねかた」(metselen「れんがを積む」+het ver/band「結合」)，de vlek［ッレク vlɛk］「斑点，しみ」，sugge/reren［スュへれーれ(ン) sʏɣəré:rə(n)］「暗示する」(英 *suggest*)

語彙をふやそう
前置詞（2）

① op「…の上に（場所：水平面への接触；aan, over と比較），…へ（方向），…に（時間：日付・曜日，in と比較），…に続いて」

　Kunt u me alstu/blieft de route *op de kaart* aan|wijzen?「道順を地図で示していただけませんか」

　Kunt u mijn ba/gage *op de kamer* brengen?「荷物を部屋に運んでいただけませんか」

　We ver/trekken *op 20 maart*.「私たちは3月20日に出発します」

② over「…の上全体に（boven, op と比較），…の上を通って，…を経由して（via），…後に（現時点以降，na と比較），…を越えて，…について」

　Zijn jas ligt *over de stoel*.「彼のコートはいすに掛かっている」

　Het vliegtuig vloog *over het dorp*.「飛行機は村の上空を飛んだ」

　We gaan *over Utrecht* naar Amster/dam.「私たちはユトレヒト経由でアムステルダムに行きます」(via も可)

　Komt u *over drie dagen* nog even ter/ug voor con/trole.「3日後，点検のためにまた来てみてください」

　Het is kwart *over vijf*.「5時15分過ぎです」(voor「…前」)

De pro/fessor schrijft een boek *over wijsbegeerte*.「教授は哲学の本を書いている」

③ per「…につき・ごとに（単位），…を通じて・使って（door, met）」（専門・慣用表現で無冠詞名詞とともに；*er/per は不可）

Hoe/veel kost het *per dag en per per/soon*?「それは1日一人につき，いくらですか」

{Deze brief/Dit pakje} *per luchtpost*, alstu/blieft.「この{手紙/小包}を航空便でお願いします」

④ rond「…を囲んで（rond/om），…頃（時間，omstreeks），約…」

Rond het plein staan prachtige huizen.「広場を囲んで素晴らしい家が立ち並んでいる」

Ik kom je *rond elf uur* halen.「君を11時頃，迎えに行くよ」

⑤ sinds［スィンツ（スィンス）sɪn(t)s］/sedert（書き言葉）「…以来」(*er/sinds/ *er/sedert は不可，sinds/dien「それ以来」)

Sinds wan/neer woont u in Nederland?「オランダにはいつからお住まいですか」

Me/neer Ten Cate is *sedert enige tijd* ziek.「テン・カーテさんはしばらく前から病気です」

⑥ te（書き言葉）「…で（場所，in）」(*er/te は不可)

Jo/hannes Ver/meer werd *te Delft* ge/boren en woonde ook *te Delft*.「ヨハネス・フェルメールはデルフトに生まれ，デルフトで暮らした」

固定した表現で ten, ter（定冠詞の変化形との融合形に由来）。

ten {eerste/tweede/slotte}「{最初/二番目/最後}に」, ten dele「部分的に」, ten onrechte「不当に」, ter inzage「閲覧用」

De haven van Rotter/dam is de grootste haven *ter wereld*.「ロッテルダム港は世界で一番大きい港です」

⑦ tegen「…にたいして，…に反対して(⇔voor)，…時近く（時刻）」

Zet je fiets niet *tegen het muur*.「壁に自転車を立て掛けないで」

Hebt u een middel *tegen {de pijn/koorts/diar/ree/zeeziekte}*?「{痛み止め/解熱/下痢止め/船酔い}の薬はありますか」

We zijn *tegen de doodstraf*.「私たちは死刑に反対です」

Het is *tegen elf uur*, onge/veer vijf mi/nuten er/voor.「時刻は11時

30課　ヨハネス・フェルメール：『デルフトの家々の情景』

近く，5分ほど前です」
⑧ tegen'over「…の向かいに，…にたいして」
　Ons huis staat *tegen'over* het po'litiebureau.「私たちの家は交番の向かいにあります」
　Sta je posi'tief *tegen'over dat i'dee*?「君はその考えにたいして肯定的なのか」
⑨ tot「…まで（場所・時間）」（er'toe に注意，*er'tot は不可）
　Tot {wan'neer/hoe laat} is de deur open?—*Tot elf uur*（'s avonds).「玄関はいつまで開いていますか」「（夜の）11時までです」
　Wend u zich alstu'blieft *tot {de ambas'sade/het consu'laat}*.「{大使館/領事館}に行って頼んでください」
⑩ tussen「…の間・中間に（場所・時間）」
　Die zaak is *tussen een en twee uur* dicht.「あの店は1時から2時まで閉まっている」
⑪ uit「…から（起点・要素，van と比較），…のあまり」（er・van'daan「そこから」/er'uit「それから」）
　De jongen gooide het boek *uit het raam*.「男の子は本を窓から外に投げた」
　Heeft de trein *uit Venlo* ver'traging?「ヴェンローからの列車は遅れているのですか」
　Uit welke tijd stamt dit ge'bouw?「この建物はいつの時代からのものですか」
　Uit angst heb ik het ge'daan.「不安感から私はそうしました」
⑫ van「…の，…から（起点・関係・材料，van と比較），…のために」（ervan-'daan「そこから」/er'van「それから，その」）
　Dit is een be'roemd schilde'rij *van Rubens*.「これはルーベンスの有名な絵です」
　Ik reis *van Mechelen* via Brussel naar Gent.「私はメヘレンからブリュッセル経由でヘントに旅行します」
　De va'kantie duurt *van 25 juli* tot 10 au'gustus.「休暇は7月25日から8月10日まで続きます」
　Dit be'hang is *van pa'pier*.「この壁紙は紙でできている」

I'rene schreeuwde *van pijn*.「イレーネ（女名）は痛くて叫んだ」
⑬ van'af「…から（関係の起点・開始時間）」（van'uit と比較）
Van'af Antwerpen is het net honderd kilometer naar Maas'tricht.「アントワープからはマーストリヒトまでちょうど100キロです」
Van'af {hoe laat/wan'neer} kan ik ont'bijten?— *Van'af half zeven.*「朝食は何時から取れますか」「6時半からです」
⑭ van'uit「…から（運動の起点）」（van'af と比較）
Van'uit Brussel bel ik je op.「ブリュッセルから君に電話するよ」
⑮ van'wege/wegens「…の理由で」（*er・van'wege/*er'wegens は不可。des-wege「そのために（書き言葉）」）
{Van'wege/Wegens} de drukte kan ik niet bij de ver'gadering aan-'wezig zijn.「多忙のために私は会議に出られません」
⑯ via「…を通じて（door），…を経由して（over）」（*er'via は不可）
Ont'vangt u *via satel'liet*?「あなたは衛星放送を受信していますか」
⑰ volgens「…によれば，…に従って（naar）」（*er'volgens は不可）
Volgens mij liep alles *volgens plan*.「私の意見ではすべては計画通りに進んだ」（naar mijn mening も可）
⑱ voor「…の前に（強調：vóór，場所・時間⇔achter/na），…にとって，…のために，…の期間・予定で，…に賛成して（⇔tegen）」
Er staat een auto *voor het huis*.「家の前に車がとまっている」（achter「…の後ろ」）
Voor negen uur ben ik niet thuis.「9時前には私は帰宅しません」（na「…後」；「（発話時の）…前に」は後置詞ge'leden，25課1）
Wilt u *voor de lijn* wachten tot u aan de beurt bent?「順番が来るまで，線の後ろ（＝前）でお待ちいただけますか」（日本語との違いに注意）
Is het ge'vaarlijk *voor vol'wassenen*?「それは大人には危険ですか」
Wat kan ik *voor u* doen?「あなたのために何をしたらいいでしょう」
Hebt u een tweepersoonskamer vrij *voor een nacht*?「1泊用に二人部屋は空いていますか」
Ik ben *voor dit plan*.「私はこの計画に賛成です」
⑲ voor'bij「…を通り過ぎて」
Het ziekenhuis is even *voor'bij het stoplicht* aan uw linker'hand.

30課　ヨハネス・フェルメール：『デルフトの家々の情景』

「病院は信号を過ぎてすぐ左側です」
⑳ zonder「…なしで」（⇔met；er/zonder は不自然）
Wilt u de thee *zonder melk en suiker*？「お茶はミルクとお砂糖を入れないほうがよろしいですか」
Zonder bril kan ik de krant niet goed lezen.「メガネがないと私は新聞がよく読めない」(bril「メガネ」は無冠詞)

語法と表現
不定の数量を示す van

「van（英 *of*／ド *von*）＋名詞句」で不定の数量を示すことがあります。
　　We hebben *van alles*.「私たちは何でも持っている」
　　Van alles zou er ge/beuren.「何が起こっても不思議ではない」
これは「万物を所有している」「すべての出来事が全部起こり得る」のではなく，「何でも少しずつ持っている」「どんな出来事についても何かが起こり得る」の意味です。次の例のように，不定代名詞 iets/wat「何か」にあたるものが省略されていて，部分を表わすと考えればいいでしょう。
　　In de winkels wordt *van alles wat* ge/kocht.「店では何でも（＝すべてのものの何かが）買える（＝買われる）」
名詞句に定冠詞や指示代名詞がついていても，特定のものではなく，性質を共有する対象一般を指します。前置詞に支配されることもあります。
　　Zilveruitjes, dat zijn *van die kleine uitjes*.「シャロットっていうのは，あの小さなタマネギのことよ」
　　Ik kijk graag naar *van die mooie ro/mantische films*.「私はあのすばらしいロマンチックな映画のようなものを見るのが好きなの」

ことばと文化：日本語の中のオランダ語

　日本はオランダと 400 年以上の国交があります。1639 年にポルトガル人が追放され，1641 年に平戸から長崎の出島へオランダ商館が移されてからは，オランダは鎖国下の江戸時代，唯一のヨーロッパへの窓口でした。徳川吉宗の奨励策などで勃興した蘭学を通じて，ヨーロッパの科学技術が積極的に吸

収されました。オランダ語は当時の日本屈指の俊才がもっとも熱心に学んだ外国語だったのです。その影響は多数の外来語に姿をとどめています。

① 化学・薬学用語：アルコール（alcohol），アルカリ（al/kali），エーテル（ether），ガス（gas），カルキ（kalk），コバルト（ko/balt），ゴム（gom），スポイト（spuit），ソーダ（soda），プラチナ（platina）

② 医学用語：コレラ（cholera），チフス（tyfus），ピンセット（pin/cet），ペスト（pest），メス（mes），モルヒネ（mor/fine）

③ 食料品：コーヒー（koffie），シロップ（si/roop），ドロップ（drop），ハム（ham），ビール（bier）

④ 生活用品など：アロエ（aloë），インキ（inkt），オルゴール（orgel），ガラス（glas），コップ（kop），サフラン（saf/fraan），スコップ（schop），ズック（doek），タラップ（trap），デッキ（dek），ブリキ（blik），ペンキ（pek），ホース（hoos），ホック（hoek），ポンプ（pomp），マスト（mast），ラッパ（roeper），ランプ（lamp），レッテル（letter）；オンス（ons），コンマ（komma），セント（cent），ポンド（pond）

なかには，エキス（ex/tract），ピント（brand・punt），エレキ（elektrici/teit）のように，語の一部をとったものもあります。また，ランドセル（ransel）は，もともと「はいのう」という意味の軍事用語でした。

重要なのは翻訳借用（オ leenvertaling/英 loan translation）です。原語を語構成の切れ目ごとに意味的に対応する日本語に置きかえたもので，発音どおりそのまま取り入れるよりも，はるかに高度な借用です。『解体新書』以降の翻訳書などで編み出された医学・化学などの専門用語がおもなものです。見かけは日本語ですが，背後にあるのはオランダ語です。

元素（grond・stof），色素（kleur・stof），水素（water・stof），炭素（kool・stof），窒素（stik・stof）；角膜（hoorn・vlies），鼓膜（trommel・vlies），粘膜（slijm・vlies），網膜（net・vlies）；塩酸（zout・zuur），炭酸（kool・zuur），乳酸（melk・zuur），硫酸（zwavel・zuur）；遠心力（middelpunt/vliedende kracht），求心力（middelpunt/zoekende kracht），重力（zwaarte・kracht），弾力（veer・kracht）；延髄（ver/lengd merg），回帰線（keer・kring），寒暖計（thermo・meter），肝油（lever・traan），血球（bloed・bolletje），顕微鏡（micro/scoop），座薬（zet・pil），三半規管（drie half・ronde buizen），十二指腸（twaalf・vingerige darm），澱粉（でんぷん）（zet・meel），表皮（opper-

30課 ヨハネス・フェルメール:『デルフトの家々の情景』

huid),望遠鏡(tele/scoop),盲腸(blinde/darm),軟骨(kraak・been)
秒(se/conde),分(mi/nuut),(時計の)時(uur);格(naam・val),金属(me/taal),精神錯乱(ijl/hoofdig・heid),葡萄酒(wijn)

各地の方言に残っている語も多く,「博多どんたく」などの「どんたく」はzondag「日曜日,休日」に由来し,「半ドン」も「半日休日,土曜日」の意味です。傑作は「おてんば」(on/tem・baar)で,「ならす(temmen)ことができ(-baar)ない(on-)」に由来するという(疑わしい)俗説があります。

いったん定着しても,英語・ドイツ語・フランス語などにお株を奪われていったものもあります。カーズ(kaas)>チーズ,ベスコイト(be/schuit)>ビスケット,マンテル(mantel)>マントなどがそうです。

フェルメール(Ver/meer):『デルフトの家々の情景』

練習 10　拝啓　アルケマ御夫妻様
Oefening tien—Beste me/neer en me/vrouw Alkema

次の手紙を和訳し，下線部に適当な語形の動詞群を入れましょう。

Beste me/neer en me/vrouw Alkema,

　Hartelijk ge/lukgewenst met uw ver/jaardag. Wij hopen dat u deze dag nog vele malen in goede ge/zondheid ＿＿＿＿＿＿ (祝う (vieren) ことが許される (mogen) だろう (zullen) と). Het is lang ge/leden dat wij iets van ons ＿＿＿＿＿＿ (お聞か (horen) せ (laten) した (hebben) のは]), en zo/juist ver/namen wij dat uw dochter een baby ＿＿＿＿＿＿ (得 (krijgen) た (hebben)). Wij zenden u hier/bij onze hartelijke ge/lukwensen en hopen binnen/kort ＿＿＿＿＿＿ (聞き知る (ver/nemen) ことが許される (mogen)) hoe het met u allen gaat.

Met de beste wensen en hartelijke groeten,
Ota, Michiyo en Masami

単語：ge/luk|ge・wenst［ヘリュクヘグェンスト ɣəlÝkxəvɛnst］〔過去分詞〕→ ge/luk|wensen「(…に) 祝福する (met …を)」, de ver/jaar・dag［ヴェるヤーるダは vərjá:rdɑx］「誕生日」, de/het maal［マール ma.l］「回」(＝de keer), de ge/zond・heid［ヘゾントヘイト ɣəzɔ́nthɛit］「健康」, zo/juist［ゾーヤイスト zo.jœyst］「たった今」(英 just), binnen/kort［ビネ(ン)コるト bɪnə(n)kɔ́rt］「近いうちに」

【解答】

拝啓　アルケマ御夫妻様

　お誕生日，おめでとうございます。この日をまだ何回もご健康でお祝いになられる (zult mogen vieren) ことを願っています。ずっとごぶさたしてお

— 310 —

練習10　拝啓　アルケマ御夫妻様

りますが(hebben laten horen)，つい先日，娘さんにお子さんがお生まれになった（heeft ge/kregen または ge/kregen heeft）ことを耳にしました。ここに心からお祝い申し上げます。皆様のご近況など，近いうちにお知らせいただければ（te mogen ver/nemen）幸いに存じます。

敬具
太田三千代，正美

デルフト（Delft）の街角

不規則動詞変化表

本書の理解に必要な範囲に限定します。分離動詞（19課2）は「｜」の前の分離成分を除いて検索してください。
　　例．bij|dragen「貢献する」—droeg/droegen...bij—bij|gedragen
　　　　→検索：dragen「運ぶ，支える」—droeg/droegen—gedragen
非分離動詞（19課3）は無アクセントの接頭辞（be-/er-/ge-/her-/ont-/mis-/ver- など）を除いて検索してください。過去分詞は ge- を除きます。
　　例．be'vallen「…の気に入る」—be'viel/be'vielen—be'vallen
　　　　→検索：vallen「落ちる」—viel/vielen—ge'vallen
ただし，be'ginnen「始める，始まる」のように，接頭辞を除いた動詞が存在しないものは，そのまま示してあります。
なお，h./is は完了の助動詞 hebben/zijn（21課2）の略語です。

不定詞	過去単数/過去複数	過去分詞
bakken「(パンなどを) 焼く」	bakte/bakten	h. ge'bakken
be'ginnen「始める，始まる」	be'gon/be'gonnen	is be'gonnen
ben/bent →zijn		
bergen「しまう」	borg/borgen	h. ge'borgen
be'velen「命令する」	be'val [ア a]/be'valen [アー a.]	h. be'volen
bidden「祈る」	bad [ア a]/baden [アー a.]	h. ge'beden
bieden「提供する」	bood/boden	h. ge'boden
bijten「噛む」	beet/beten	h. ge'beten
binden「結ぶ」	bond/bonden	h. ge'bonden
blazen「吹く」	blies/bliezen	h. ge'blazen
blijken「明らかだ，…のようだ」	bleek/bleken	is ge'bleken
blijven「とどまる」	bleef/bleven	is ge'bleven
braden「(肉などを) 焼く」	braadde/braadden	h. ge'braden
breken「割る，割れる」	brak [ア a]/braken [アー a.]	h./is ge'broken
brengen「持ってくる」	bracht/brachten	h. ge'bracht
brouwen「醸造する」	brouwde/brouwden	h. ge'brouwen
buigen「曲げる，曲がる」	boog/bogen	h./is ge'bogen

— 312 —

不規則動詞変化表

denken「考える」　　　　　　　　dacht/dachten　　　　　　　h. ge/dacht
doen「する,与える,…させる」　　deed/deden　　　　　　　　h. ge/daan
dragen「運ぶ,支える」　　　　　　droeg/droegen　　　　　　　h. ge/dragen
drijven「駆りたてる,漂う」　　　　dreef/dreven　　　　　　　　h./is ge/dreven
drinken「飲む」　　　　　　　　　dronk/dronken　　　　　　　h. ge/dronken
duiken「潜る,浮上する」　　　　　dook/doken　　　　　　　　h./is ge/doken
eten「食べる」　　　　　　　　　at [ア a]/aten [アー a.]　　　h. ge/geten
gaan「行く」　　　　　　　　　　ging/gingen　　　　　　　　is ge/gaan
gelden「有効である」　　　　　　gold/golden　　　　　　　　h. ge/golden
ge/nezen「治療する,治る」　　　　ge/nas [ア a]/ge/nazen [アー a.]　h./is ge/nezen
ge/nieten「楽しむ」　　　　　　　ge/noot/ge/noten　　　　　　h. ge/noten
geven「与える」　　　　　　　　gaf [ア a]/gaven [アー a.]　　h. ge/geven
glijden「滑る」　　　　　　　　　gleed/gleden　　　　　　　　h./is ge/gleden
graven「掘る」　　　　　　　　　groef/groeven　　　　　　　　h. ge/graven
grijpen「つかむ」　　　　　　　　greep/grepen　　　　　　　　h. ge/grepen
hangen「掛ける,掛かっている」　　hing/hingen　　　　　　　　h. ge/hangen
hebben「持っている」　　　　　　had/hadden　　　　　　　　h. ge/had
（現在形 ik heb, jij hebt, hij heeft, u hebt/heeft, wij/jullie/zij hebben）
heffen「持ち上げる」　　　　　　hief/hieven　　　　　　　　　h. ge/heven
helpen「助ける」　　　　　　　　hielp/hielpen　　　　　　　　h. ge/holpen
heten「…という名前である」　　　heette/heetten　　　　　　　h. ge/heten
houden「保つ」　　　　　　　　hield/hielden　　　　　　　　h. ge/houden
is →zijn
kan →kunnen
kiezen「選ぶ」　　　　　　　　　koos/kozen　　　　　　　　　h. ge/kozen
kijken「見る」　　　　　　　　　keek/keken　　　　　　　　　h. ge/keken
klimmen「登る,降りる」　　　　　klom/klommen　　　　　　　h./is ge/klommen
klinken「鳴る」　　　　　　　　　klonk/klonken　　　　　　　　h. ge/klonken
komen [オ- o.]「来る」　　　　　kwam [ア a]/kwamen [アー a.]　is ge/komen[オ- o.]
（現在形 ik kom [オ ɔ], jij/hij/u komt [オ ɔ], wij/jullie/zij komen [オ- o.]；
命令形 kom [オ ɔ]/komt [オ ɔ]）
kopen「買う」　　　　　　　　　kocht/kochten　　　　　　　h. ge/kocht

— 313 —

krijgen「得る」	kreeg/kregen	h. ge/kregen
kunnen「…できる（など）」	kon/konden	h. ge/kund

(現在形 ik kan, jij kan/kunt, hij kan, u kan/kunt, wij/jullie/zij kunnen)

lachen「笑う」	lachte/lachten	h. ge/lachen
laden「積む」	laadde/laadden	h. ge/laden
laten「…させる，放置する」	liet/lieten	h. ge/laten
lezen「読む」	las [ア ɑ]/lazen [アー a.]	h. ge/lezen
liegen「うそをつく」	loog/logen	h. ge/logen
liggen「横たわっている」	lag [ア ɑ]/lagen [アー a.]	h. ge/legen
lijden「被る，苦しむ」	leed/leden	h. ge/leden
lijken「似ている，…らしい」	leek/leken	h. ge/leken
lopen「歩く」	liep/liepen	h./is ge/lopen
mag →mogen		
meten「測る」	mat [ア ɑ]/maten [アー a.]	h. ge/meten
mijden「避ける」	meed/meden	h. ge/meden
moeten「…する必要がある（など）」	moest/moesten	h. ge/moeten
mogen「…してもいい（など）」	mocht/mochten	h. ge/mogen

(現在形 ik/jij/hij/u mag, wij/jullie/zij mogen)　　　(ge/moogd/ge/mocht)

nemen「取る」	nam [ア ɑ]/namen [アー a.]	h. ge/nomen
plegen「…する習慣がある」	placht/plachten	—
prijzen「ほめる」	prees/prezen	h. ge/prezen
raden「忠告する」	raadde/raadden (ried/rieden)	h. ge/raden
rijden「（車・列車が/で）行く」	reed/reden	h./is ge/reden
roepen「呼ぶ」	riep/riepen	h. ge/roepen
ruiken「かぐ，…の匂いがする」	rook/roken	h. ge/roken
scheiden「分ける，分かれる」	scheidde/scheidden	h./is ge/scheiden
schenken「注ぐ，贈る」	schonk/schonken	h. ge/schonken
scheppen「創造する」	schiep/schiepen	h. ge/schapen
scheren「（…の）ひげをそる」	schoor/schoren	h. ge/schoren
schieten「撃つ，突進する」	schoot/schoten	h./is ge/schoten
schijnen「光る，…らしい」	scheen/schenen	h. ge/schenen
schrijven「書く」	schreef/schreven	h. geschreven

不規則動詞変化表

schrikken「こわがる」	schrok/schrokken	is ge/schrokken
slaan「打つ，たたく」	sloeg/sloegen	h. ge/slagen
slapen「眠る」	sliep/sliepen	h. ge/slapen
sluiten「閉める」	sloot/sloten	h. ge/sloten
smelten「溶かす，溶ける」	smolt/smolten	h. ge/smolten
snijden「切る」	sneed/sneden	h. ge/sneden
spijten「残念である」	speet/—	h. ge/speten
spreken「話す」	sprak [ア a]/spraken [アーa.]	h. ge/sproken
springen「はねる」	sprong/sprongen	h./is ge/sprongen
staan「立っている」	stond/stonden	h. ge/staan
stelen「盗む」	stal [ア a]/stalen [アーa.]	h. ge/stolen
sterven「死ぬ」	stierf/stierven	is ge/storven
treden「踏む」	trad [ア a]/traden [アーa.]	h./is ge/treden
treffen「当たる」	trof/troffen	h. ge/troffen
trekken「引く，移動する」	trok/trokken	h./is ge/trokken
vallen「落ちる」	viel/vielen	is ge/vallen
vangen「つかまえる」	ving/vingen	h. ge/vangen
varen「(船で/が) 行く」	voer/voeren	h./is ge/varen
vechten「戦う」	vocht/vochten	h. ge/vochten
ver/dwijnen「消える」	ver/dween/ver/dwenen	is ver/dwenen
verge/lijken「比較する」	verge/leek/verge/leken	h. verge/leken
verge/ten「忘れる」	ver/gat [ア a]/ver/gaten [アーa.]	h./is verge/ten
ver/liezen「失う」	ver/loor/verloren	h./is ver/loren
vinden「見つける」	vond/vonden	h. ge/vonden
vliegen「飛ぶ」	vloog/vlogen	h./is ge/vlogen
vragen「たずねる，頼む」	vroeg/vroegen	h.ge/vraagd
vriezen「凍る」	vroor/—	h./is ge/vroren
was/waren →zijn		
wassen「洗う」	waste/wasten	h. ge/wassen
wees/weest/wezen →zijn		
wegen「(…の)重さを量る」	woog/wogen	h. ge/wogen
werpen「投げる」	wierp/wierpen	h. ge/worpen

weten「知っている」	wist/wisten	h. ge'weten
wijken「退く」	week/weken	is ge'weken
wijzen「示す」	wees/wezen	h. ge'wezen
willen「…したい（など）」	wou/wouden〜wilde/wilden	h. ge'wild

(現在形 ik wil, jij/u wil/wilt, hij wil, wij/jullie/zij willen)

winnen「勝つ」	won/wonnen	h. ge'wonnen
worden「…になる，…される」	werd/werden	is ge'worden
zal →zullen		
zeggen「言う」	zei/zeiden(zegde/zegden)	h. ge'zegd
zenden「送る」	zond/zonden	h. ge'zonden
zien「見る」	zag [ア a]/zagen [アー a.]	h. ge'zien
zijn「…で・がある」	was [ア a]/waren [アー a.]	is ge'weest

(現在形 ik ben, jij bent, hij is, u bent, wij/jullie/zij zijn；命令形 親称単数 wees/複数 wezen, 敬称 weest；代換不定詞 wezen)

zingen「歌う」	zong/zongen	h. ge'zongen
zinken「沈む」	zonk/zonken	is ge'zonken
zitten「すわっている」	zat [ア a]/zaten [アー a.]	h. ge'zeten
zoeken「探す」	zocht/zochten	h. ge'zocht
zuigen「吸う」	zoog/zogen	h. ge'zogen
zullen「…だろう（など）」	zou/zouden	—

(現在形 ik zal, jij zal/zult, hij zal, u zal/zult, wij/jullie/zij zullen)

zwemmen「泳ぐ」	zwom/zwommen	h./is ge'zwommen
zwijgen「黙っている」	zweeg/zwegen	h. ge'zwegen

オランダ語をもっと知りたい人のために

1．日本語による参考書

『講談社オランダ語辞典』（講談社）："Kramers Nederlands-Engels Woordenboek（Amsterdam/Brussel. Elsevier）"の翻訳で英訳と日蘭交渉史メモつきのモダンな蘭日辞典。発音記号と解説の矛盾は残念

『桜井　隆：エクスプレスオランダ語入門』（白水社）：音声教材つきで初級用

『朝倉純孝：オランダ語四週間』（大学書林）：一世を風靡した四週間シリーズの一冊。内容的には古い

『塩谷　饒：オランダ語文法入門』（大学書林）：簡潔な文法書

『朝倉純孝：オランダ語文典』（大学書林）：部分的に古いが，充実した文法書

『檜枝陽一郎：オランダ語基礎1500語』（大学書林）：和蘭索引つき。発音記号・アクセントの記載なし

『川端喜美子：オランダ語基本単語2000』（語研）：音声教材つき。カナ発音はやや不自然

『朝倉純孝：オランダ語常用6000語』（大学書林）：発音記号つき

『朝倉純孝:オランダ語会話ハンドブック』（大学書林）：オランダ史解説つき

『鳥井裕美子：オランダ語会話練習帳』（大学書林）：音声教材別売

『石川京子デッカー：旅の指さし会話帳オランダ』(情報センター出版局)：イラスト豊富な会話・基本語彙集。カナ発音はやや不自然

『河崎　靖/クレインス　フレデリック：低地諸国（オランダ・ベルギー）の言語事情―ゲルマンとラテンの間で』（大学書林）：中世オランダ語とベルギーのオランダ語とフランス語の境界線の成立を解説

『ドナルドソン(石川光庸/河崎　靖訳)：オランダ語誌』（現代書館）："Donaldson, B. C. "Dutch: A Linguistic History of Holland and Belgium"（Leiden. Nijhoff）の外面史にあたる前半部分の翻訳

『ファンデプッテ, O. 他著/フォラー邦子訳：オランダ語―オランダとフランドル二千万人の言語』（フラマン・オランダ財団『私たちの遺産』刊）：Vandeputte, O. "Nederlands. Het verhaal van een taal"（Rekkem. Stichting Ons Erfdeel）の日本人向け改訂版。オランダ語の昨今を解説

『斎藤　信：日本におけるオランダ語研究の歴史』（大学書林）：大量の資料を駆使して江戸時代の蘭学の発達を詳述

『斎藤　静：日本語に及ぼしたオランダ語の影響』(東北学院大学創立八十周年

記念図書出版委員会）：個々の語の由来と出典を明示した労作
『オランダ暮らしの便利帖』(在オランダ日本商工会議所）：オランダでの生活に欠かせない貴重な手引き

２．外国語による参考書
　本書を終えたみなさんには次の本がとくにおすすめです。
Fenoulhet, J./Ross, J. "Hugo's Advanced Dutch Course" (London. Hugo)：本書を終えた人に最適な中級学習書。音声教材つき
Shetter, W. Z./Bird, R. B. "Reading Dutch" (Leiden. Nijhoff)：現代オランダ語文学の15の短編に注を施したもの
Van der Toorn-Schutte, J. "Zo zijn onze manieren…" (Apeldoorn. Auctor)：外国人向けにオランダの歴史と文化をやさしく解説
Donaldson, B. "Dutch: A Comprehensive Grammar" (London/New York. Routledge)：英語で書かれたきわめてすぐれた詳細な文法書
Fontein, A. M./Pescher-ter Meer, A. "Nederlandse grammatica voor anderstaligen" (Utrecht. Nederlands Centrum Buitenlanders)：外国人向けの教授法の成果を取り入れたきわめてすぐれた文法書
Haeseryn, W. et al. "Algemene Nederlandse spraakkunst. 1/2" (Groningen/Deurne. Nijhoff/Wolters Plantyn)：オランダ語学の金字塔、最大の2巻本の文法書。ANSと略
Cook, K. "Dubbel Dutch" (Groningen/Antwerpen. BoekWerk)：豊富な用例と解説つきのきわめてすぐれた語法辞典
"Cassell's Dictionary English-Dutch/Dutch-English" (London/New York. Continuum)：語形変化とアクセントの記載つきで、量的にも十分な1巻本の英語との対訳辞典。発音記号なし（旧版にはあり）
"The New Routledge Dutch Dictionary. Dutch-English/English-Dutch" (London/New York. Routledge)：量的には上の辞書より劣るが、語形変化のほかに発音記号つき
"Van Dale Groot woordenboek Nederlands-Engels/Engels-Nederlands" (Utrecht/Antwerpen. Van Dale Lexicografie)：蘭英・英蘭辞典として最大の2巻。活字は小さいが、内容は抜群。オランダ語辞書の代名詞、Van Daleシリーズは英語以外の対訳辞典も豊富で、中辞典(Handwoordenboek)もある。ただし、オランダ語話者向けなので、アクセントや名

詞の複数形などは無記載

"Langenscheidts Taschenwörterbuch Niederländisch. Niederländisch-Deutsch/Deutsch-Niederländisch" (Berlin et al. Langenscheidt)：小型だが，語形変化や発音記号などの学習情報を織り込んだ蘭独・独蘭辞典

"Van Dale Basiswoordenboek" (Utrecht/Antwerpen. Van Dale Lexicografie)：Van Daleシリーズの有益な基本語辞典

Abeling, A. "Woordenboek Nederlands" (Utrecht. Het Spectrum)：蘭蘭辞典は語形変化とアクセントの表示や平易な解説と用例の点でこれがおすすめ。同社刊行の語源辞典 (De Vries, J./De Tollenaere, F. "Etymologisch woordenboek")，同義語辞典 (Reinsma, R. "Synoniemenwoordenboek")，発音辞典 (Heemskerk, J./Zonneveld, W. "Uitspraakwoordenboek") も有益。本格派の蘭蘭辞典は "Van Dale groot woordenboek der Nederlandse taal" の3巻本

3. その他の学習教材

「*」をつけたものはとくにおすすめです。「教室用」とあるものは教師の指導が必要ですが，外国人教育の現場で使用され，生きた言葉が学べます。タイトルがオランダ語のものは説明もオランダ語ですが，やさしく解説され，有益です。なお，オランダ語圏の書籍は www.boekenmeer.nl で検索できます。

A. 学習書

Beehkuis, J./Kraak-Haan, E. "De Basis" (Amsterdam/Meppel. Boom)：教室用初級学習書。Montens/Sciarone と Blom et al. を簡単にしたような内容。音声教材つき

Beersmans, F. "30 Stunden Niederländisch fur Anfänger" (Berlin et al. Langenscheidt)：Van Berkel/Sauer より簡単だが，ドイツ語話者向けなので最初からハイレベル。音声教材つき

Blom, A. et al. "De Delftse methode. De tweede ronde" (Amsterdam. Boom)：穴埋め方式で本文の理解を確かめる教室用中級学習書。音声教材つき。初級用は Montens/Sciarone で別冊

Bloomfield, L. "Spoken Dutch" (Ithaca. Spoken Language Services)：高名な言語学者の手による学習書。テキストに発音記号がついて今日でも有益。音声教材つき

De Bie, M. et al. "Pasklaar" (Groningen. Wolters-Noordhoff)：新聞・雑

誌記事による教室用中級読解・リスニング教材。音声教材つき

＊De Boer, B./Lijmbach, B. "PONS Powerkurs für Anfänger Niederländisch" (Stuttgart et al. Klett)：ドイツ語話者向けだが，無理なく学べる簡単ですぐれた初級学習書。音声教材つき

＊Donaldson, B. "Colloquial Dutch" (London/New York. Routledge)：モダンですぐれた初級学習書。音声教材つき

Entjes, H./Ebeling, R. "Kann nit verstan" (Groningen. Sasland)：ドイツ語によるややハイレベルの初級学習書。音声教材つき

Fenoulhet, J. "Dutch in Three Months" (London. Hugo)：簡単な初級学習書。音声教材つき

Fontein, A. M. et al. "Help!" (Utrecht. Nederlands Centrum Buitenlanders)：4巻本の教室用初級中級学習書。音声教材つき

＊Fox, S./Schneider-Broekmans. J. "Taal vitaal—Niederländisch für Anfänger" (Ismaning. Hueber)：ドイツ語話者向けのモダンですぐれた教室用初級学習書。文法と練習問題は別冊。音声教材つき

＊Fox, S./Van Keulen, S. "Taal totaal—Niederländisch für Fortgeschrittene" (Ismaning. Hueber)：上記の中級編。音声教材つき

＊Hennen, K. H. "Niederländisch" (Ismaning. Hueber)：ドイツ語話者向けだが，無理なく学べるすぐれた教室用学習書。文法と練習問題は別冊。音声教材つき

Huisman, C. "Niederländisch für Anfänger" (Wuppertal. Putty)：ドイツ語によるややハイレベルの初級学習書

Huisman, C. "Niederländisch für Fortgeschrittene" (Wuppertal. Putty)：上記の中級編で解説もオランダ語

Hulstijn, J./Schellart, M. "Makkelijk praten" (Amsterdam. Meulenhoff Educatief)：音声教材中心の教室用リスニング問題集

Kremer, U. et al. "Meedenken meepraten—Aufbaumaterial Niederländisch" (Ismaning. Hueber)：ドイツ語話者向けの中上級学習教材

＊Kuiken, F./Van Kalsbeek, A. "Code Nederlands. 1/2" (Amsterdam. Meulenhoff Educatief)：2巻本のモダンですぐれた教室用初級・中級学習書。音声教材つき

Lagerwey, W. "Speak Dutch" (Amsterdam. Meulenhoff Educatief)：ドリル式練習による600ページを越す学習書。音声教材つき

"Learn Dutch Now!" (Merrimack. Transparent Language)：CD-ROM 版の学習教材

"Levend Nederlands" (Cambridge. Cambridge University Press)：豊富な挿絵入りの教室用初級学習書。音声教材つき。英語版解説書 An English Self-study Supplement to Levend Nederlands あり

＊Liemberg, E. et al. "IJsbreker. 1/2" (Amsterdam. Meulenhoff Educatief)：2 巻本のモダンですぐれた教室用初級中級学習書。音声教材つき

＊"Linguaphone Dutch Course" (London. The Linguaphone Institute)：有名なリンガフォン外国語入門シリーズのオランダ語編。音声教材つきのすぐれた本格派学習書。旧版に比べてテキストにストーリー性を重視

Montens, F./Sciarone, A. G. "De Delftse methode" (Amsterdam. Boom)：本文を穴埋め方式で再現して理解を確かめる初級学習書。音声教材つき。中級用は Blom et al. で別冊

＊Quist, G./Strik, D. "Teach Yourself Dutch" (London. Hodder & Stoughton)：有名な外国語入門シリーズのすぐれた一冊。音声教材つき

Quist, G./Strik, D. "Teach Yourself Beginner's Dutch" (London. Hodder & Stoughton)：上記の本よりも簡単な初級学習書。音声教材つき

Renier, F. G. "Beginner's Dutch" (New York. Hippocrene Books)：伝統的な初級学習書

＊Shetter, W. Z./Van der Cruysse-Van Antwerpen, I. "Dutch. An Essential Grammar" (London/New York. Routledge)：何回も改訂を重ねた最高の学習書。音声教材つきではないのが残念

Smit, J./Meijer, R. "Dutch Grammar and Reader" (London. Stanley Thornes) 伝統派の学習書

Stegeman, J. "Nederlands. 1/2" (Groningen. Martinus Nijhoff)：2 巻本の教室用初級中級学習書。音声教材つき

Strik, D. "Just Enough Dutch" (Woodbridge. Hugo)：Fenoulhet よりも簡単な初級学習書。音声教材つき

Ten Wolde, R. "Speak Dutch Today!" (London. Hugo)：13 の場面別に英訳と解説を施した有益な会話テキスト集。音声教材つき

Valette, Th. G. G. "Niederländische Konversationsgrammatik" (Heidelberg. Groos)：内容的にはかなり古いが，ドイツ語による最高の学習書

＊Van Berkel, A./Sauer, Ch. "Langenscheidts praktisches Lehrbuch Niederländisch"（Berlin et al. Langenscheidt）：すぐれた学習書だが，ドイツ語話者向けなので最初からハイレベル。音声教材つき。旧版は文法解説が秀逸
＊Van Kampen, H./Stumpel, R. "Dutch for Self-study"（Utrecht. Het Spectrum）：モダンで簡単なすぐれた初級学習書。音声教材つき
Verlee, L. "Dutch with Ease"（Brussel. Assimil Benelux）：フランスの有名なアシミル外国語入門シリーズのオランダ語編初級用英語解説版。音声教材つきの本格派学習書
Verlee, L. "La pratique du néerlandais"（Chennevières s/Marne. Assimil）：上記の中級編で解説はフランス語。高度の語学力養成に最適
Wilmots, J. et al. "Voor wie Nederlands wil leren"（Diepenbeek. Wetenschappelijk Onderwijs Limburg）：教室用初級学習書。タイプ印刷
Wilmots, J. et al. "Voor wie al wat Nederlands kent"（Diepenbeek. Wetenschappelijk Onderwijs Limburg）：上記の中級編。タイプ印刷

B. 文法書・問題集，発音解説書
＊Bakx, J. et al. "Grammatica in gebruik"（Amsterdam/Antwerpen. Intertaal）：練習問題つきのすぐれた中級文法書。独訳 "Niederländische Grammatik im Gebrauch"（Ismaning. Hueber）あり
Bouman-Noordermeer, D. et al. "Beter Nederlands. 1/2"（Muiderberg. Coutinho）：簡単な解説つきの2巻本の文法問題集
Coenen, J. "Uitgesproken Nederlands"（Groningen. Wolters-Noordhoff）：音声教材つきの教室用発音解説書
Deken, Margreet et al. "Pas toe"（Groningen. Wolters-Noordhoff）：教室用中級文法書
＊De Rooy, J./Wikén Bonde, I. "Nederländsk grammatik"（Stockholm. Almqvist & Wiksell）：スウェーデン語による充実した中級文法書
De Vooys, C. G. N./Schönfeld, M. "Nederlandse spraakkunst"（Groningen. Wolters）：学問的香り高い古典的名著
＊Fehringer, C. "A Reference Grammar of Dutch"（Cambridge. Cambridge University Press）：練習問題つきのすぐれた中級文法書
＊Florijn, A. F. et al. "De regels van het Nederlands"（Groningen.

Wolters-Noordhoff)：詳細ですぐれた中級文法書。練習問題は別冊
＊Goedbloed, J. "Kompaktgrammatik Niederländisch" (Stuttgart. Klett)：ドイツ語による簡潔ですぐれた文法書
Henselmanns, M. "Niederländisches Übungs- und Übersetzungsbuch für Fortgeschrittene" (Borken. Masqueliez-Cristal)：ドイツ語による文法・作文問題集。解答は同一著者による "Lösungsbuch zum Übungs- und Übersetzungsbuch für Fortgeschrittene" で別冊
Klep, H./Rietveld, D. "Concise Dutch Grammar" (Groningen. Wolters-Noordhoff)：簡単な文法書
Kruisinga, E. "A Grammar of Modern Dutch" (London. George Allen & Unwin)：高名な英語学者による今日でも有益な文法書
Kuen, E. "Niederländisch-Deutsch im Vergleich" (Wuppertal. Putty)：語彙・文法面でドイツ語との豊富な比較例を列挙
Kuiken, F./Vedder, I. "Regelrecht. 1/2" (Amsterdam. VU Uitgeverij)：2巻本の文法練習問題集
Lange, K. P. "Fehlergrammatik Niederländisch-Deutsch" (Bussum. Coutinho)：ドイツ語との類似による落とし穴を多面的に解説
＊Quist, G./Strik D. "Teach Yourself Beginner's Dutch Grammar" (London. Hodder & Stoughton)：練習問題つきの簡単ですぐれた初級文法書
＊Rijpma, E./Schuringa, F. G./Van Bakel, J. "Nederlandse spraakkunst" (Groningen. Wolters-Noordhoff)：充実した学問的上級文法書
Stegeman, H. "NL Grammatik Niederländisch" (Groningen. Wolters-Noordhoff)：ドイツ語による簡単な文法書
Van der Toorn-Schutte, J. "Klare taal! Uitgebreide basisgrammatica NT2" (Amsterdam. Boom)：練習問題つきの中級文法書

C．会話集
＊"Berlitz Dutch Phrase Book & Dictionary" (Princeton et al. Berlitz)：英語対照の旅行会話・基本語彙集
"Essential Dutch Phrase Book" (Boston. Periplus)：英語対照の旅行会話・基本語彙集
"Japans" (Lisse. Rebo Productions)：オランダ語話者向けの簡便な日本語

対照旅行会話・基本語彙集
＊"Langenscheidts Sprachführer Niederländisch" (Berlin et al. Langenscheidt)：ドイツ語対照の旅行会話・基本語彙集
"Marco Polo Niederländisch" (Ostfildern. Mairs Geographischer Verlag)：Pons の簡約版
"Polyglott-Sprachführer Niederländisch" (München. Polyglott-Verlag)：ドイツ語対照の簡潔な旅行会話・基本語彙集
＊"Pons Reisewörterbuch Niederländisch" (Stuttgart et al. Klett)：ドイツ語対照の旅行会話・基本語彙集
＊"Wat & Hoe Japans" (Utrecht/Antwerpen. Kosmos Taalgids)：オランダ語話者向けの日本語対照旅行会話・基本語彙集

D．基本語辞典
＊Donaldson, B. C. "Beyond the Dictionary in Dutch" (Muiderberg. Coutinho)：豊富な用例と的確な解説つきのすぐれた類義語辞典
＊De Kleijn, P./Nieuwborg, E. "Basiswoordenboek Nederlands" (Groningen. Wolters-Noordhoff)：詳細ですぐれた基本語用例辞典。解説なし
Hart, J./Heleen P. "Leerwoordenboek voor buitenlanders" (Groningen. Wolters-Noordhoff)：簡便な基本語用例辞典。解説なし
Kuen, E. "Deutsch-Niederländisches Lernwörterbuch" (Hamburg. Buske)：ドイツ語との発音・語形の類似性を活用した詳細な学習辞典

　著者紹介

清水　誠　[しみず・まこと] 北海道大学教授（ゲルマン語学）

目録進呈　落丁本・乱丁本はお取替えいたします。

平成 16 年 7 月 20 日　　Ⓒ 第 1 版発行
平成 17 年 5 月 30 日　　　　第 2 版発行

著　者	清　水　　　誠
発行者	佐　藤　政　人

発　行　所
株式会社　**大学書林**
東京都文京区小石川 4 丁目 7 番 4 号
振替口座　00120-8-43740番
電話　(03) 3812-6281〜3番
郵便番号112-0002

現代オランダ語入門

ISBN4-475-01867-6　　写研・横山印刷・牧製本

大学書林 — 語学参考書

著者	書名	判型	頁数
朝倉純孝 著	オランダ語四週間	B6判	384頁
塩谷　饒 著	オランダ語文法入門	B6判	192頁
朝倉純孝 著	オランダ語文典	B6判	224頁
鳥井裕美子 編	オランダ語会話練習帳	新書判	228頁
檜枝陽一郎 編	オランダ語基礎1500語	新書判	152頁
朝倉純孝 編	オランダ語常用6000語	B小型	328頁
朝倉純孝 著	オランダ語会話ハンドブック	B6判	246頁
朝倉純孝 訳注	オランダ文学名作抄	B6判	200頁
朝倉純孝 訳注	オランダ黄金時代史	B6判	184頁
ムルタテューリ／渋沢元則 訳注	マックス・ハーフェラール	B6判	272頁
斎藤　信 著	日本におけるオランダ語研究の歴史	B6判	246頁
河崎　靖／クレインス フレデリック 著	低地諸国（オランダ・ベルギー）の言語事情	A5判	152頁
桜井　隆 編	アフリカーンス語基礎1500語	新書判	120頁
児玉仁士 著	フリジア語文法	A5判	306頁
岩崎英二郎 著	ドイツ語不変化詞の用例	B6判	352頁
小島公一郎 著	ドイツ語史	A5判	312頁
塩谷　饒 著	ドイツ語の諸相	A5判	214頁
渡辺格司 著	低ドイツ語入門	A5判	202頁
小柳篤二 著	新しい独文解釈法	B6判	416頁
浜崎長寿 著	ゲルマン語の話	B6判	240頁
下宮忠雄 著	ゲルマン語読本	B6判	168頁
島岡　茂 著	英独比較文法	B6判	264頁
島岡　茂 著	仏独比較文法	B6判	328頁

— 目録進呈 —